零基础玩转抖系

王璇 著

团结出版社

©团结出版社，2024年

图书在版编目（CIP）数据

零基础玩转抖系/王璇著．--北京：团结出版社，
2024.11（2025.7重印）--ISBN 978-7-5234-1413-2

I.F713.365.2

中国国家版本馆CIP数据核字第 20245TQ807号

责任编辑：韩孟臻
封面设计：肖本亮

出　　版：团结出版社
（北京市东城区东皇城根南街84号　邮编：100006）
电　　话：（010）65228880　65244790
网　　址：http://www.tjpress.com
E - mail：zb65244790@vip.163.com
经　　销：全国新华书店
印　　装：武汉楚商印务有限公司

开　　本：210mm×285mm　　16开
印　　张：19　　　　　　　　　　　　字　　数：300千字
版　　次：2024年11月　第1版　　印　　次：2025年7月　第4次印刷

书　　号：978-7-5234-1413-2
定　　价：69.00元

（版权所属，盗版必究）

目录 CONTENTS

一、账号搭建篇
（一）如何注册一个高权重的抖音号 · · · · · · · · · · 1
（二）如何实名认证抖音号 · · · · · · · · · · · · · · · · 2
（三）抖音如何调整字体大小 · · · · · · · · · · · · · · 3
（四）如何给账号打上精准标签 · · · · · · · · · · · · 4
（五）如何七天七个步骤搭建账号 · · · · · · · · · · 5
（六）如何快速涨够1000个精准粉丝 · · · · · · · · 8
（七）如何充值钻石和绑定银行卡 · · · · · · · · · · 9
（八）如何设置隐私账号不推荐给可能认识的人 · · · 10
（九）如何查看有效粉丝 · · · · · · · · · · · · · · · · · 11
（十）如何搭建账号5件套 · · · · · · · · · · · · · · · 12
（十一）如何查看经营类组件使用要求 · · · · · · 13
（十二）如何注销账号 · · · · · · · · · · · · · · · · · · 14

二、橱窗带货篇
（一）如何开通商品橱窗 · · · · · · · · · · · · · · · · 15
（二）如何把商品添加到橱窗 · · · · · · · · · · · · · 16
（三）开播前如何挂小黄车 · · · · · · · · · · · · · · · 17
（四）开播后如何挂小黄车 · · · · · · · · · · · · · · · 18
（五）直播间如何给商品设置讲解 · · · · · · · · · 19
（六）如何调整小黄车商品的顺序 · · · · · · · · · 20
（七）企业号如何开通橱窗 · · · · · · · · · · · · · · · 20
（八）如何免费申请样品 · · · · · · · · · · · · · · · · 21
（九）如何删除橱窗托管商品 · · · · · · · · · · · · · 22
（十）如何退出橱窗保证金 · · · · · · · · · · · · · · · 23
（十一）如何找到订单客服（问商家领资料）· · 24

三、基础知识篇
（一）如何检测账号是否违规以及清理僵尸粉 · · 25
（二）如何开通企业号 · · · · · · · · · · · · · · · · · · 26
（三）抖音基础知识100问 · · · · · · · · · · · · · · · 27
（四）如何查举报和违规及限流 · · · · · · · · · · · 47
（五）蓝牌钻石消费等级示意图 · · · · · · · · · · · 49

四、短视频起号篇
（一）新人起号全流程 · · · · · · · · · · · · · · · · · · 50
（二）短视频起号思维 · · · · · · · · · · · · · · · · · · 50
（三）短视频发布频率 · · · · · · · · · · · · · · · · · · 51
（四）短视频常见的6种风格 · · · · · · · · · · · · · 52

（五）短视频封面开头文案公式············52
（六）短视频常见问题············53
（七）短视频破播放的5个维度············59
（八）不同时长上热门作品数据参考············59

五、短视频实操篇
（一）如何分析短视频的播放数据············60
（二）如何拍对口型视频············61
（三）如何给视频添加歌词············62
（四）照片如何制作成好看的视频············63
（五）怎么投DOU+让自己的视频上热门············64

六、带货佣金篇
（一）如何获取UID挂高佣金商品链接············65
（二）如何查看卖出的商品订单············66
（三）带货的佣金如何提现············67
（四）直播间收到礼物钻石如何提现············68
（五）如何查看卖出的商品佣金比例············69

七、短视频变现篇
（一）短视频如何挂商品带货············70
（二）短视频挂小程序收益············72
（三）伙伴计划收益············73
（四）团购达人收益············74
（五）短视频如何获得站外激励············75

八、粉丝群实操篇
（一）如何创建公开群············76
（二）如何管理公开群············77
（三）公开群如何分享商品············78

九、直播间常识篇
（一）开播前界面功能详细介绍图············79
（二）如何设置直播封面············80
（三）如何设置直播预告············81
（四）如何设置直播贴纸············82
（五）如何添加直播间介绍············83
（六）直播间如何连麦············84
（七）直播间如何调整美颜············85
（八）如何调整清晰度高的直播间············85
（九）如何设置直播间管理员············86
（十）如何设置口罩特效············87
（十一）如何设置直播间AI背景············87

十、开播准备篇

　　（一）如何屏蔽熟人 ････････････････････････88
　　（二）如何拉黑熟人 ････････････････････････89
　　（三）开播前如何检测网络 ･･････････････････89
　　（四）如何把小号@到作品让粉丝能看到 ･･････90
　　（五）如何投抖加推广直播间 ････････････････91
　　（六）如何隐藏作品 ････････････････････････92
　　（七）如何开启试播 ････････････････････････93

十一、直播实操篇

　　（一）直播界面功能详细介绍图 ･･････････････94
　　（二）如何设置屏蔽词 ･･････････････････････95
　　（三）直播间如何拉黑小黑粉 ････････････････96
　　（四）直播间如何发红包和福袋 ･･････････････97
　　（五）如何设置与查看直播回放（高光时刻）･･98
　　（六）如何设置直播间观众不可查看 ･･････････99
　　（七）直播间怎么设置礼物菜单 ･････････････100
　　（八）如何设置礼物心愿 ･･･････････････････101
　　（九）如何正确下播 ･･･････････････････････101

十二、新人直播篇

　　（一）起号的十个步骤 ･････････････････････102
　　（二）不出镜开播五大准备 ･････････････････103
　　（三）新人上下播注意事项 ･････････････････105
　　（四）直播的底层逻辑 ･････････････････････106
　　（五）下播必做的四件事 ･･･････････････････107
　　（六）直播间不能做的事 ･･･････････････････108

十三、首播准备篇

　　（一）首播策划方案 ･･･････････････････････109
　　（二）首播的注意事项 ･････････････････････110
　　（三）新人不能做的事 ･････････････････････110
　　（四）开播前的六大准备 ･･･････････････････111
　　（五）搭建高权重账号的7个步骤 ･･･････････112

十四、首播基础篇

　　（一）如何打标签 ･････････････････････････113
　　（二）适合新人的7个基础话题 ･････････････114
　　（三）如何打磨内容、锻炼口才 ･････････････115
　　（四）开播前的准备 ･･･････････････････････116
　　（五）首播怎么播？･･･････････････････････117
　　（六）二播怎么播？･･･････････････････････120

十五、新人开播全流程篇

  （一）刚开播时的开场暖场话术·············122
  （二）开播第一天过3关·················123
  （三）新人开播找流量的方法··············124
  （四）留住第一波初始流量的七步············125
  （五）搭建账号的十要十不要··············128

十六、首播突破篇

  （一）各阶段如何突破··················129
  （二）细节和技巧····················130
  （三）十大留人法····················131

十七、首播能力篇

  （一）如何锻炼直播能力·················132
  （二）解析所谓的"专业名词"··············133
  （三）抖音推流机制···················134
  （四）拉流量、接流量、稳流量、做数据········136
  （五）如何布局一场完整的直播············137
  （六）如何突破个位数·················138

十八、首播认知篇

  （一）经验分享的本质和变现逻辑···········139
  （二）如何树立正确的心态和认知···········140
  （三）如何掌握正确的学习方法············141
  （四）如何安排正确的学习顺序············142
  （五）如何商业定位、人设定位、内容定位······143
  （六）如何高质量搭建账号···············144

十九、首播拉流量破百话术篇

  （一）首播拉流量开场话术···············145
  （二）如何把直播间外面的人喊进来·········145
  （三）如何引共鸣拉峰值················146
  （四）如何拆解话术抛价值叠加流量·········146
  （五）新人首播破百三个教程·············147

二十、违禁词自查篇

  （一）直播间违禁词替换················148
  （二）内容违规类····················150
  （三）禁止使用极限用语················151
  （四）禁止使用医疗用语················151
  （五）禁止使用化妆品虚假宣传用语·········152
  （六）禁止使用时限权威刺激消费用语········152

二十一、拉流量话术篇
- （一）直播推流机制 · 153
- （二）开播中三件事 · 153
- （三）如何突破百人在线 · 155
- （四）3句话1个动作实操演示 · · · · · · · · · · · · · · · · · · · 156
- （五）撕开直播间流量入口的方法 · · · · · · · · · · · · · · · 156
- （六）十位数直播间流量突破技巧 · · · · · · · · · · · · · · · 157

二十二、留人稳人篇
- （一）慢流量如何喊人留人贴标签 · · · · · · · · · · · · · · · 158
- （二）如何接急速流量 · 159
- （三）直播间留人的3个小技巧 · · · · · · · · · · · · · · · · · 161
- （四）直播间留人稳人四大话题 · · · · · · · · · · · · · · · · 162
- （五）直播间留人的核心与套路 · · · · · · · · · · · · · · · · 165

二十三、新人提升创意篇
- （一）新人首播第一天播多久 · · · · · · · · · · · · · · · · · · 166
- （二）播后复盘看数据 · 166
- （三）抖音赛马机制规则 · 167
- （四）新人如何过风控 · 168
- （五）六大雷区(新人注意) · 169
- （六）视频三大考核直播间五大数据 · · · · · · · · · · · · 170

二十四、夸人感谢篇
- （一）夸大哥话术 · 171
- （二）夸大姐话术 · 171
- （三）点关点赞亮灯牌话术、礼物感谢话术 · · · · · · 172
- （四）新人初学读开播上人 · 173
- （五）新人起步顺口溜 · 174
- （六）催单顺口溜 · 175

二十五、口播赛道篇
- （一）什么是口播赛道 · 176
- （二）口播怎么找文案 · 176
- （三）如何用轻抖悬浮文案拍口播 · · · · · · · · · · · · · · 177
- （四）如何用剪映悬浮提词器拍口播 · · · · · · · · · · · · 178
- （五）怎么找到适合自己的选题 · · · · · · · · · · · · · · · · 179
- （六）口播怎么拍比较自然 · 179
- （七）拍口播视频横屏好还是竖屏好 · · · · · · · · · · · · 179

二十六、促单话术篇
- （一）卖书话术 · 180
- （二）云台话术 · 181

（三）广角镜的介绍·····················182
　（四）补光灯支架的介绍··················182
　（五）卖领夹麦话术····················183
　（六）散热器话术·····················184
　（七）声卡话术······················184
　（八）充电宝话术·····················184
　（九）支架话术······················185
　（十）无线WiFi话术···················185
　（十一）数据线话术····················185

二十七、带货违规知识篇
　（一）常见违规行为····················186
　（二）低质短视频常见特征重点···············193
　（三）重点行业带货规范··················197
　（四）常见违规用词指南··················201
　（五）常见问题解答····················204

二十八、照读话术篇
　（一）首播照读剧本····················206
　（二）直播逐字稿升级版··················212
　（三）直播拉流量公式逐字稿················223

二十九、唱歌直播篇
　（一）唱歌开播准备····················225
　（二）唱歌开场上人话术··················226
　（三）唱歌首播大纲····················227
　（四）唱歌直播步骤演示··················229
　（五）唱歌直播间必备上人歌单···············230
　（六）唱歌直播+带货逐字稿全流程·············231

三十、图文带货篇
　（一）什么是图文带货···················234
　（二）图文带货怎么做···················235
　（三）图文带货的雷区···················236
　（四）如何开通图文带货权限················237
　（五）如何选爆品·····················238
　（六）图文带货起号8步··················240

三十一、直播违规篇
　（一）抖音直播违规类型··················241
　（二）电商直播带货违规类型················242
　（三）直播"违规通知"如何查看··············243
　（四）视频发布之前如何检测是否违规············244
　（五）违规如何申诉、考试和缴纳违约金替代处罚······245

三十二、短视频剪辑篇

(一) 认识短视频剪辑工具：剪映 ·· 246
(二) 短视频作品比例调节 ·· 247
(三) 如何分割、删除短视频 ·· 248
(四) 如何添加转场和动画特效 ·· 249
(五) 如何给短视频配背景音乐 ·· 250
(六) 如何给短视频添加文案 ·· 251
(七) 如何导出高清短视频 ·· 252

三十三、云台走路篇

(一) 云台直播前的准备工作 ·· 253
(二) 直播间如何打造画面场景 ·· 254
(三) 如何锻炼自己的镜头感 ·· 255
(四) 云台走路直播逐字稿 ·· 256
(五) 云台走路卡点顺口溜 ·· 258
(六) 顺口溜自问自答 ·· 259

三十四、拉毛线赛道篇

(一) 拉毛线直播要做的任务以及话术示范 ······························ 260
(二) 拉毛线直播自问自答 ·· 262

三十五、全民K歌篇

(一) 直播间如何开启全民K歌 ··· 263
(二) 认识全民K歌 ··· 264
(三) 如何在直播间快速开启全民K歌 ··································· 265

三十六、AI基础认知篇

(一) 认识即梦AI ·· 266
(二) 认识并运用豆包 ·· 267
(三) 学会运用AI提示词公式 ·· 268

三十七、绿幕篇

抖音如何用手机绿幕直播 ··· 269

三十八、抖音小店篇

(一) 如何开通抖音小店 ·· 270
(二) 抖音小店如何上架产品 ·· 271
(三) 商家如何入住精选联盟 ·· 272
(四) 如何找达人带货推广产品 ·· 273
(五) 如何投千川买全域流量 ·· 274
(六) 如何投随心推 ·· 274

三十九、直播场景展示篇
（一）对着镜子唱歌直播场景展示图··········275
（二）云台走路直播场景展示图··········276
（三）不露脸直播场景展示图··········277
（四）两部手机直播场景展示图··········278

四十、全民任务篇
（一）如何找到全民任务··········279
（二）如何参与星选任务··········280
（三）如何参与拍摄任务··········280
（四）如何参与众测任务··········281
（五）如何参与看播任务··········281

四十一、DeepSeek篇
（一）DeepSeek是什么？··········282
（二）Deepseek可以做什么？··········282
（三）文本生成··········283
（四）自然语言理解与分析··········283
（五）还要不要学提示语？··········283
（六）掌握抖音短视频内容的提示语设计··········284
（七）提升AI生成抖音文案与脚本的技巧··········284
（八）如何向AI表达需求··········285
（九）提示词工程：精准指引效能增益··········285
（十）提示语链的概念与特征··········286
（十一）文案写作的提示语设计··········286
（十二）Deepseek四大核心能力··········286
（十三）优化提示语在抖音内容创作中的应用··········287
（十四）知识库+知识唤醒框架··········288
（十五）关于"知识唤醒"的第一性问题··········289
（十六）AI进阶使用··········291
（十七）提示语策略差异··········292
（十八）关键原则··········292

四十二、抖音新规篇
抖音新规··········293

一、账号搭建篇
（一）如何注册一个高权重的抖音号

安卓手机-应用市场
搜索抖音下载安装

苹果手机-App store
搜索抖音下载安装

第一步
点击右上角三横杠

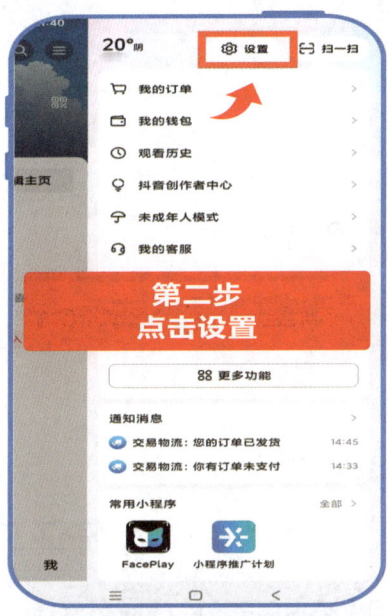

第二步
点击设置

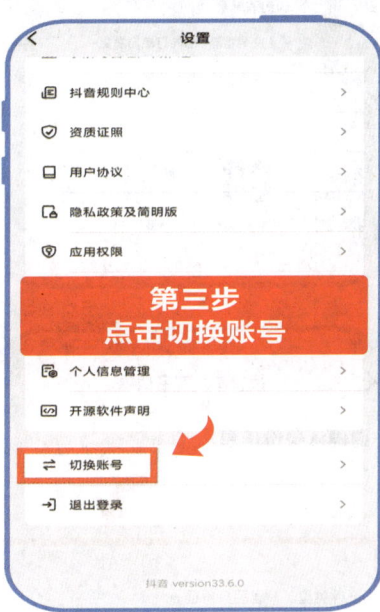

第三步
点击切换账号

第四步
点击添加或注册新账号

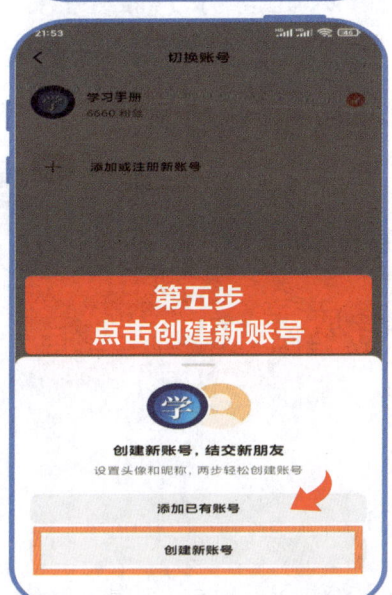

第五步
点击创建新账号

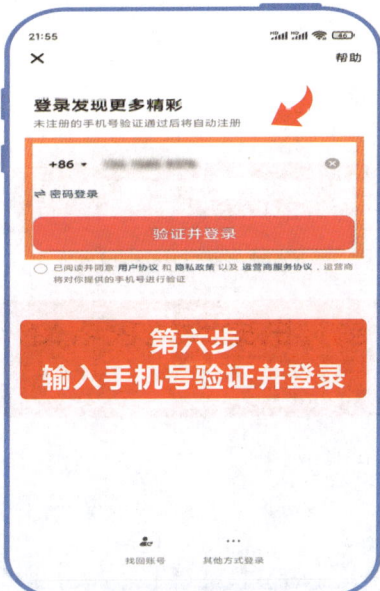

第六步
输入手机号验证并登录

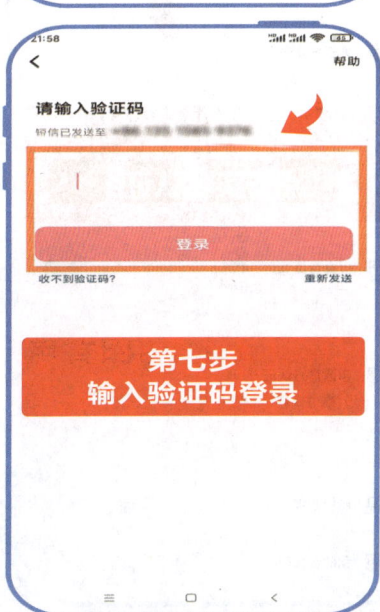

第七步
输入验证码登录

（二）如何实名认证抖音号

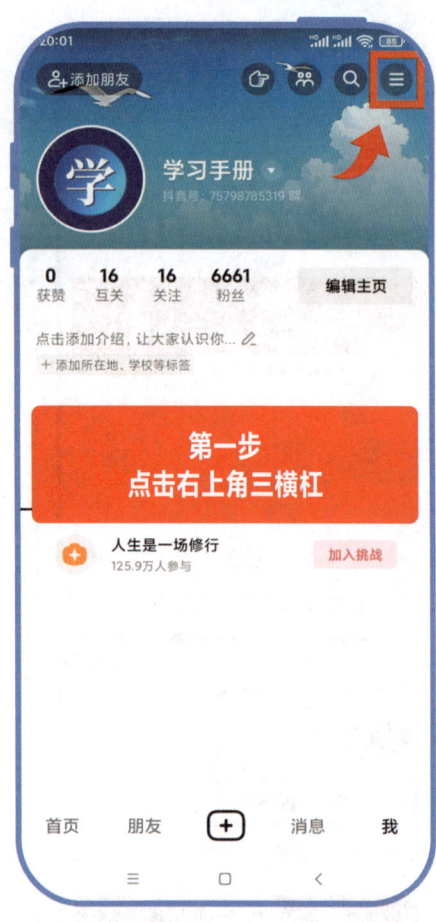
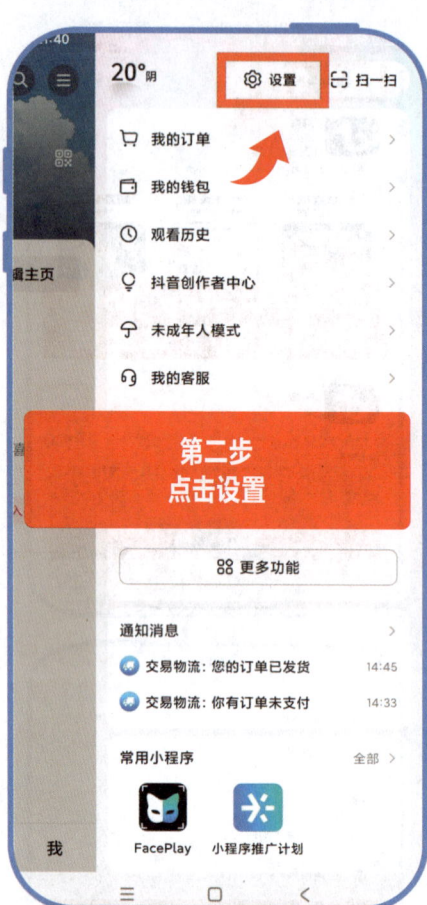
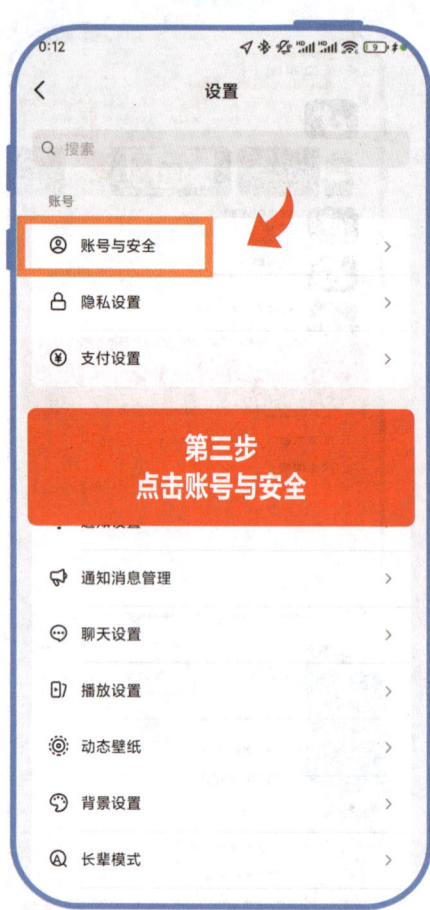
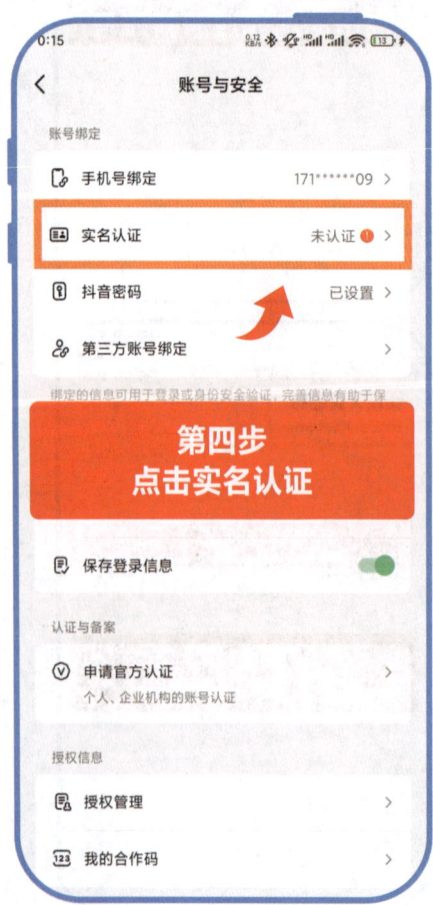
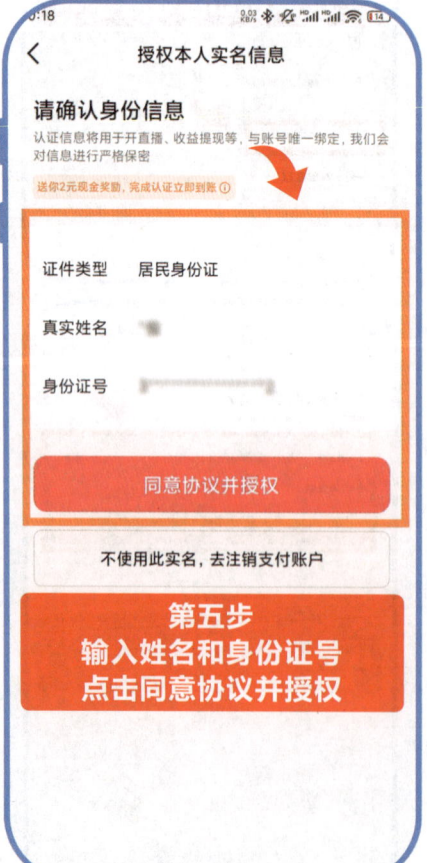

温馨提示：

  1. 一个身份证只能认证一个抖音号。

  2. 认证后的实名信息可以更改。

  3. 抖音账号注销7天之后实名信息可以释放。

(三) 抖音如何调整字体大小

第一步
点击右上角三横杠

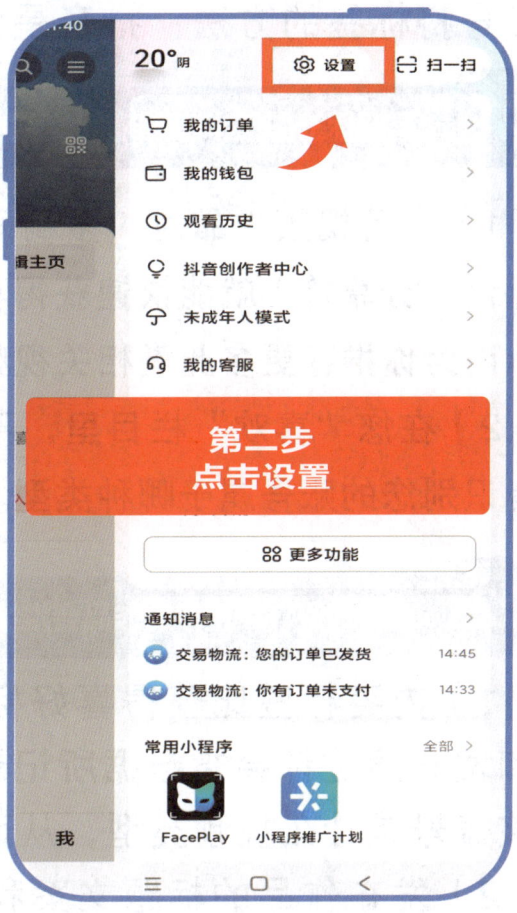

第二步
点击设置

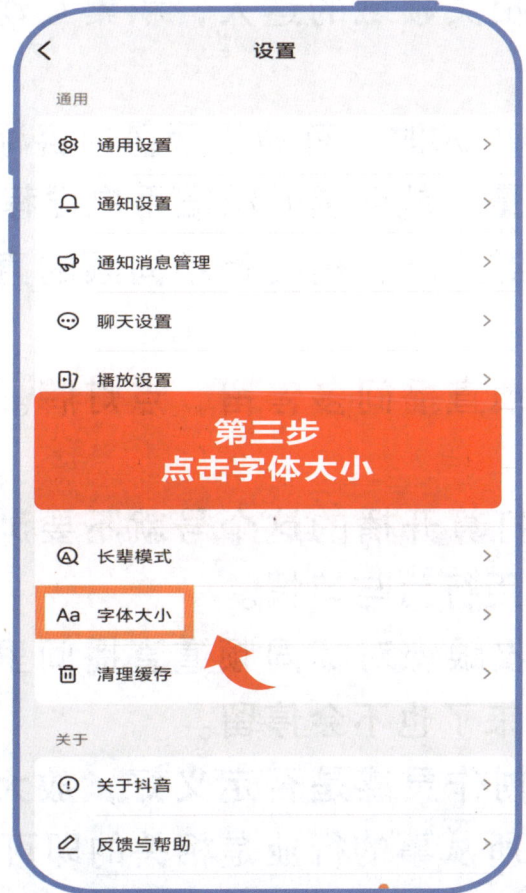

第三步
点击字体大小

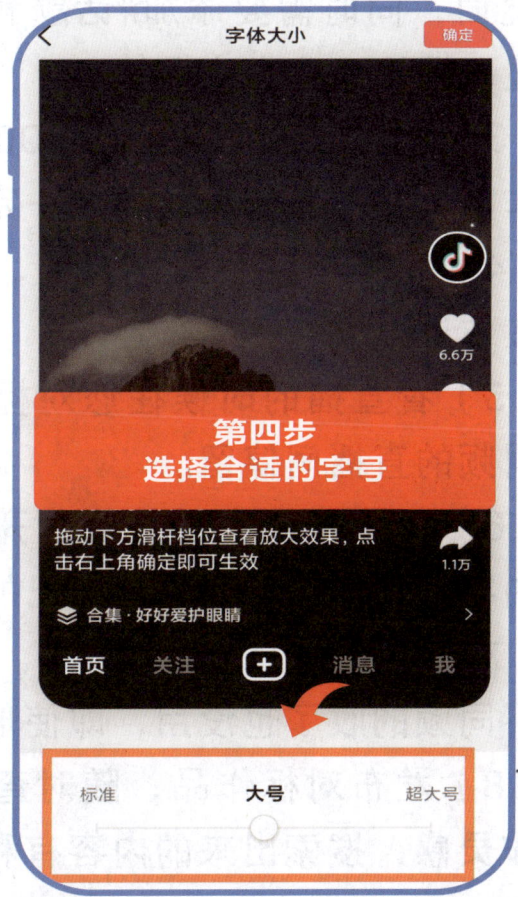

第四步
选择合适的字号

（四）如何给账号打上精准标签

给账号打标签的方法：抖音是大数据平台，以用户行为习惯来识别。

01 喜好标签（决定抖音推荐什么视频给你）

（1）观看视频作品时，多刷同频同领域视频，多参与互动（完播、点赞评论、分享等）就能快速获得喜好标签，抖音会记录下你每次参与数据，从而为你推荐更多此类相关视频。

（2）在您"喜欢"栏目里，不是您对标的作品取消赞，目的是为了让抖音识别您的账号属于哪种类型。

02 内容标签（决定你的作品会推给同频的人看）

（1）内容标签比获得喜好标签要有一些难度，每个账号的活跃痕迹和发布痕迹都会被数据所记录，数据达到一定频次时，系统才会判定该账号是什么视频类型，从而推荐给相应的人群。

（2）发布作品的标题文案和作品的内容信息一定要有相关的行业关键词，同时需要添加#话题和@相关领域的达人，积累互动量、点赞量、评论、分享完播等。

（3）精准粉丝数量达到3000-10000时，有助于获得内容标签（只要作品发布垂直，粉丝到达一定数量，就会提升精准用户推荐）。

（4）每天逛直播间的时候，遇到娱乐、搞笑等不同频的直播间时，按住屏幕，点不感兴趣。

（5）看直播的时候在您对标同频直播间多停留，点灯牌。不要去不同频的直播间停留。

（6）创业号、生活号要分开，打算开播的这个号就不要浏览不对标内容，从现在开始规范自己的使用行为与习惯。

（7）涨粉丝、占榜、收榜。只收跟您对标同频道直播间里面的人，不同频的收了也没用，即使他们来了也不会停留。

（8）发布对标作品，随时查询创作灵感是否定义好，放大镜搜索创作灵感，搜索出来的内容有和你所从事的行业是相关的即可。

(五) 如何七天七个步骤搭建账号

第一天　定位（定位定江山）

1. 领域定位（娱乐、带货、干货）
2. 人设定位（宝妈、打工、负债、线下创业失败）
3. 作品定位（口播类、生活类、对口型）
4. 变现方式（钻石+带货+成为金牌主播）

第二天　找对标

1. 了解自己：是什么样的性格？比如内向、外向、泼辣等。

2. 有效选择：根据自己的性格，选择2-3个主播进行学习。
（1）他们的直播内容咱们认同。
（2）他讲的咱们能听懂。
（3）他的直播风格是咱们想走的路线。

3. 学习整场的流程

不要再碎片化的学习每个主播的知识点，想要把直播间真正的做起来一定要了解整场直播的流程，比如：开场、抛话题、讲主题、互动、控场、下播，这些都是我们需要学习的，静下心来，不要浮躁。

4. 有效学习3-7天

根据自己的学习进度选择需要学习多久。

5. 学会总结

一味地学习只会让自己越来越迷茫，学会思考总结。

第三天　贴喜好标签

1. 作品端（给同行作品完播、点赞、评论、关注）
2. 直播端（对标直播间做四件事，灯牌、打字、点赞、小礼物）
3. 作用：让抖音根据你的行为轨迹打上喜好标签，增加行业黏性。

第四天　完善个人五件套

1. 背景图
可以用系统自带的风景照，或者自己的照片等，但是不要违规，不要出现引流或者打广告的嫌疑，比如生活中开的什么店面，把这个门头照片拍下来作为背景图是不行的。

2. 头像
用本人的高清照，可以去对标直播间模仿同行的。不建议用宝宝的、卡通的，不要用"互赞""关注"等这样的字眼（容易违规）。

3. 昵称
2-3个字的汉字，好记忆、好理解、好传播，最好不要有特殊符号，不然不容易被人搜索到，名字越接地气越朗朗上口越好，比如什么哥什么姐，什么妈妈什么爸爸，可以多去直播间参考同行的名字，就像是自己的艺名一样，但是别太高高在上了，不然容易产生距离感。

4. 个人简介
不要只有感谢感恩这句话，这是别人认识我们的一个窗口，像是自己的名片，是同行认识咱们的窗口，主要围绕你是谁？你是做什么的？你能给别人带来什么价值？可以去模仿同行。

5. 抖音号
抖音号可自行设置，180天内只能修改一次，用简易好记的字母或数字进行设置，新人前期先不用着急更改，后面再改就行，不要用微信和电话。

注意：五件套不要有敏感词、广告、电话号码等联系方式。

第五天　涨粉丝

1. **六字原则：** 精准、活跃、新鲜。
2. **方法：** 对标直播间曝光（亮灯牌、打字、小礼物、有条件占榜最快）。

第六天　发作品

1. 三种类型（选择一种适合自己擅长的）

（1）生活类　（2）口播类　（3）对口型

2. 四大垂直

（1）内容垂直　（2）人物垂直　（3）封面垂直　（4）文案垂直

3. 作品要优质

（1）清晰度

（2）热门音乐（首页推荐、热歌榜）

（3）文案（模仿改编）

（4）画面有看点，画风独特。

第七天　开直播

四大好处：

1. 增加账号的热度；

2. 作品破播放上热门；

3. 达到变现的目的；

4. 加快成长的速度。

提示：

在讲一个话题之前，一定要学会做铺垫，包装你的主题，接下来是话术演示，大家可以参考借鉴一下。话术作为参考，根据自己的实际情况进行改编。万丈高楼平地起，搭建账号是基础是方向。咱们很多新人前期不会搭建账号就盲目地开直播，结果作品的播放量不高，直播间推流不精准，来的人留不住，卡在个位数的直播间，越播越没有信心，所以账号的前期搭建是至关重要的。

（六）如何快速涨够1000个精准粉丝

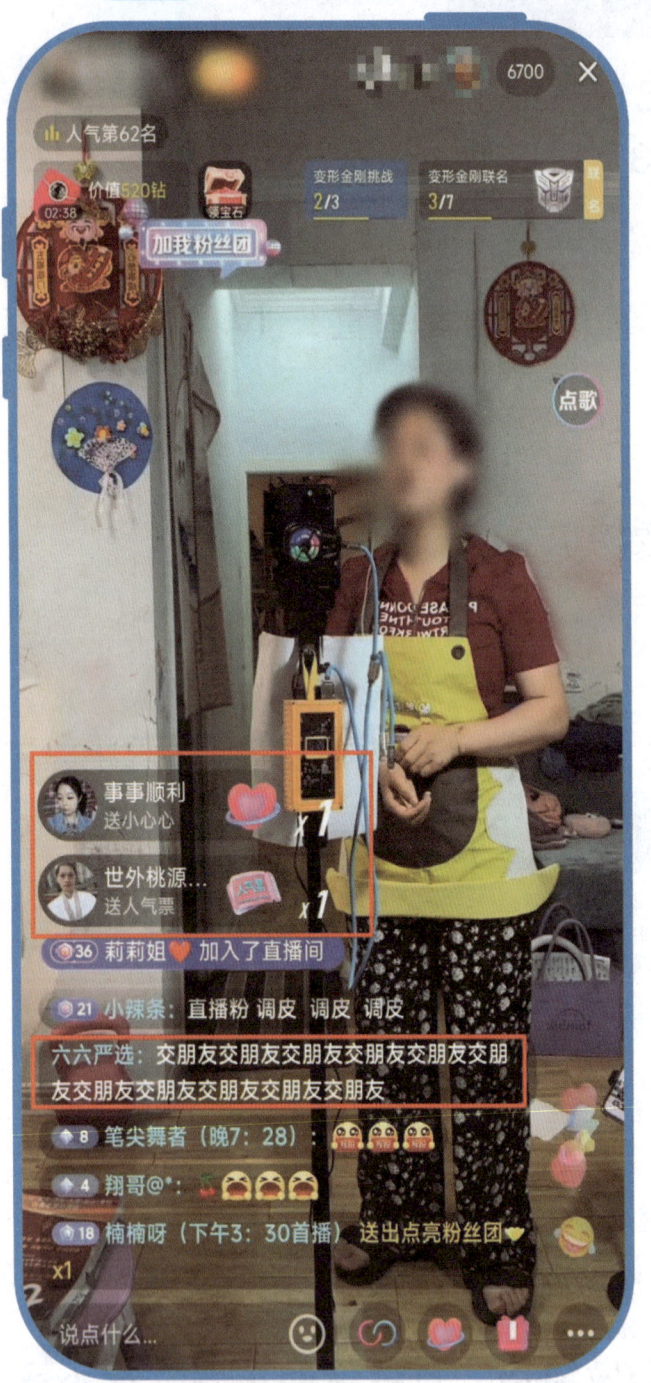

解析图一：
1. 去对标主播直播间评论区活跃、互动、打字交朋友。
2. 对标主播直播间送礼物曝光自己。
3. 去对标主播直播间占到榜前十，这样涨粉最快。

解析图二：
刷到对标作品评论互粉、互助等消息。

（七）如何充值钻石和绑定银行卡

第一步 点击右上角三横杠

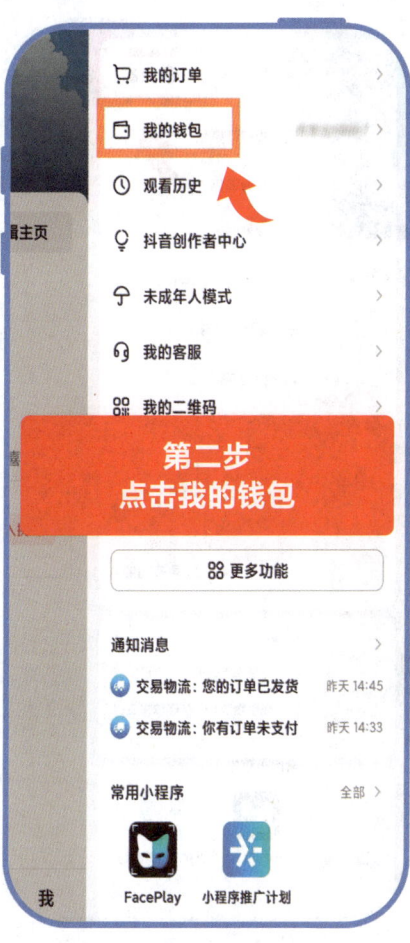

第二步 点击我的钱包

第三步 点击钻石

第四步 选择金额立即充值

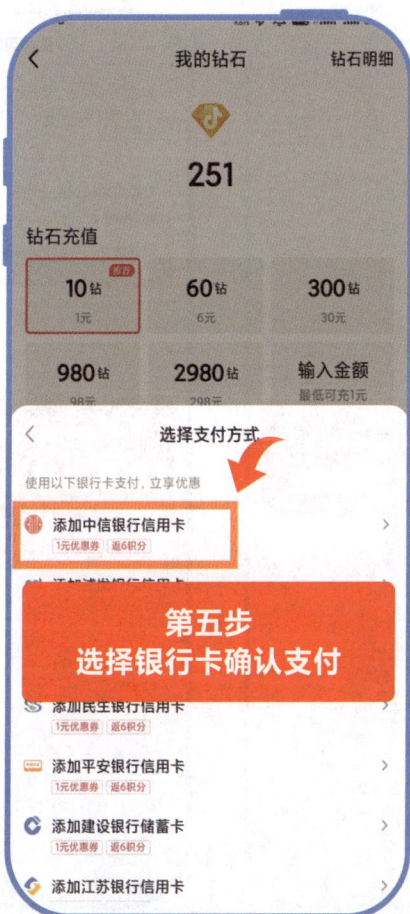

第五步 选择银行卡确认支付

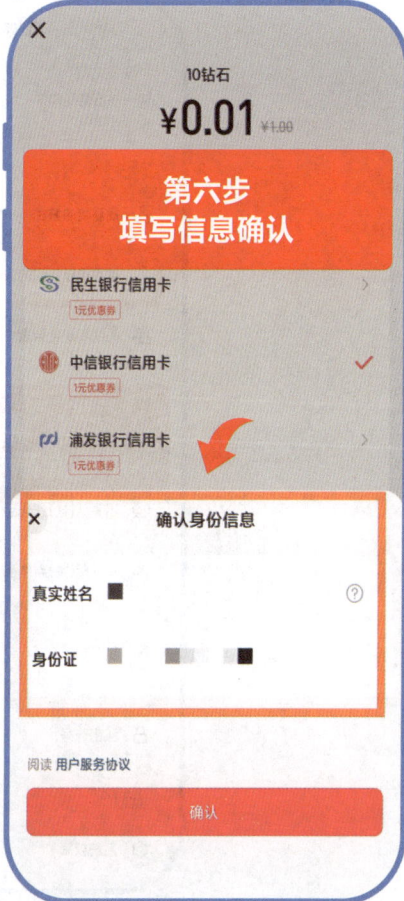

第六步 填写信息确认

（八）如何设置隐私账号不推荐给可能认识的人

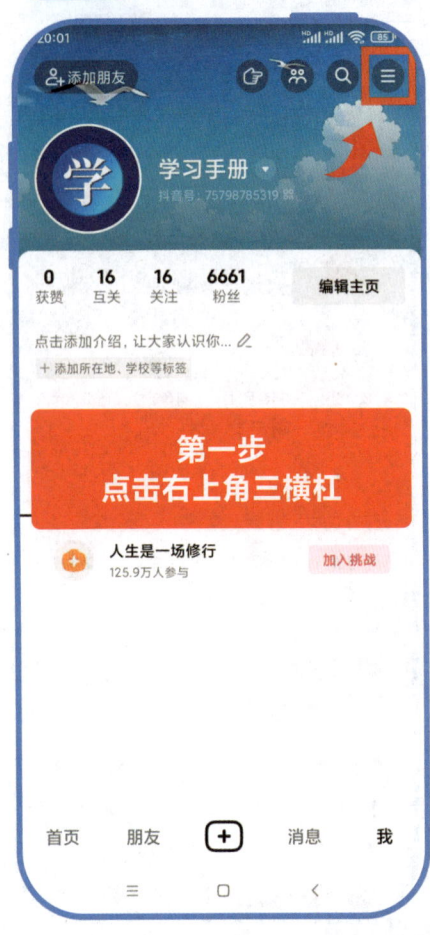

第一步
点击右上角三横杠

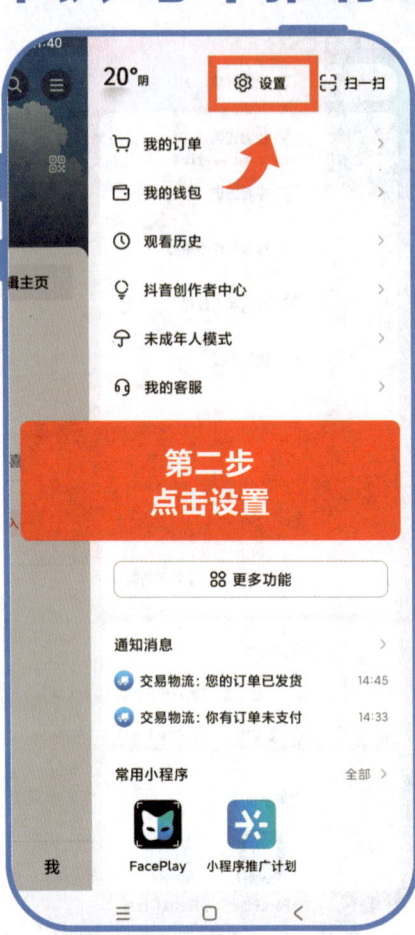

第二步
点击设置

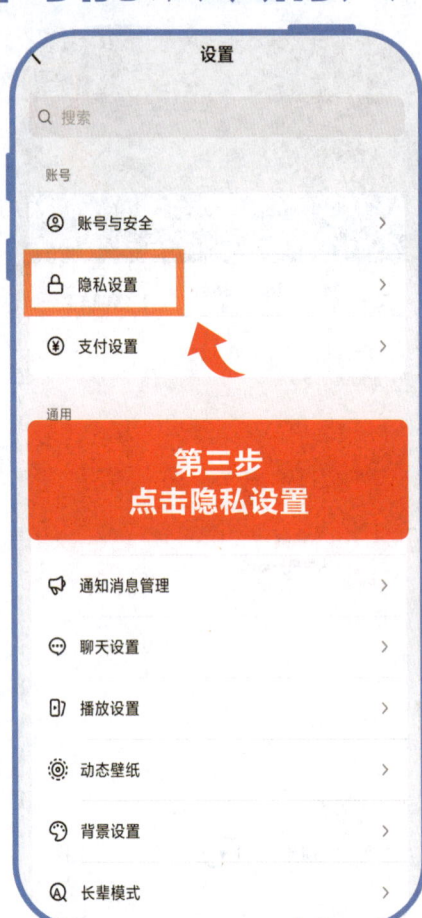

第三步
点击隐私设置

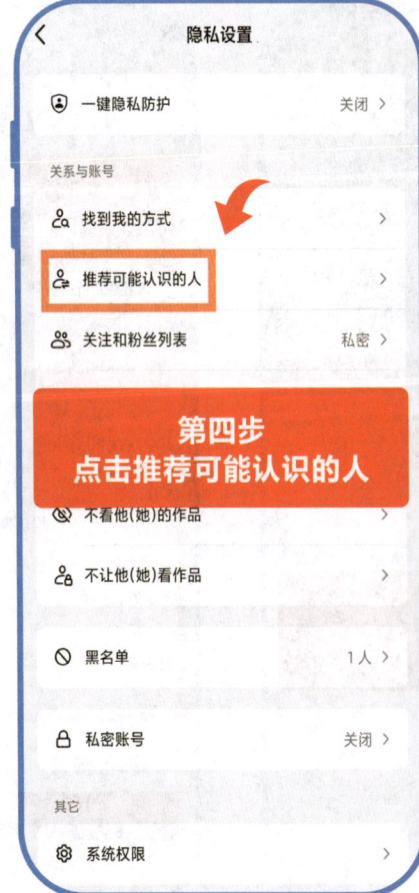

第四步
点击推荐可能认识的人

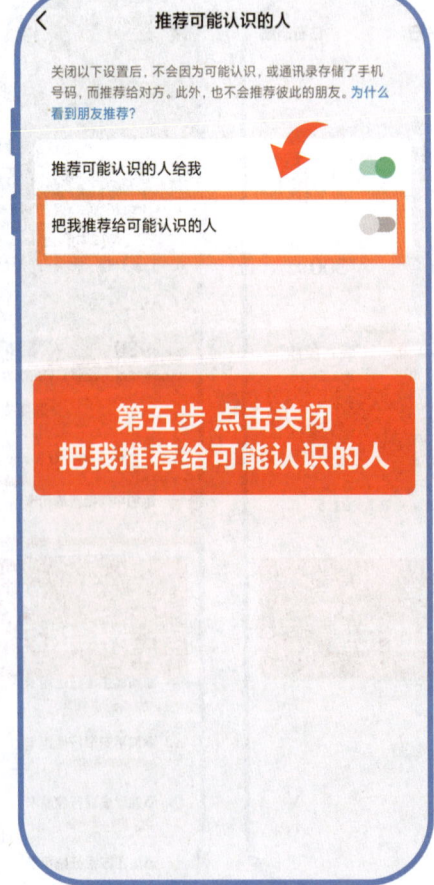

第五步 点击关闭
把我推荐给可能认识的人

（九）如何查看有效粉丝

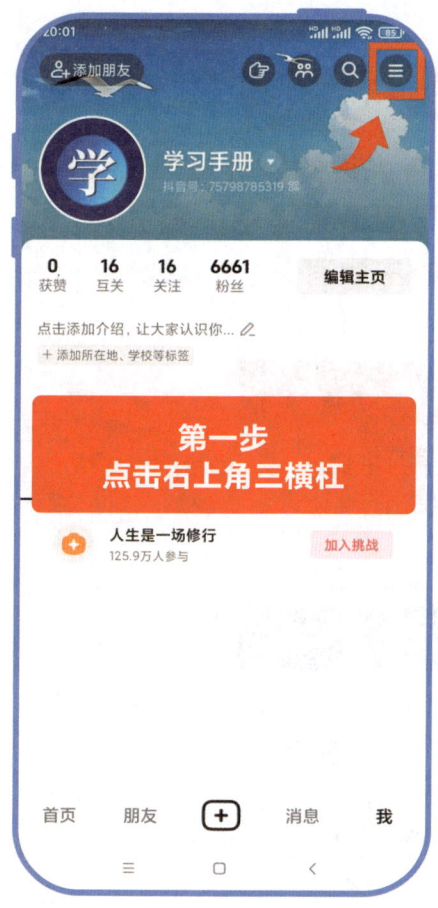

第一步
点击右上角三横杠

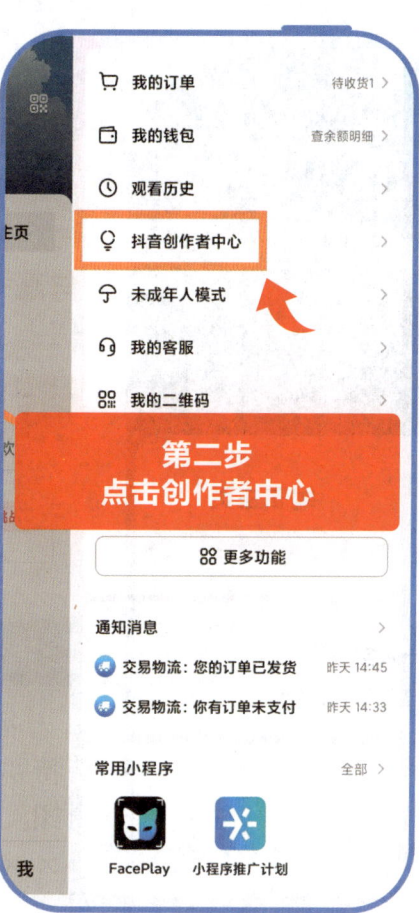

第二步
点击创作者中心

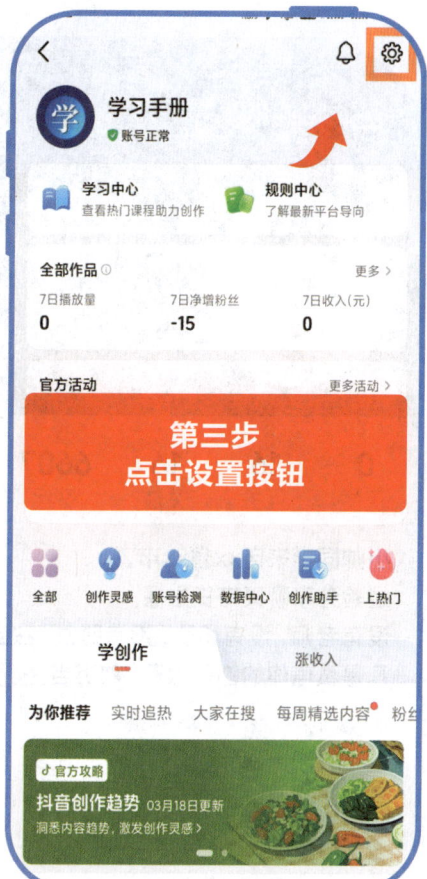

第三步
点击设置按钮

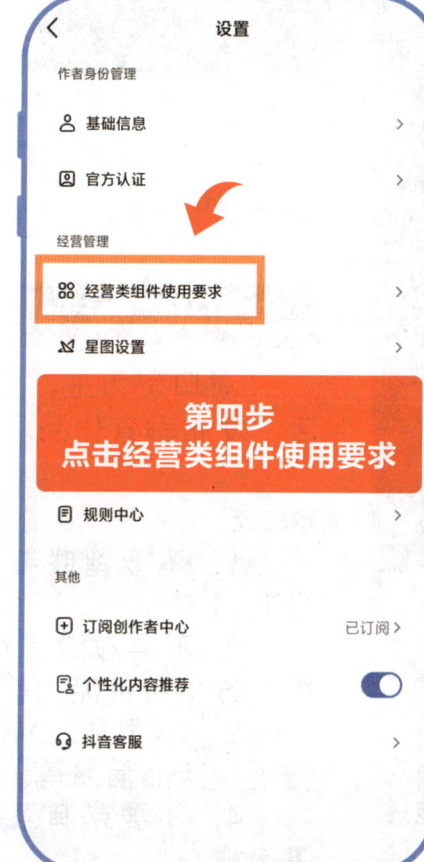

第四步
点击经营类组件使用要求

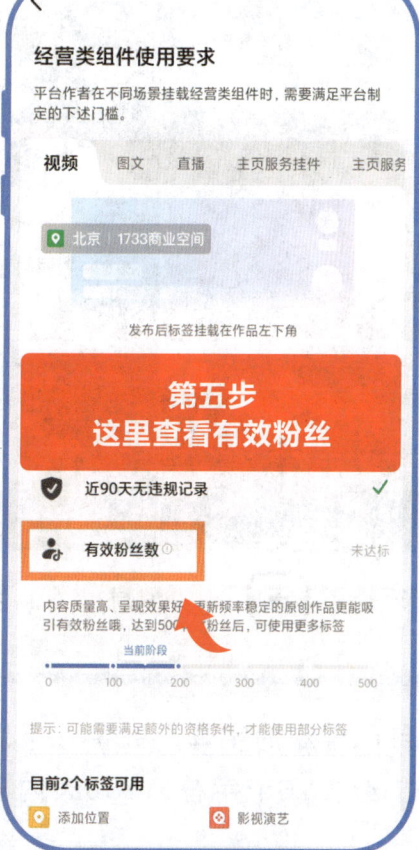

第五步
这里查看有效粉丝

（十）如何搭建账号5件套

第一件：背景图

放有人设的照片或风景图片，背景图需要美观、吸引人，与账号的主题有关。

第二件：头像

用能建立人设的高清自拍图，方便用户记忆。

第三件：账号名

简单好记的昵称，尽量不要带特殊符号、繁体字、生僻字等，例如：××妈、××爸、××同学、××（首播），最好加上直播时间。

第四件：简介

填写清楚我是谁，来自哪里，什么类型的主播，能给大家带来什么样的价值。

第五件：作品

对口型为主，更新日常生活，发布垂直作品。

注意事项：

1. 不要留联系方式、手机号码。
2. 不要放微信号、QQ号等第三方平台引流的信息。
3. 不要放LOGO图片、广告语、产品信息等。
4. 不要带有互粉、涨粉类等字样。

抖音号：自己喜欢的字母、数字、下划线和点组合即可，最多16个字符，180天内只能修改1次。

（十一）如何查看经营类组件使用要求

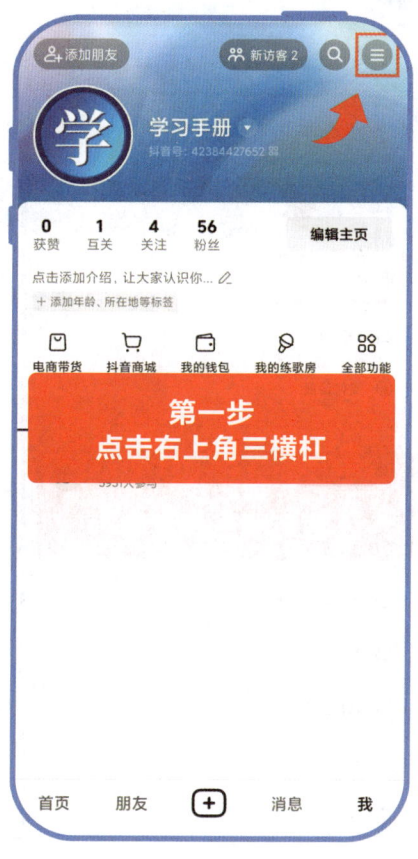

第一步
点击右上角三横杠

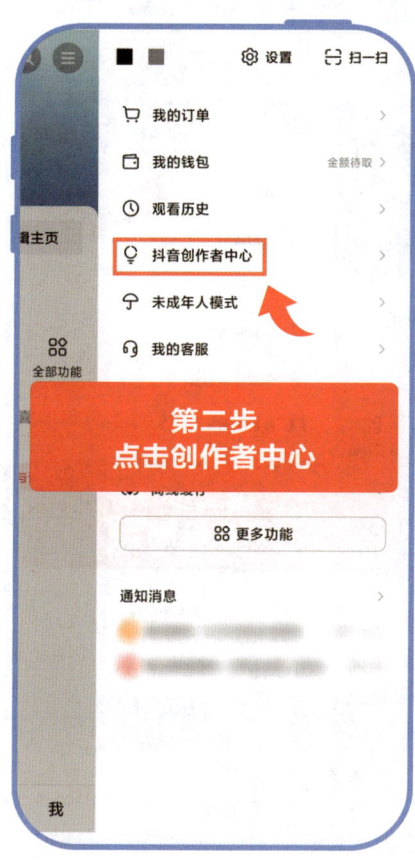

第二步
点击创作者中心

第三步
点击右上角齿轮

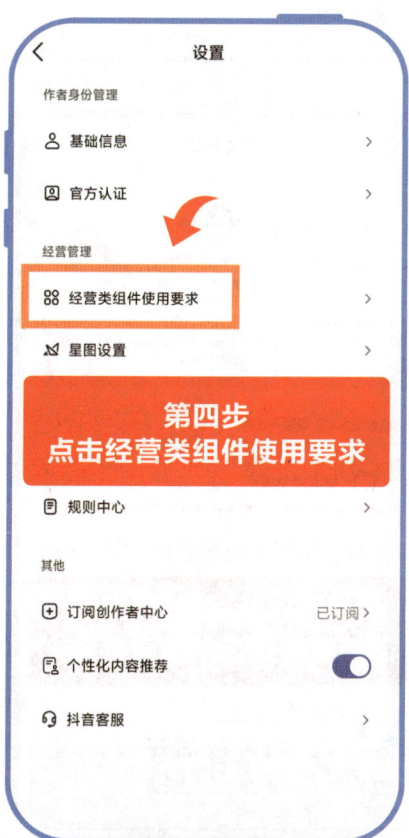

第四步
点击经营类组件使用要求

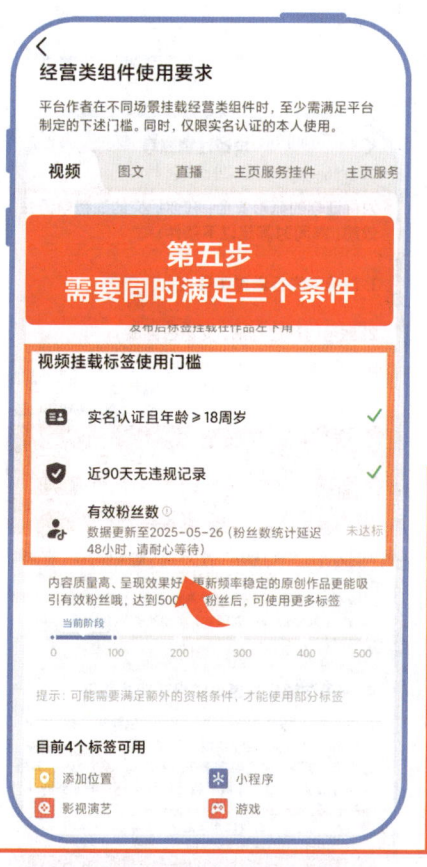

第五步
需要同时满足三个条件

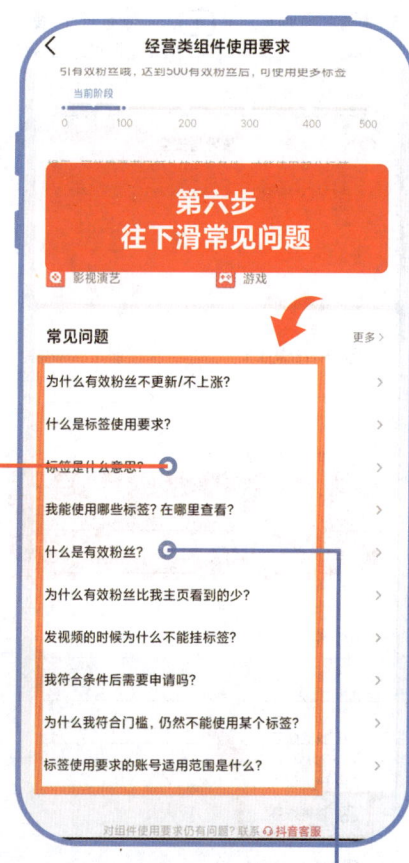

第六步
往下滑常见问题

1. 标签是创作者在进行内容发布时，可挂载在视频的相关内容入口，像位置分享、橱窗、商品、门店、剪映、汽水音乐、西瓜视频、影视剧等，抖音平台对外统一名称为标签。

2. 有效粉丝是指创作者通过持续发布符合平台要求的优质内容，所带来的真实关注粉丝数。

（十二）如何注销账号

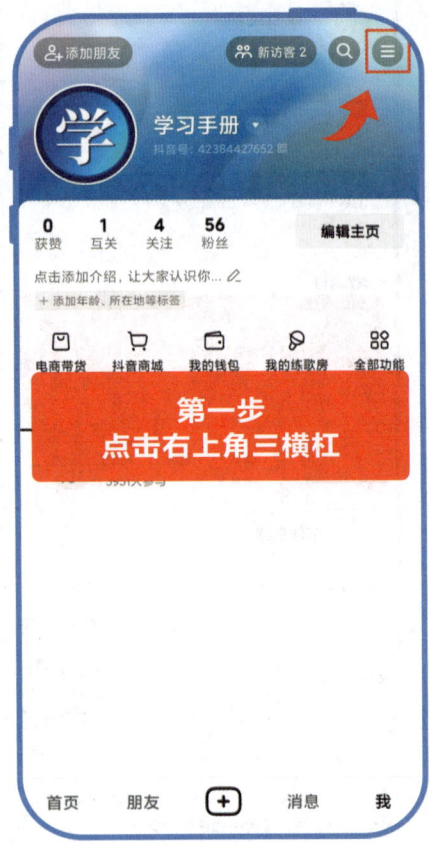
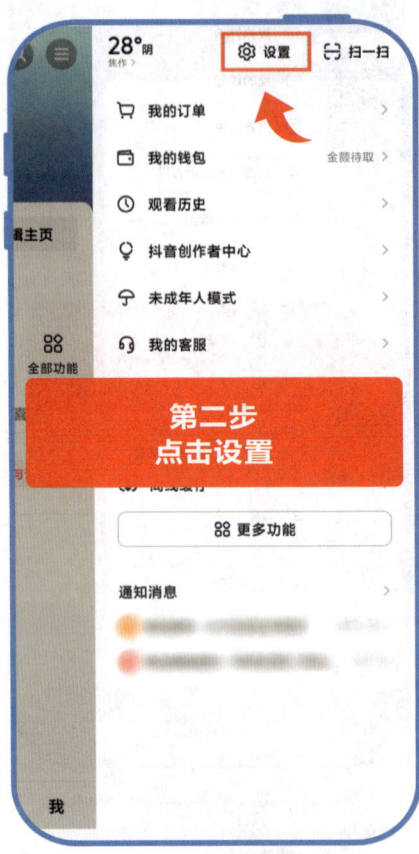
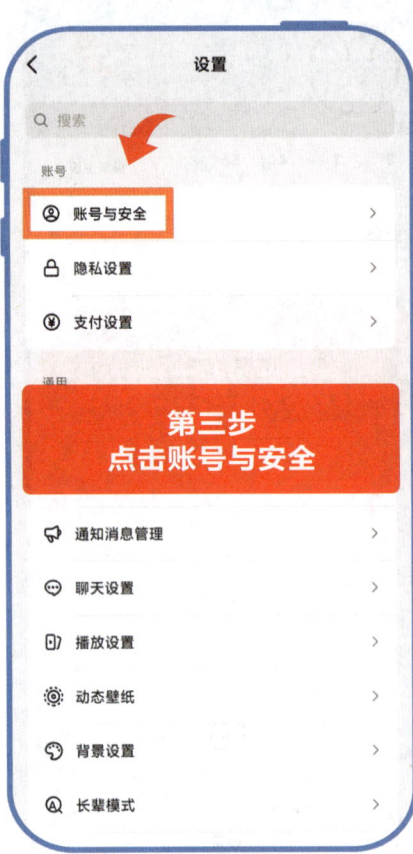
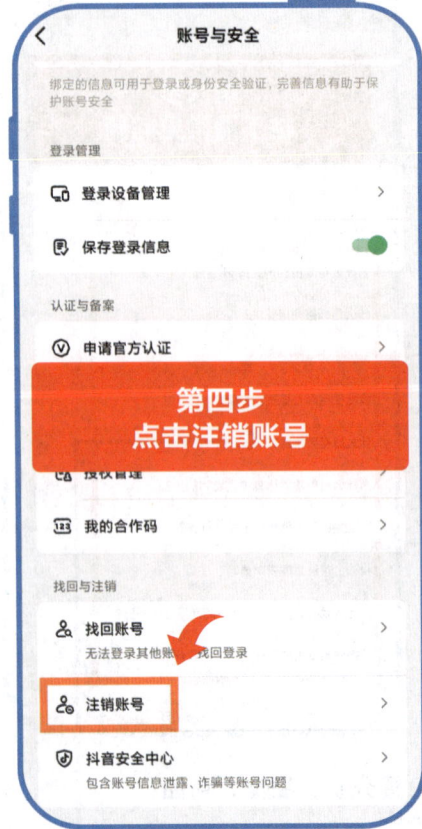
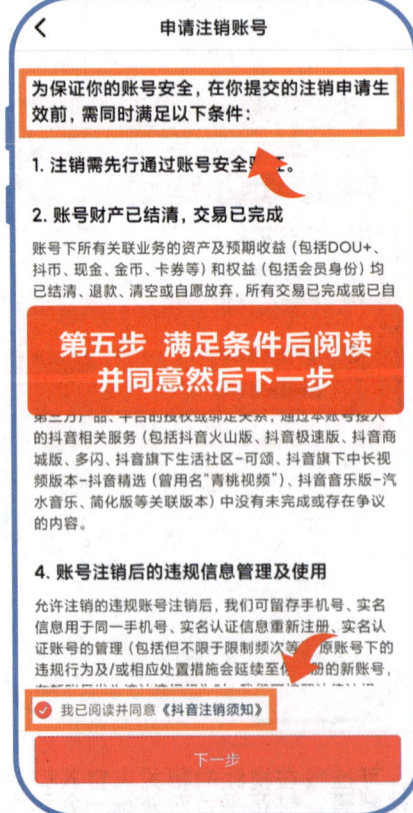
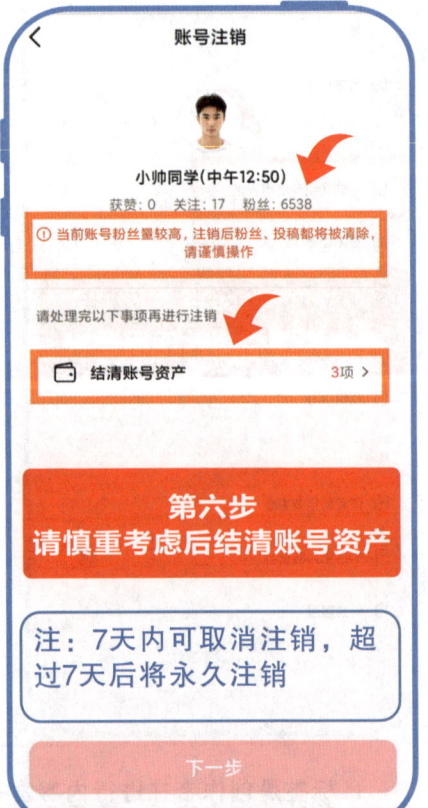

二、橱窗带货篇
(一) 如何开通商品橱窗

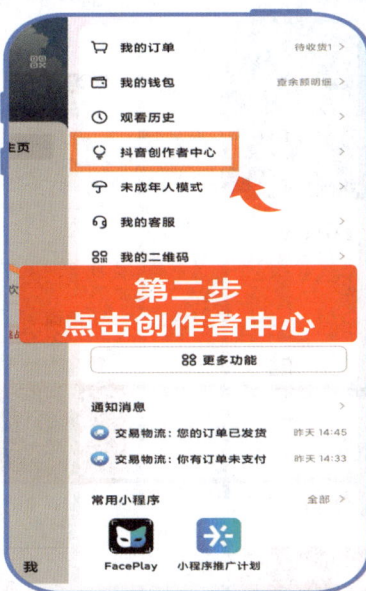

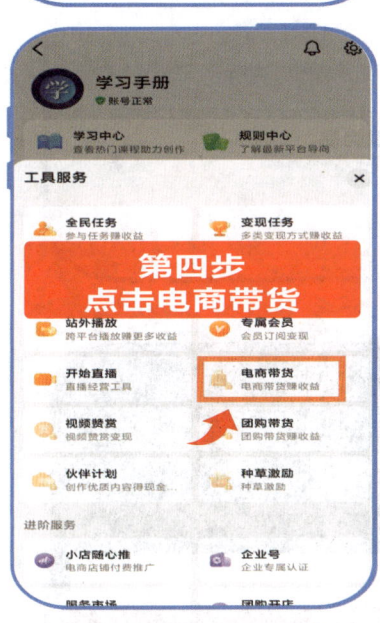

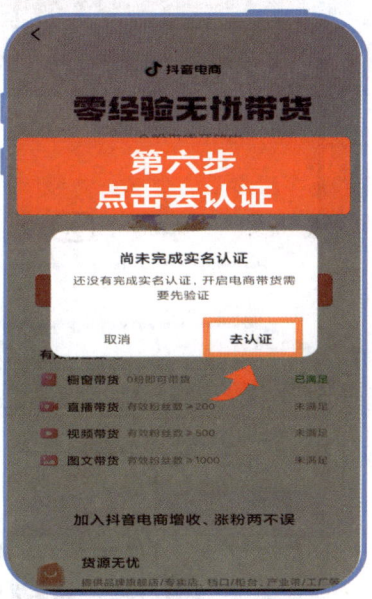

(二) 如何把商品添加到橱窗

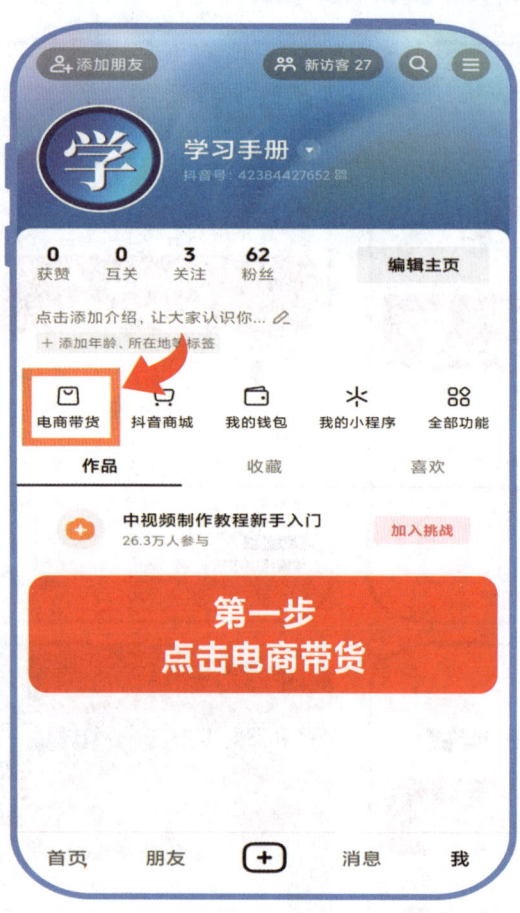
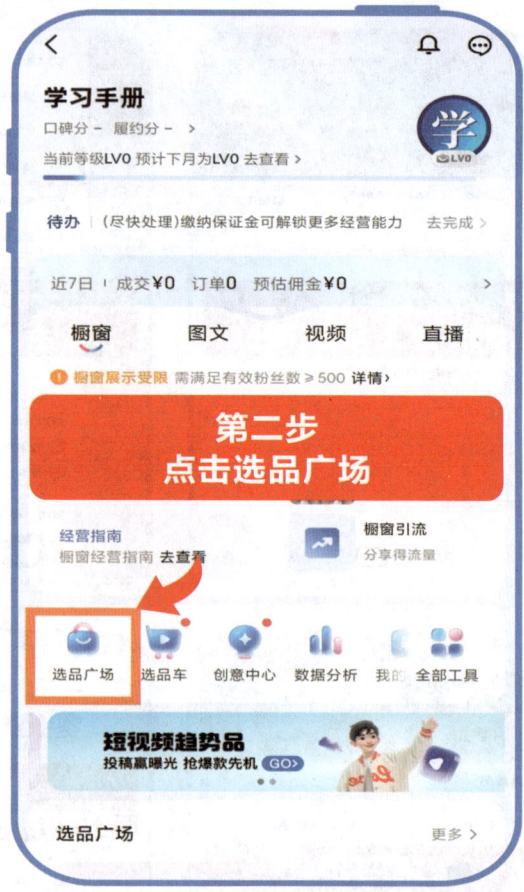
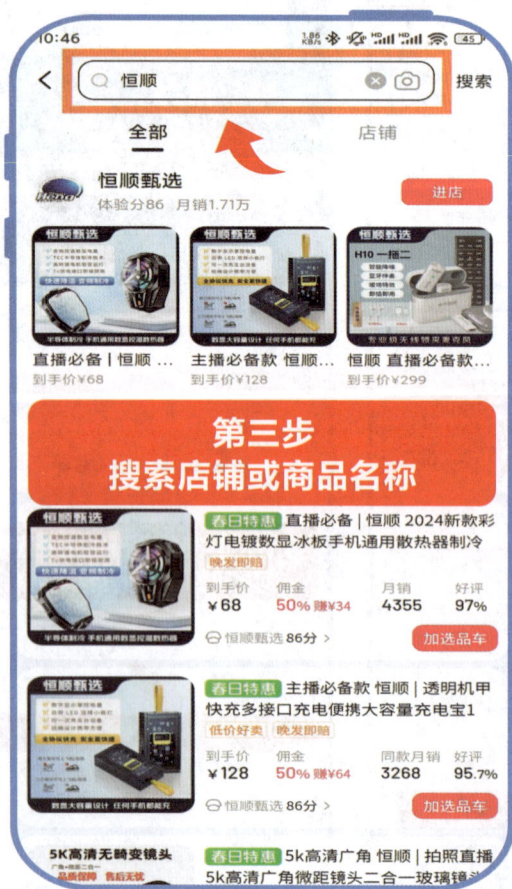
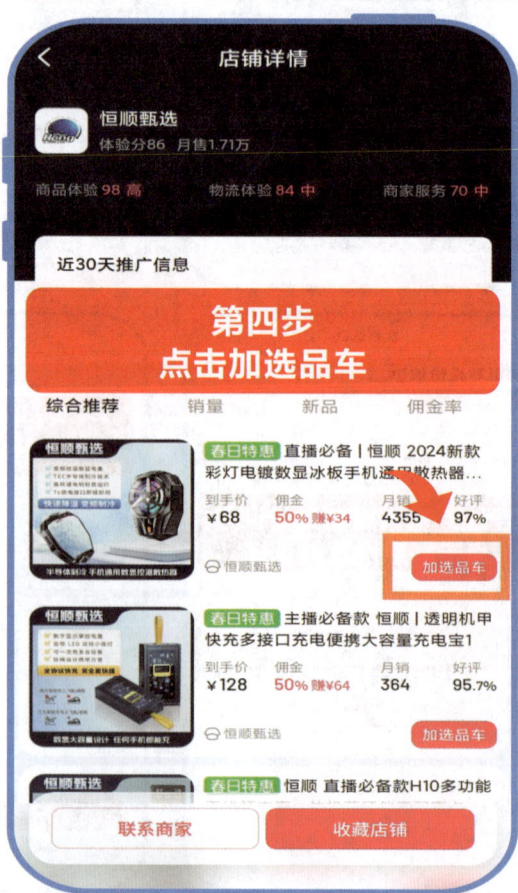

（三）开播前如何挂小黄车

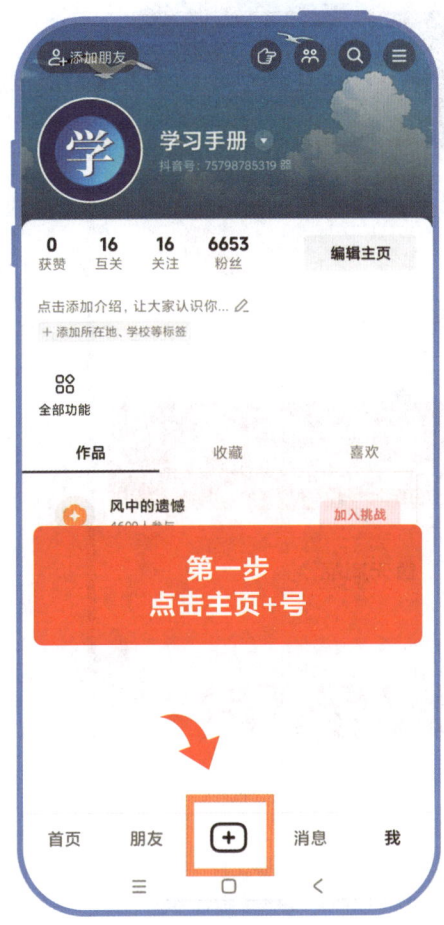

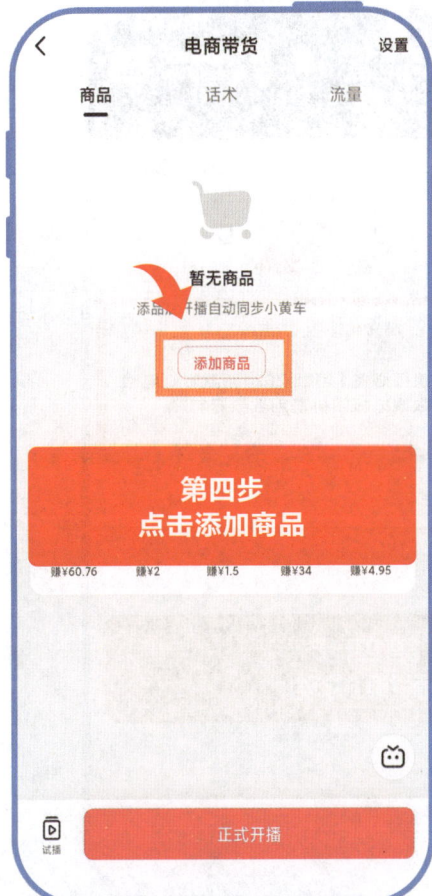
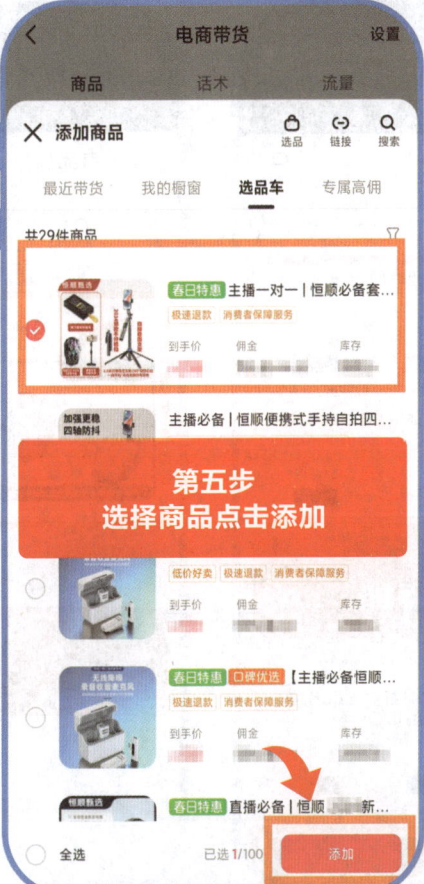

注：
选择的商品在开播后会自动上架小黄车

（四）开播后如何挂小黄车

第一步
点击右下角电商

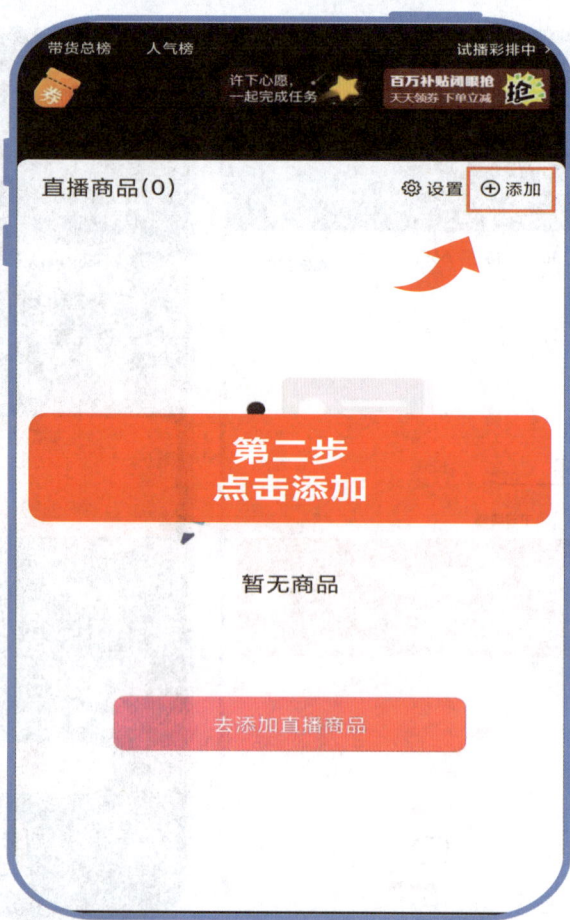

第二步
点击添加

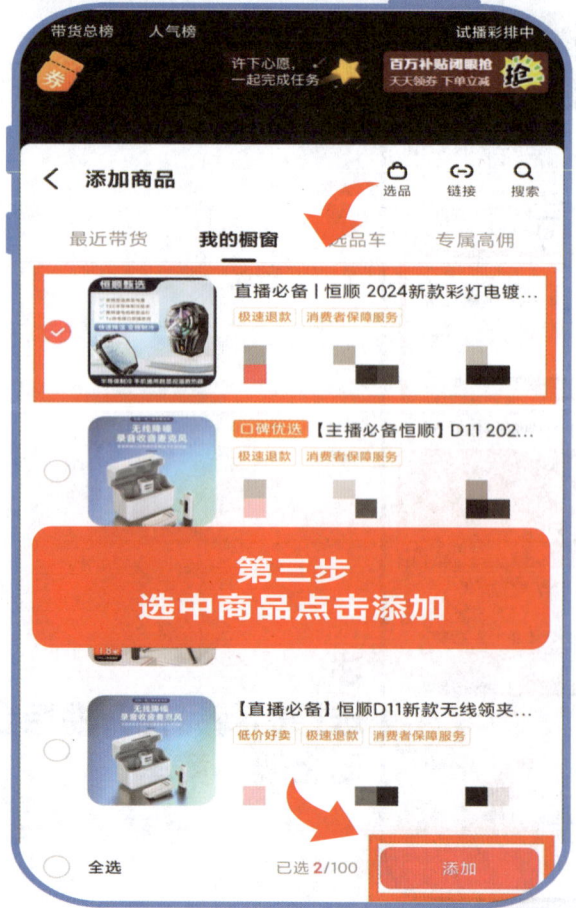

第三步
选中商品点击添加

第四步
添加成功

（五）直播间如何给商品设置讲解

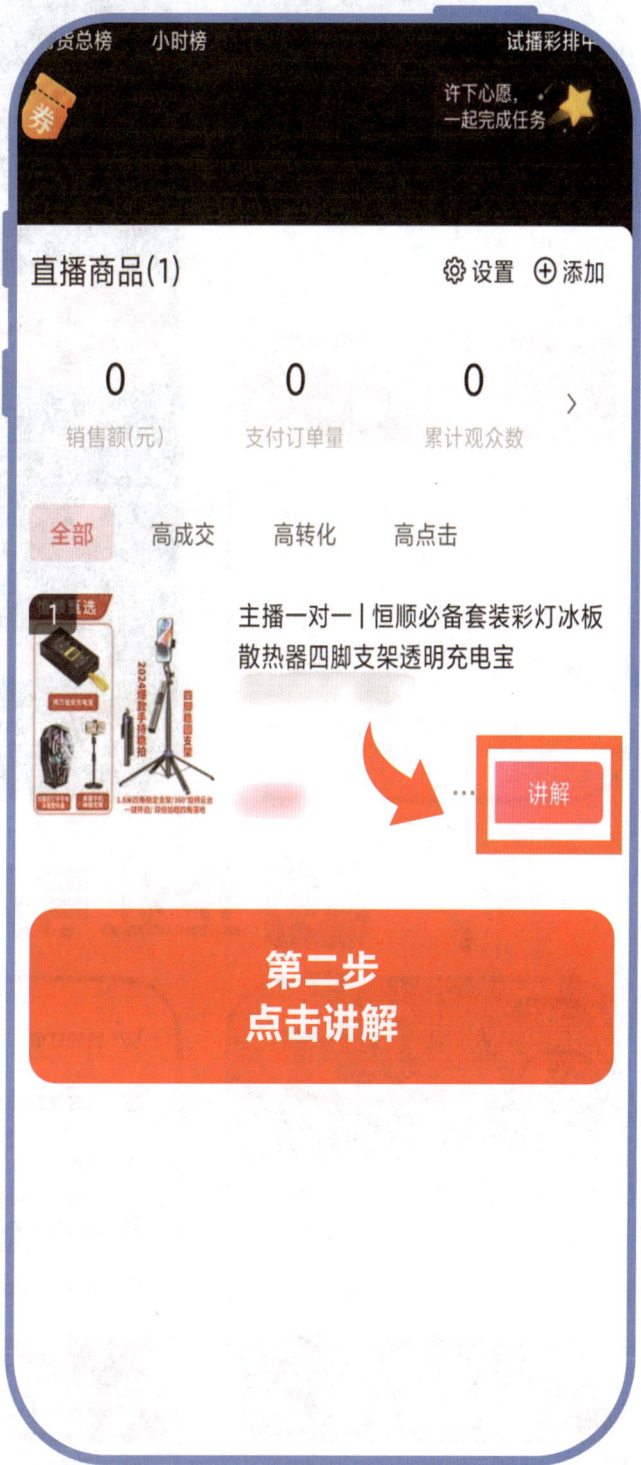

注意事项：

1. 不要在直播间讲解小黄车里面没有的商品；
2. 讲解商品时，最多要每隔5分钟弹窗讲解一下；
3. 在拉流量的时候，尽量不要挂小黄车，因为一旦挂小黄车，抖音就会考核你的电商数据，也就是你的卖货能力。

（六）如何调整小黄车商品的顺序

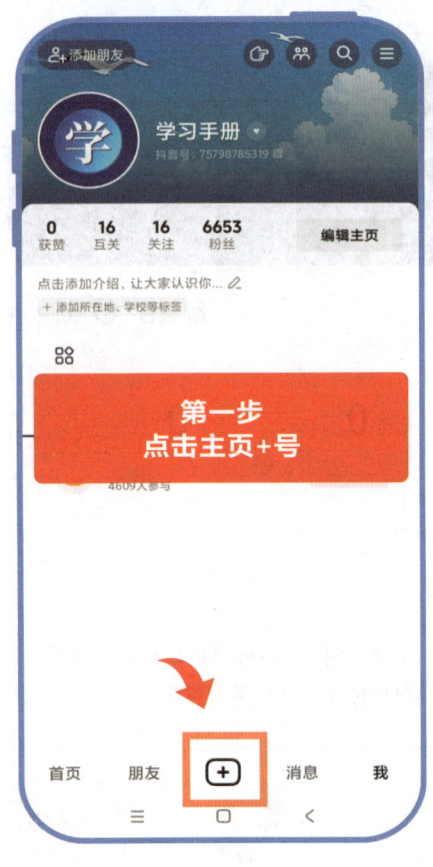

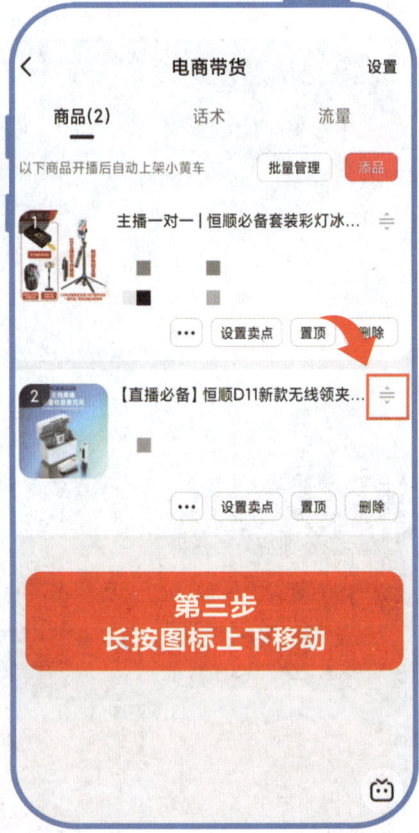

（七）企业号如何开通橱窗

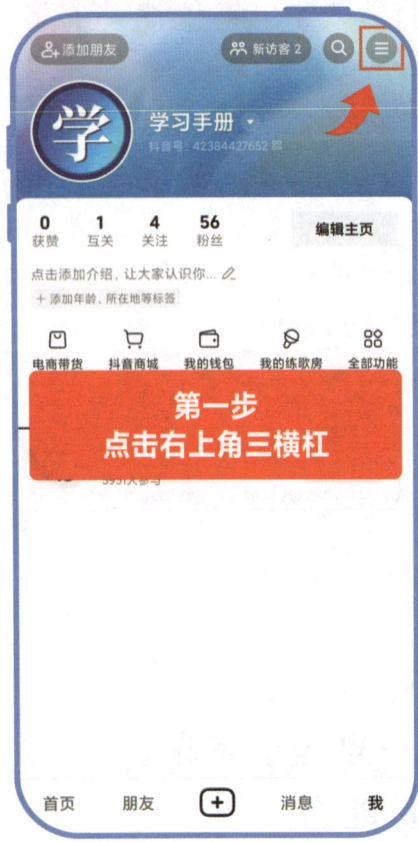
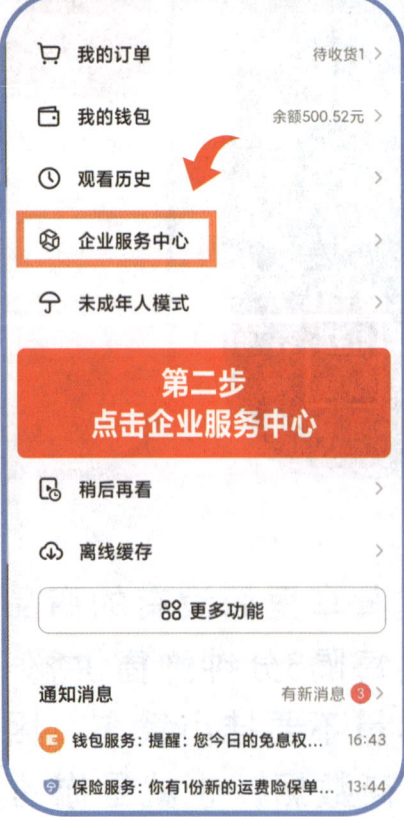

（八）如何免费申请样品

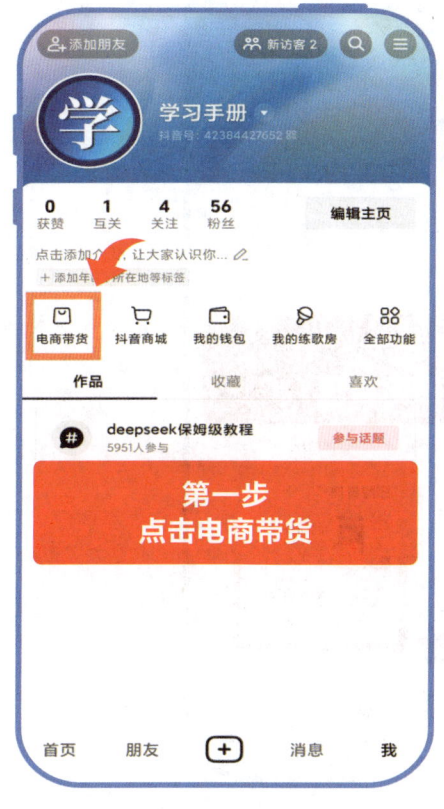

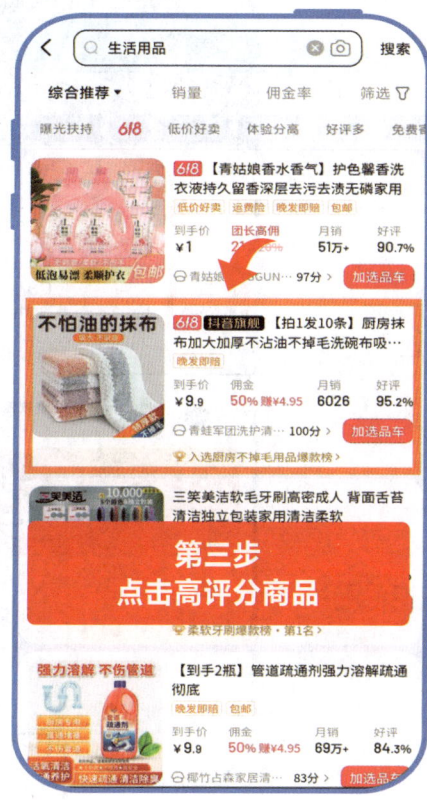
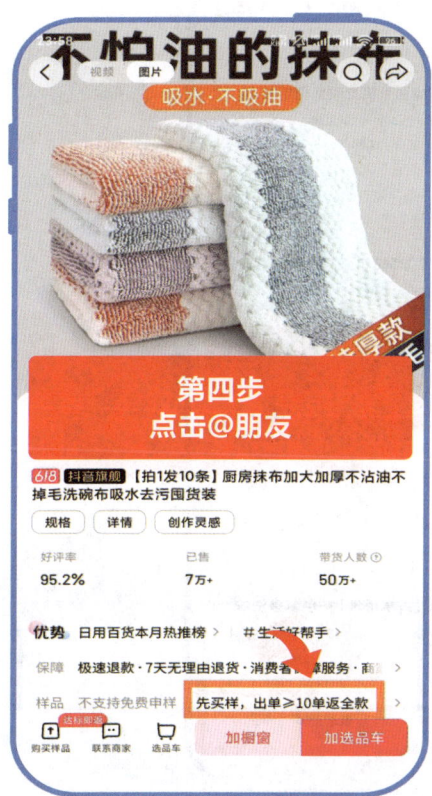
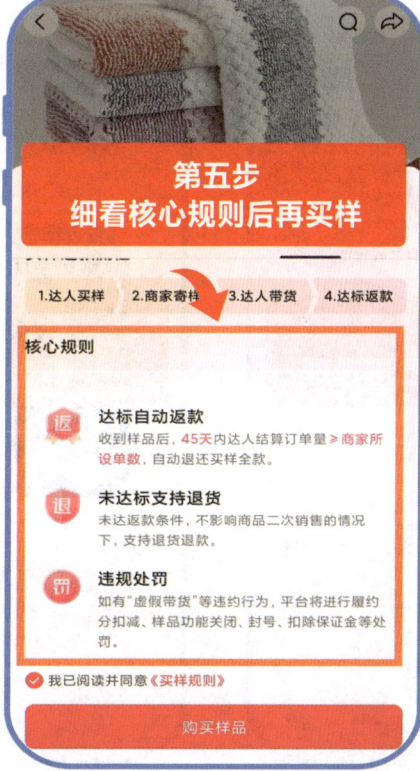

45天内卖出商家设定的单量则自动返还样品款，如未完成则不返。

（九）如何删除橱窗托管商品

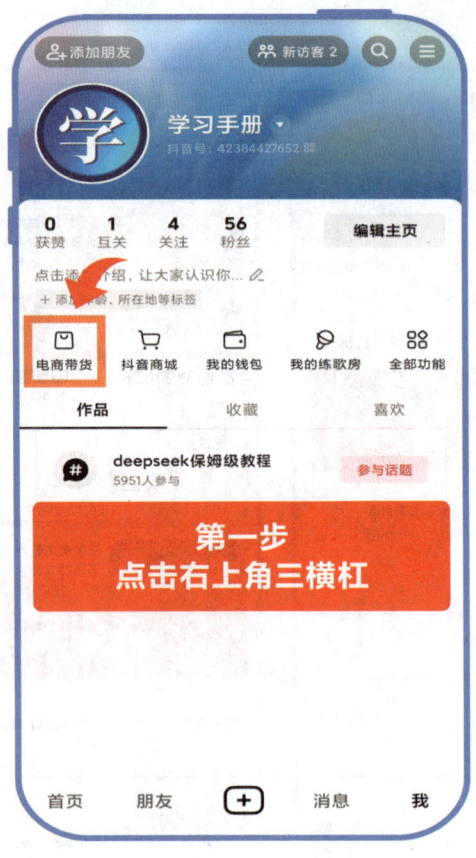

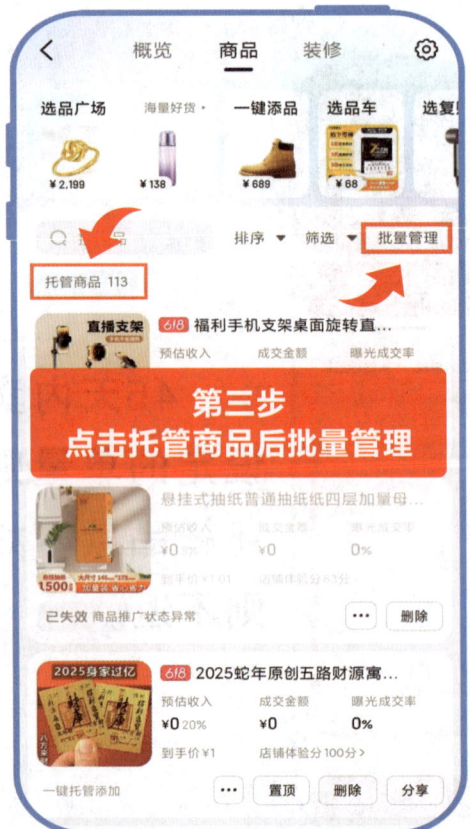

每次只能删除20个，多删几次直到删光为止。一键托管的商品较多，评分较低的商品会影响出单。

（十）如何退出橱窗保证金

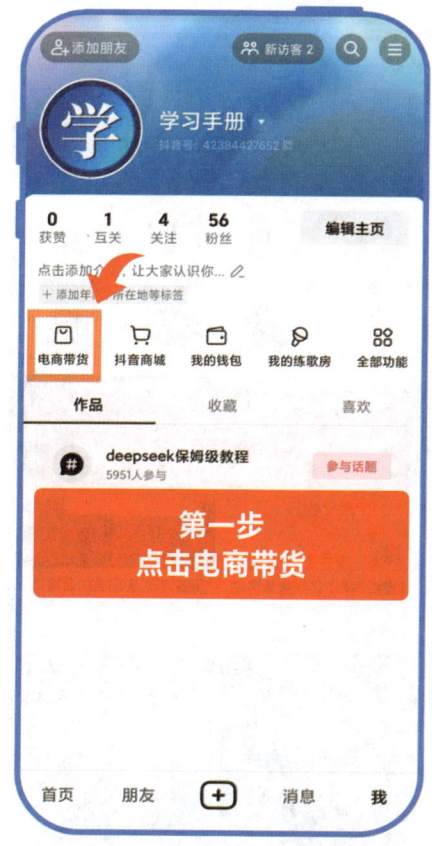

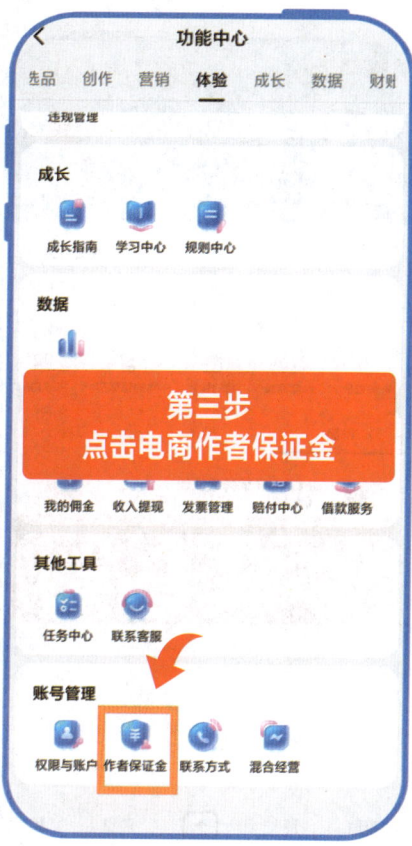

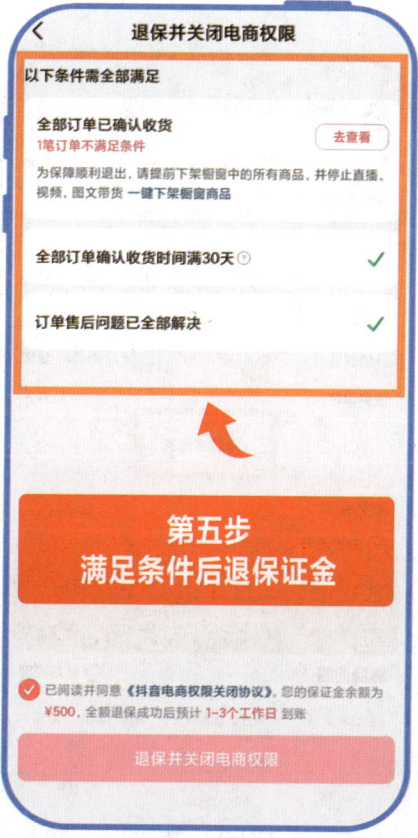

（十一）如何找到订单客服（问商家领资料）

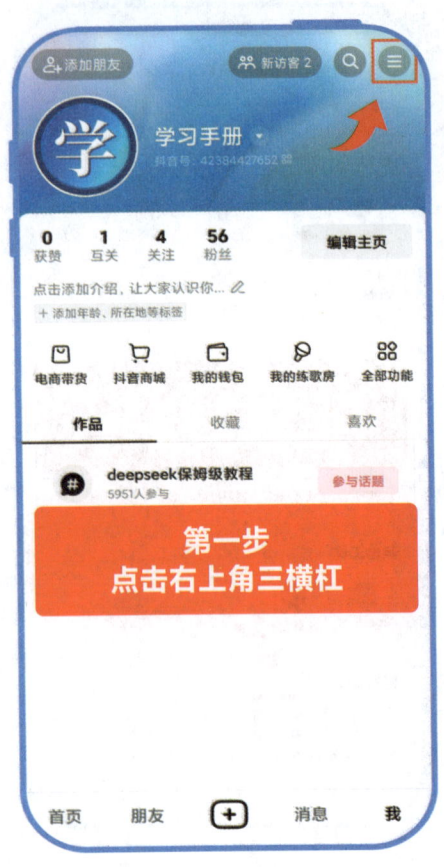
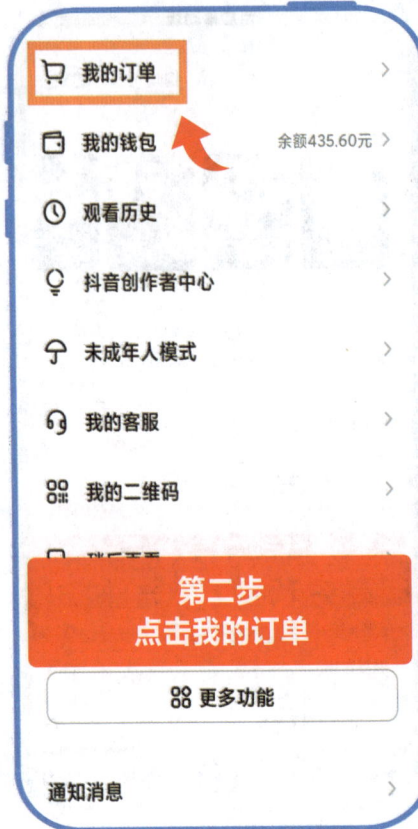

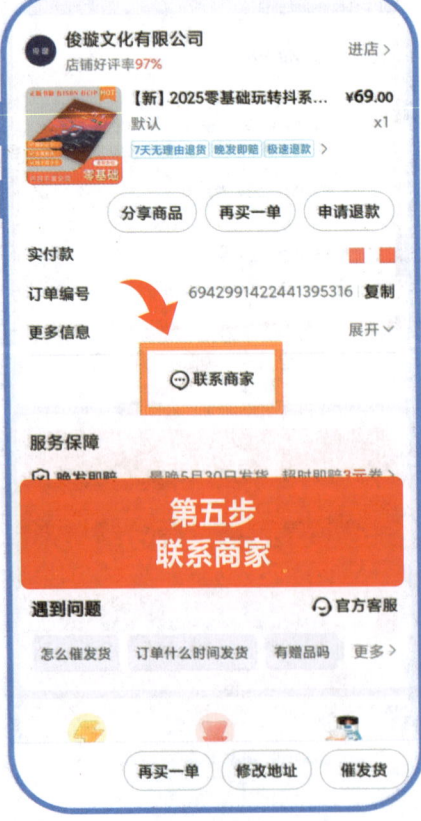
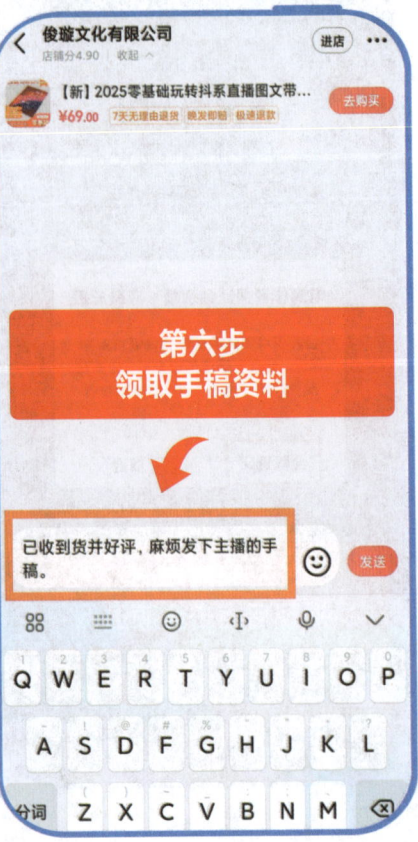

三、基础知识篇
(一) 如何检测账号是否违规以及清理僵尸粉

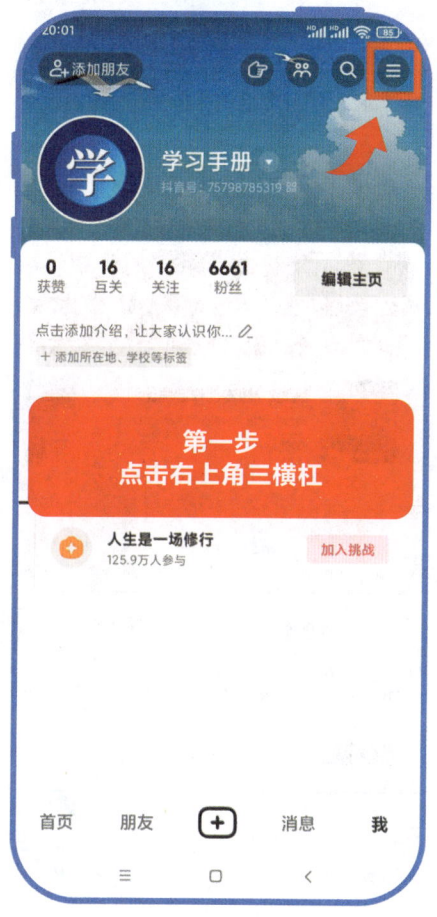

第一步 点击右上角三横杠

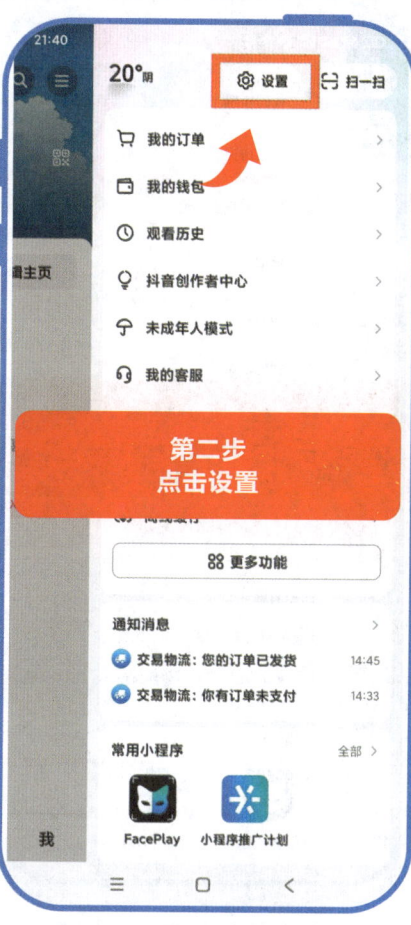

第二步 点击设置

第三步 点击账号与安全

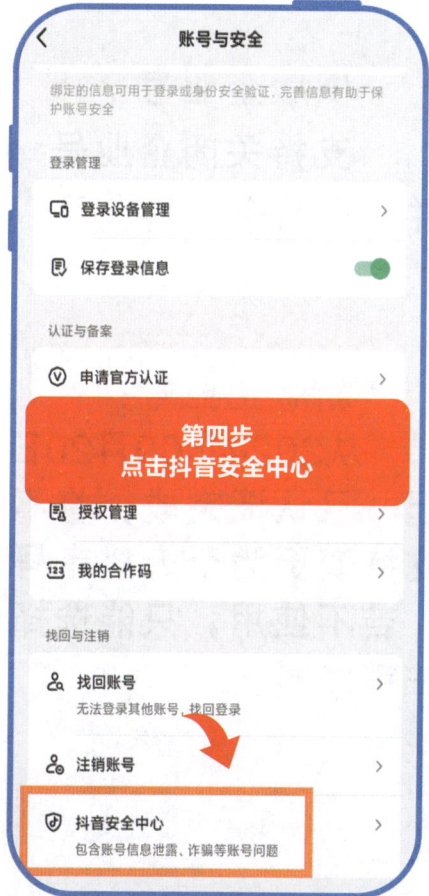

第四步 点击抖音安全中心

第五步 点击更多功能

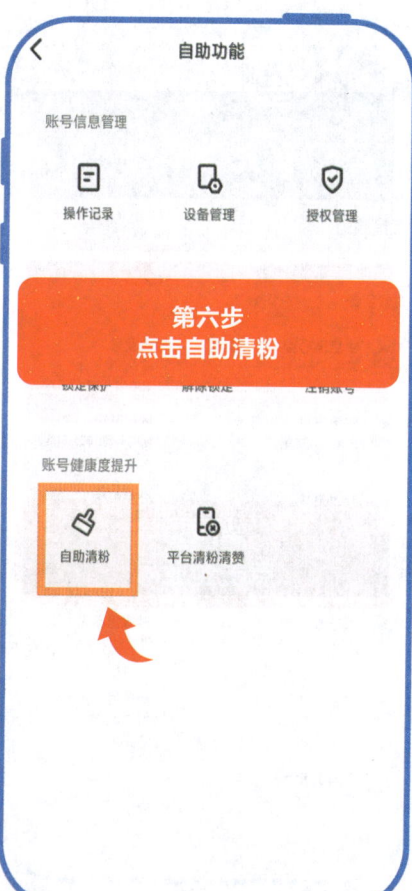

第六步 点击自助清粉

（二）如何开通企业号

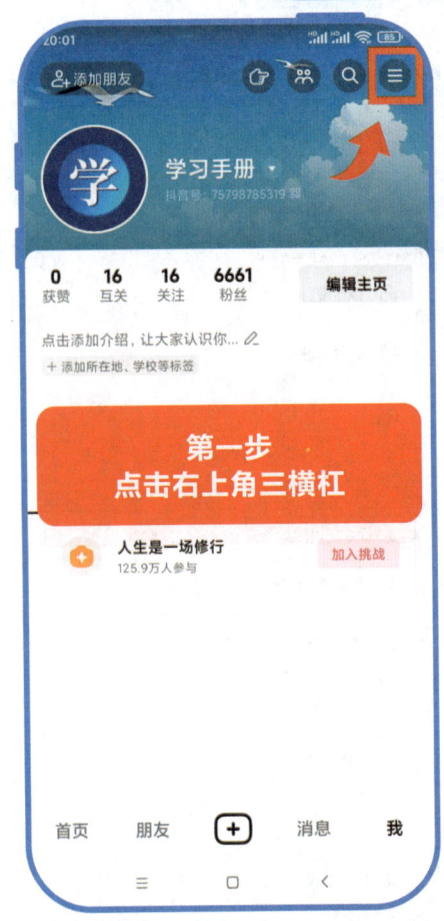
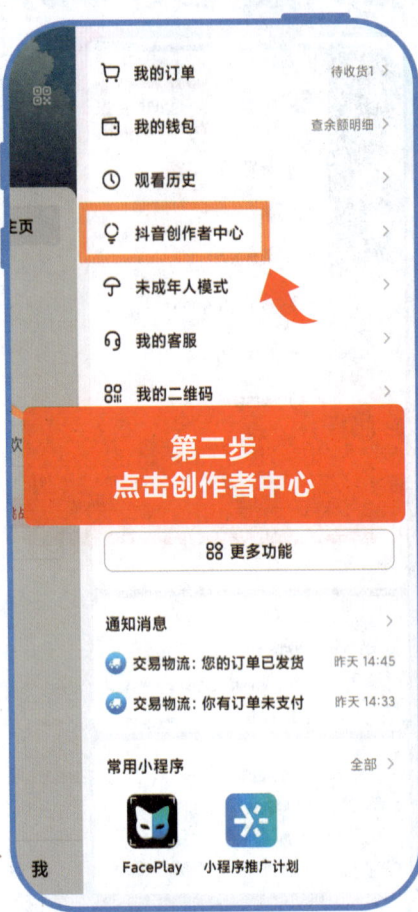

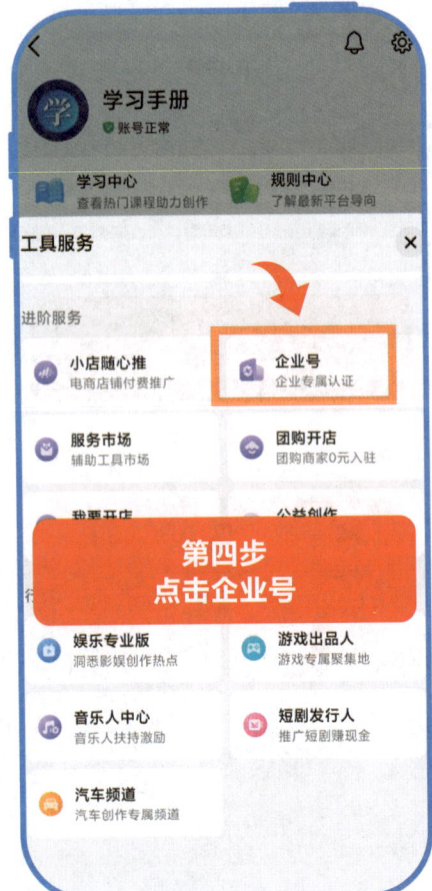
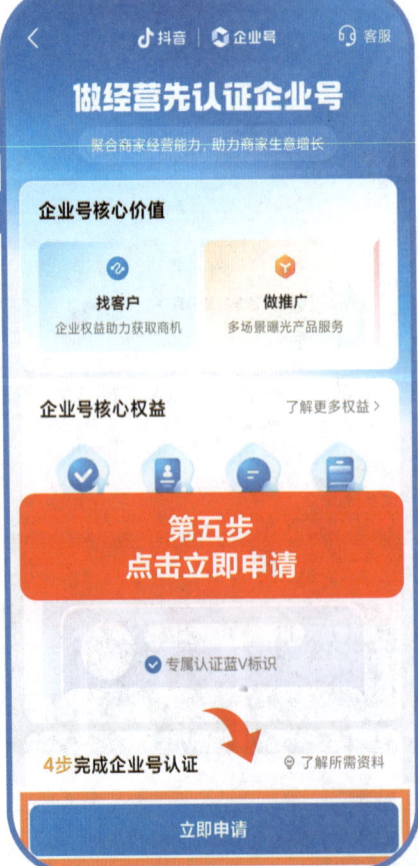

旧版企业号：

支持关闭企业号并变更为个人抖音号

新版企业号：

从2024年09月20日起一旦认证完成，将不支持变更为个人抖音号，若不使用，只能选择注销账号。

(三) 抖音基础知识100问

01 如何修改昵称/简介/头像/背景图/抖音号？

进入个人主页，点击名字处，即可对昵称、简介、头像、背景图、抖音号个人资料进行修改。

02 为什么修改不了头像/昵称/个性签名等用户个人资料？

如果您的用户资料无法修改，并收到"修改资料不可用"的提示时，则表明，您修改的内容因含低俗/不文明/广告等违禁词而无法修改，建议您更换其他内容尝试。

03 提示资料修改次数已达上限是什么意思？

若您在修改资料时，系统提示您"资料修改次数已达上限"，可以等待限制时间到期后重新桂林米粉提交修改即可。修改资料限制次数如下，建议您合理操作：

① 头像每日可修改5次；

② 个签每日5次；

③ 背景图每日5次（修改未成功也计数）；

④ 昵称每30天可修改4次(修改失败不计数)；

⑤ 认证信息每60天1次（修改失败不计数）。

04 为什么会提示"此账号已绑定到账号xxxx"？

抖音目前仅支持"同一个手机号仅可绑定一个抖音号"，出现该提示表示您输入的手机号已绑定其他抖音号，建议您更换别的手机号来绑定新的抖音号试试。

05 为什么提示"此账号已存在绑定"？

抖音目前仅支持"同个微信/QQ/微博/今日头条视频号仅可绑定同个抖音号"，出现该提示表示您输入的同个微信/QQ/微博/今日头条视频号已绑定过了其他抖音号，建议您更换别的微信/QQ/微博/今日头条视频号来绑定目前的抖音号试试。

06 手机号登录失败，登录显示账号被锁定怎么办？

①在手机号可以正常使用的情况下，可以通过抖音APP，打开"我的"→右上角"≡"→"设置"→"账号与安全"→"抖音安全中心"→"锁定保护"进行操作，解锁账号，即可自助解锁。

②在手机号不能正常使用的情况下，请您在抖音登录页面点击右上角的"帮助与设置"→"解除锁定"→"解除锁定保护"，选择"使用绑定手机号解锁"或"使用抖音号解锁"，按照页面提示进行认证，并回答相关问题，即可完成自助解锁。

07 如何解绑手机号？

抖音目前只支持手机号换绑操作，您可以先将抖音升级至最新版，然后：

①在手机号可以正常使用的情况下，通过抖音APP，打开"我的"→右上角"≡"→"设置"→"账号与安全"里点击手机号，即可进行更换已经绑定的手机号码。

②在手机号不能正常使用的情况下，抖音号不能正常登录，可以按照以下步骤进行操作：请您在抖音登录页面，点击"帮助与设置"→"手机号不用了，无法登录或换绑"按照界面提示进行换绑操作。然后输入原手机号后即可进入验证页面，请根据提示提交验证材料。若您忘记原手机号，您可在该页面点击"找回账号"提交验证材料。

08 一个手机号可以注册多个抖音吗？

为了确保用户账户的安全性和避免出现多个账户可能导致的不便，目前在抖音平台上，一个手机号只能注册或绑定一个抖音号，这样的设置有助于让您和其他用户都能得到更好的体验。

09 如何实名认证？

通过抖音APP，打开"我的"→右上角"≡"→"设置"→"账号与安全"→"实名认证"进行操作，即可完成实名认证。

10 为什么实名认证失败？

实名认证失败的具体原因请查看收到的官方消息提示。若提示身份证照片模糊或填写信息和身份证不匹配，可重新填写申请。未成年、视频内容不符合抖音风格、账号有违规记录（如搬运视频、发布广告、上传违规内容、账号作弊）等原因都可能导致无法通过官方审核。

11 如何修改/解绑实名认证信息？

实名认证无法解绑或换绑：一张身份证只能与一个抖音号进行绑定。身份证已绑定其他账号:若您的身份证已绑定过其他抖音账号，将无法再进行实名认证。如需释放实名信息，您可以注销当前账号，从而释放您的实名信息。

12 如何绑定/解绑银行卡？

通过抖音APP，打开"我的"→右上角"≡"→"我的钱包"→"银行卡管理"，进行操作绑卡。

13　登录账号时手机收不到短信验证码？

您获取短信后，运营商可能会延迟，请耐心等一会儿。如果等待一段时间后还是无法收到短信验证码，建议您尝试以下方式：

①检查您的手机号是否输入正确无误，是否是空号；

②检查您的手机是否已经停机/关机/没有信号；

③检查您的短信收件箱是否设置骚扰拦截/屏蔽/过滤，确保短信没有被屏蔽；

④点击页面下方的 语音验证码，进行获取，如您已绑定 手机号无法使用，可以尝试自助找回账号。

14　如何注销账号？

通过抖音APP打开"我的"→右上角"≡"→"设置"→"账号与安全"里点击下方"账号注销"按钮，即可注销当前抖音账号。

15　抖音账号IP属地显示支持关闭吗？

目前，抖音账号IP属地显示不支持关闭功能。为了维护真实有序的讨论氛围，减少冒充热点事件当事人、恶意造谣、蹭流量等不良行为，平台在个人主页等位置展示IP属地信息，国内展示到省(区、市)，境外展示到国家(地区)，具体展示信息以网络运营商提供的大致位置为准。

16　如何将抖音升级到最新版？

①安卓设备：请您在手机中找到"应用市场"，搜索"抖音短视频"后并点击更新最新版抖音即可；

②IOS设备(苹果)：请您在APP Store中搜索"抖音短视频"后进入APP详情页点击"更新"即可。

17　如何在抖音进行搜索？

您可以打开抖音短视频软件，点击首页的搜索框，输入想搜的信息后，点击搜索框右侧搜索按钮即可。如果右侧无搜索按钮，请点击手机自带输入法上的搜索或回车按钮进行搜索。

18　为什么搜索结果为空?

若您搜索时提示"搜索结果为空",可能是:

①没有找到与关键词相关的内容,建议您尝试搜索其他关键词;

②搜索结果与您的网络状态及缓存相关,建议您切换网络或重启抖音试试。

19　如何清理僵尸粉?

通过抖音APP,打开"我的"→右上角"≡"→设置→"账号与安全"→"抖音安全中心"→"更多功能"→"自助清粉",进行一键清理僵尸粉(虚假粉)。

20　如何隐藏自己发布过的作品?

打开想要隐藏的作品右下角"…"→权限设置→选择"私密·仅自己可见"即可隐藏作品。

21　为什么修改不了头像/昵称/个性签名等用户个人资料?

如果您的用户资料无法修改,并收到"修改资料不可用"的提示,则表明您修改的内容因含低俗/不文明/广告等违禁词而无法修改,建议您更换其他内容尝试。

22　显示账号异地登录怎么办?

①修改抖音密码/绑定的第三方密码;

②前往"我的"→右上角"≡"→"设置"→"账号与安全"→"录设备管理"中查看所有登录设备,并移除非本人使用设备;

③在"账号与安全"'抖音安全中心"→"锁定保护"中开启锁定保护,成功开启后等待一段时间再尝试重新解锁登录。

23　怀疑账号被盗怎么办?

在抖音登录界面右上角点击"帮助"→"找回账号",进入找回页面自助找回被盗账号。

24 如何设置不将自己推荐给别人？

通过抖音APP，打开"我的"→右上角"≡"→"隐私设置"→"关系与账号"，将"向我推荐可能认识的人"设置为"减少推荐"。另外同时可以将"找到我的方式"里的几个途径，全部选择"关闭"即可。

25 为什么关闭通讯录后仍然能被好友找到？

因为抖音可能会根据您的其他抖音好友等多种情况为您进行好友推荐。若实在不想被认识的人刷到自己的作品或者找到自己账号，建议你可以将他们拉黑，就可以直接屏蔽。

26 如何拉黑/取消拉黑他人？

①您可打开要拉黑的抖音用户个人主页，点击右上角"…"→"拉黑"→"确认拉黑"即可拉黑用户。

②您可以在"我的"→右上角"≡"→"隐私设置"→"黑名单"中解除之前的拉黑对象。

27 如何投诉评论？

抖音不支持发表不文明言论行为，您可以单击或长按该条评论，并且选择举报理由，对该评论进行举报。

28 平台是否会限流？

抖音平台尽最大可能保护创作者的利益，如果没有违反抖音网络社区自律公约的行为，平台不会存在所谓"限流"的说法。（一般没有收到平台信息，或者账号没做出违规行为，就不会限流。）

29 视频被侵权搬运如何举报？

若您发现涉嫌侵权账号，您可选择以下途径进行举报：打开抖音APP→找到要举报账号个人主页→右上角"…"→"举报"→选择举报场景。

30 为什么私信发送不出去?

若您在私信时收到"对方关闭了私信功能"的提示,则表明,由于对方设置,您暂时无法私信他了。另外,您可以让对方在"我的"→右上角"≡"→"隐私设置"→"谁可以私信我"修改相关设置后再试。

31 发视频的时候可以隐藏抖音号吗?

目前抖音不支持隐藏抖音号发视频。

32 如何去掉水印保存抖音作品?

目前抖音视频下载后会自带抖音的水印,暂时不支持消除。

33 如何设置/修改"动态壁纸"?

①如果您想设置"动态壁纸"您可以在视频页面点击"分享"→"动态壁纸"进行设置。

②如果想修改"动态壁纸"您可以在"我的"→右上角"≡"→"设置"页面,点击"动态壁纸"进行修改。

34 如何删除已经下载的动态壁纸?

可以根据您的设备型号选择对应的操作路径:

①安卓设备:可以在"我的"→右上角"≡"→"设置"→"动态壁纸"里面,选择需要删除的动态壁纸,点击右上角"…"进行删除。

②IOS设备:可以打开您的设备相册,选择之前已经下载好的动态壁纸素材,直接删除并选择新的墙纸。

35 为什么部分视频无法设置动态壁纸?

目前抖音的动态壁纸功能仅作为壁纸使用,是没有声音的。

36 为什么部分视频设置的动态壁纸没有声音?

这可能是由于该视频暂时不支持动态壁纸生成,您可以更换其他视频进行尝试。

37 为什么无法上传视频?

建议您先在抖音APP内清理缓存后关机重启试试,如仍未恢复,可尝试:

①请确认您的图片分辨率是否小于1080P,部分机型可能支持4K分辨率;

②请确认您导入该视频/图片的路径与您当前所在相册是否一致;

温馨提示:目前安卓和苹果手机都仅支持导入1小时以内的视频,安卓手机目前仅支持导入MP4格式的视频,IOS手机支持导入MP4和MOV格式视频。

38 为什么下载视频按钮为灰色?

如果保存按钮呈现灰色即表明该视频暂时不支持下载,这是平台对优质作品防止被窃取搬运的一种保护,不会影响到您视频的正常传播。如果是想分享视频给别人,您可以复制链接转发给他人,他人可通过链接观看您的视频。

39 如何设置视频下载权限?

①手机端设置流程:

可以前往"个人主页"→选择需要设置的视频→页面右下角"权限设置"或"个人主页"→选择需要设置的视频→长按视频→"权限设置"进行操作。

②手机端设置流程:

您可以登录抖音创作者服务平台(https://creator.douyin.com/),点击"视频管理",选择需要设置权限的视频,点击"设置权限"进行操作。

40 找不到保存至相册的视频怎么办?

视频可能已保存至手机中的DCIM/Camara文件夹下,您可以通过系统相册或文件内找到相对应的路径;您也可以打开手机,在"文件管理"中的"最近下载"内查看一下。

41 显示"视频不见啦"是怎么回事?

您的视频可能是因为内容违规被下架,详情请查看收到的官方消息提示。如有疑问,点击信息"详情"进行反馈。若视频内容不违规,会在1到3个工作日内恢复通过,若内容确实违规,将仍不予通过。违规视频是无法通过审核,您通过任何渠道反馈均会是同样结果。

42 已经删除的抖音作品是否能恢复?

目前抖音上发布的作品一旦删除就无法恢复,可以选择重新发布。

43 为什么同城的人都>100km?

这可能是由于您未开启抖音的位置获取权限。请在您手机的设置中,开启抖音短视频的定位授权这个权限,然后关机重启,再打开抖音。

44 如何开通合集权限?

当前手机端暂不支持开通合集功能,请您用电脑登录抖音创作服务平台,在页面左侧的"内容管理",点击"合集管理"创建并使用合集功能。

45 被分享视频无法查看?

如果您无法查看好友分享给您的视频,可能是以下原因:
①可能是视频创作者设置了仅好友可见。
②可能是视频创作者删除了该视频。
③可能是视频创作者是私密账号。
④可能是视频创作者把视频修改为了私密视频。

46 如何使用合拍/抢镜功能?

选择视频点击右下侧"分享"找到"合拍"即可进行拍摄。温馨提示:目前只有1分钟以内的视频可以合拍。合拍使用的是原视频的音乐,无法录入您自己的声音。

47 如何拍/制作长视频?

目前抖音APP内"分段拍"支持最长3分钟时长的视频拍摄,3分钟以内您可以使用"分段拍"功能,3分钟以上的视频,您可以通过站外拍摄或经过剪辑制作后上传。

48 如何发布图文作品?

①PC端:登录"创作服务平台",点击左侧"发布作品"按钮,选择"发布视频/图文"→点击上传或直接将视频/图片文件拖入发布页面即可。
②APP端:打开抖音APP,点击底部"+"按钮,在相册中选择多张图片进行上传。在完成作品编辑后,点击"发布"即可。

49 图文视频无法保存?

目前抖音上的图文视频可以保存为图片格式,暂不支持保存为有背景音乐的视频格式。

50 什么是视频赞赏?

视频赞赏是用户激励、支持视频创作者的一种方式,开启赞赏功能的视频创作者,有机会获得赞赏收益。

51 如何给视频赞赏?

需将抖音升级到最新版本,当您在抖音浏览视频时,可以长按视频后点击"赞赏视频"或在分享面板选择"赞赏视频"后对该视频进行赞赏。

52 如何开通"视频赞赏"功能?

目前此功能处于内测阶段,暂时只邀请了部分创作者试用,仅针对粉丝量1万以上、账号状态正常,无各类违规、原创度高的部分个人创作者开放内测。

您可以打开抖音"我的"→右上角"≡"→下方"实用工具"→"创作者服务中心",选择"全部"→"收入变现"→"视频赞赏",查看是否能开通。如页面提示功能内测中,则当前账号暂时不属于内测范围,无法申请开通,可等待后续内测范围逐步开放。

另外,目前暂不支持认证企业号开通视频赞赏功能。

53 为什么我会缺少某个道具/贴纸/影集模板?

通过抖音APP,打开"我的"→右上角"≡"→"设置"→进入"创作者中心"页面,点击"账号数据",即可查看个人账号的数据情况,例如流量情况、作品数据、粉丝数据。

54 为什么我会缺少某个道县/贴纸/影集模板?

可能是以下几个原因:
①部分道具/贴纸/影集在旧版本上无法使用,请您将抖音APP升级到最新版;
②道具/贴纸/影集使用与您的网络状态及缓存相关,建议您切换网络或重启抖音;
③目前某些特殊机型由于系统适配等原因暂不支持该道具/贴纸/影集,您可尝试使用其他可用道具贴纸。

55　如何使用粉丝通加热视频?

您可以进入粉丝通页面，点击"视频加热"部分的"查看更多"→"加热近期视频"选择一个视频并选择加热流量（每次最少使用100流量）后对视频进行加热，开始加热后可在"查看效果"页面查看对应视频的加热进度。

温馨提示：流量奖励仅可使用在您7天内发布且最近的100条公开视频上（仅自己/仅互关朋友可见视频、日常视频、私密账号不可使用）。

56　那些账号可以加入中视频伙伴计划?

平台会根据创作人历史发布的视频播放情况、内容质量以及账号等进行审核，如未达到平台要求，暂无法加入中视频计划。目前，除以下账号外，其他所有西瓜视频账号、抖音账号均申请加入中视频伙伴计划。如下：

①"状态异常""低质内容过多"两种类型的西瓜视频账号无法加入中视频伙伴计划。

②"被禁止投稿"的抖音账号无法加入中视频伙伴计划。

57　如何加入中视频计划?要求是什么?

加入中视频计划需要完成发布3篇原创视频且累计播放量达到1.7万。申请加入中视频伙伴计划后，只有完成以下申请任务并通过人工审核即可成功加入中视频伙伴计划。要求如下：

①通过以下任意一个渠道：

西瓜视频APP、西瓜创作平台（https://studio.ixigua.com/）、抖音西瓜小程序、剪映分享至西瓜，发布3篇以上时长>1分钟的原创视频。视频需要设置为公开可见并勾选原创。

②发布的所有原创横屏一分钟以上的视频在西瓜/头条/抖音总播放量累积达到1.7万以上。当您完成申请任务时，将为您自动提交审核。官方工作人员将根据您的账号发布的原创横屏视频（时长>1分钟）是否符合原创标准来确定您是否可以加入本计划。审核结果将通过计划介绍页面和消息通知公布;如果由于不符合原创内容标准等原因未审核通过，您可以尝试再通过西瓜创作平台、西瓜视频APP、抖音中西瓜视频小程序、剪映中西瓜视频发布至少1篇原创横屏视频（时长>1分钟），则可在审核不通过后的30天后再次提交审核申请。

温馨提示：平台优先鼓励自主拍摄及创作的自媒体作者加入本计划，不符合自主拍摄及创作标准的账号无法加入本计划。

58 为什么加入中视频计划提示需要完成任务?

申请加入中视频伙伴计划之后暂未达到平台要求的创作人，将收到完成发文任务的提示，实际情况以产品页面提示为准。特别提示：当账号处于完成任务期间的时候，发布视频在抖音产生的播放量是无法获得收益的，成功加入计划后新发布的视频才有机会获取收益。完成任务的进度可以在西瓜视频APP或西瓜创作平台"创作权益"→"视频创作收益"需要设置为公开→"查看任务进度"查看，完成任务无时间期限。

59 为什么我发布的视频已经超过3篇了，还是显示未完成申请任务?

只有符合以下条件的视频才会被统计：

①视频需要通过西瓜创作平台、西瓜 APP 抖音APP（1880及以上版本，开启同步至西瓜视频和今日头条）、抖音APP内西瓜视频小程序、剪映中西瓜视频发布。

②视频需要符合横屏、时长>1分钟并声明原创。

③视频需要公开可见，被设置了"仅我可见"的视频和已删除的视频都不会被统计。

60 如果申请中视频审核不通过可以再次申请吗?

①如果由于不符合原创内容标准等原因未审核通过，可以在审核不通过后的30天后再次提交申请。需注意，在此期间你需要再通过西瓜创作平台、西瓜视频APP、抖音APP（1880及以上版本，开启同步至西瓜视频和今日头条）、抖音APP内西瓜视频小程序、剪映中西瓜视频发布至少3篇或更多原创横屏视频（时长>1分钟），才能再次提交审核。

②平台优先鼓励自主拍摄及创作的自媒体作者加入本计划，不符合"自主拍摄及创作"标准的账号无法加入本计划。

61 中视频计划收益是如何计算的?如何获得收益?

视频收益是基于播放量获利，再根据其产生的广告价值、总消费时长、粉丝播放、内容质量、原创性等综合因素计算的。具体如下：

①如果您加入"中视频伙伴计划"通过实习期后，在西瓜APP、西瓜创作平台、抖音内西瓜小程序，通过剪映导出视频上传到西瓜发布视频时长>1分钟的横屏原创视频并同步至抖音，就有机会获得西瓜、头条、抖音三端视频流量收益。

②如果您通过今日头条APP或头条号后台发布横屏视频并声明原创。发布视频时长>1分钟的横屏原创视频就有机会获得西瓜视频和头条两侧的收益。

温馨提示：加入中视频伙伴计划可能获得更多收益，另外竖版视频、未声明原创视频及未加入创作激励计划是没有收益的。

62 加入中视频计划后，如何发布中视频？

若您是已加入中视频伙伴计划的作者，在完成1分钟以上的横屏视频创作后，在抖音可以通过两个方式发布：

①通过抖音APP上传中视频，并在视频发布页的"作品同步"功能中打开"同步至西瓜视频和今日头条"→"原创内容"，在各端发布成功后，就有机会获得西瓜视频、今日头条、抖音三端视频流量收益。

②您可以通过电脑端登录抖音创作服务平台点击左上角"发布视频"→点击右侧"中视频伙伴计划"发布通道"去发布"按钮，跳转至西瓜创作平台发布视频。温馨提示:在抖音创作服务平台本端（视频发布左侧直接发布），无法获得中视频创作收益。

63 如何将抖音和头条的视频互通？

若您需要将抖音发布的视频同步至西瓜和头条，请按照以下步骤进行操作:

将抖音升级至最新版本后，前往"我的"→右上角"≡"→"设置"→进入"账号与安全"页面，点击"第三方账号绑定"→"今日头条视频/西瓜视频"进行绑定即可。在发布视频时，点击发布界面下方的"同步视频至今日头条"字样（点击后字体变为黄色）即可。若您已开启头条视频同步功能但仍未同步，请在"第三方绑定"处绑定头条账号进行重复解绑/绑定尝试。

64 如何将抖音和头条的粉丝、头像、昵称同步互通？

通过抖音APP，打开"我的"→右上角"≡""设置"→进入"账号与安全"页面点击"第三方账号绑定"→"今日头条视频/西瓜视频"，将"同步粉丝数量"和"同步抖音头像和昵称信息"进行操作，打开即可同步互通。

65 为什么我无法将头条内容同步至抖音？

目前头条内容同步抖音活动仅邀请了部分作者参与，暂不支持主动申请，后续将结合活动开展情况调整邀请的作者范围。

66 加入中视频伙伴计划后所有的视频都需要承诺独家发布吗?

加入计划后发布的视频不需要都承诺独家发布。你可根据自己的实际情况，选择视频承诺独家发布。未承诺独家发布的视频，无法获得独家收益。

67 加入中视频伙伴计划后如何对视频承诺独家发布?

独家发布权益目前仅面向已加入中视频伙伴计划的部分创作人开放，创作人可以针对单条视频声明在全字节平台(西瓜视频、抖音、今日头条，具体以签署的独家协议为准)独家发布，经评估符合独家条件并签署相关协议的创作人，可在发布页面"发布设置"→"独家设置"中勾选"独家发布"。在勾选"独家发布"后，独家发布的视频总收益可再提升100%-250%。

68 是否必须要勾选独家?已经承诺独家的视频如果不想独家发布了，能否取消独家?

①如果您的视频没有勾选独家发布，则可以在其他平台发布，不会对您的视频和账号造成任何影响。目前只支持在发布视频的时候勾选独家，如发布时未勾选，发布后不支持修改。

②您可在视频发布成功后的24到72小时内，通过以下方式取消视频独家发布：点击修改视频，取消独家按钮的勾选，或者在内容管理中，点击视频右侧"更多"点击"取消独家"。

温馨提示：发布超过72小时的视频暂不支持取消独家。

69 通过中视频伙伴计划发布到抖音后，可以删除视频或隐藏视频吗?

同步成功后，如果需要删除或隐藏抖音的视频，您可以在抖音创作平台或抖音APP操作。删除或隐藏抖音的视频后，不影响视频获得西瓜视频、今日头条的创作收益，但抖音的视频删除或隐藏后不会再有播放也无法获得抖音创作收益。

70 给视频添加标题

在上传的时候可以在上下黑屏部分添加标题等。具体操作：在西瓜创作平台点击"发布视频"→"视频设置"→"上传竖屏版本"。

71 如何开通全民任务？

通过抖音APP，打开"我的"→右上角"≡"→"实用工具"→"创作者服务中心"，选择"全部"→进入"任务中心"中即可查看所有在线任务，在任务页面发布视频即可参与任务。或者在搜索栏搜索"全民任务"，进入页面，领取任务

72 全民任务如何提现？

通过抖音APP，打开"我的"→右上角"≡"→实用工具→"创作者服务中心"→"全部"进入"任务中心"→"我的任务"→"提现"进行全民任务提现。

73 佣金怎么提现？

佣金提现分为不同场景及路径，具体如下：

①达人佣金：满足结算条件的佣金，您可在"商品橱窗"→"常用服务"→"收入提现"→"正式账户"或"商品橱窗"→"精选联盟→"佣金统计"→"提现"→"正式账户页面"操作提现。

②第三方佣金：所有第三方(淘宝、京东等)商品产生的佣金，请到各自联盟后台去查看/提现收益，平台不负责第三方商品的佣金结算，也不向此类商品收取费用。

③机构佣金：您可在"百应后台"→"财务管理"→"结算管理"中进行对应费用的提现，可以提现到您在机构后台已经开通的银行账户中。

74 抖音创作者广告分成计划是什么？

抖音创作者广告分成计划（原"抖音创作者激励计划"），是平台面向抖音优质原创作者，全新推出的收益提升与创作变现计划，创作者可以选择同意在个人主页展示广告，即可通过用户连续浏览观看其主页内容轻松获得收入。

75 加入"抖音创作者广告分成计划"需满足什么条件？

该计划暂不支持未成年人、企业号、政务媒体号加入。创作者申请功能开通时必须满足以下5个条件：

①收到内测邀请，请您确认是否收到邀请；

②账号状态正常（状态异常/搬运抄袭/低质内容过多/被禁止投稿的作者无法加入该计划）；

③粉丝数>1万；　④已完成实名认证；

⑤近30天内所有投稿作品总播放量>5万（转发作品播放、抖音极速版投稿播放不计算在内）。

76 "抖音创作者广告分成计划"的广告展示形式是什么样的?可以自己选吗?

当您成功加入此计划后，只有当用户进入您的个人主页并连续浏览内容时，广告才可能以一条单独的视频内容呈现;如果用户只是进入您的个人主页但并未连续浏览时，则不会看到相关广告内容。当您成功加入本计划后，可以在"广告管理"页面设置您希望屏蔽的广告行业与广告素材内容，被您屏蔽的广告行业与内容素材将不会出现在您的个人主页广告位，目前暂不支持选择希望投放的广告内公。温馨提示:如果屏蔽广告内容过多，可能会影响您的广告分成收入。

77 加入"抖音创作者广告分成计划"对创作内容有什么要求?

加入广告分成计划对创作内容、主题无特殊要求，但必须符合抖音现有创作规范，包括但不限于《抖音社区自律公约》，发布内容需为原创作品或已取得原权利人合法授权，不得搬运他人作品，不得未经权利人同意使用/传播其作品，或发生其他侵犯他人著作权的行为。如果您违反此政策，一旦发布内容涉及侵权等违法行为或发生作弊/刷量/恶意拆条/个人页恶意引流等影响抖音内容生态等行为（详细可见"管理"→"抖音创作广告分成协议"），平台将取消其继续参与计划的资格，并追回发布相关侵权等违法违规内容后获得的广告分成收入。

78 如何创建粉丝群?

通过抖音APP，打开"我的"→右上角"≡"实用工具"→"创作者服务中心"，进入"主播中心"→"粉丝群管理"，点击右上角创建群聊，即可新建粉丝群。

79 如何开启直播?

升级抖音APP至最新版，点击抖音下方"+"→"开直播"→ 点击"开启视频直播"。

80 开直播前哪些直播信息需要完善?

在抖音"+"→"需要填写开直播"界面，完善的信息有：
①封面：贴合直播内容/真人照片，有助于用户进入直播间（正方形最佳）。
②标题：反应直播内容，吸引用户观看（10字以内）。
③选择直播内容：搜索"购物/电商"，并选中有助于获得更多兴趣相投的观众。
④选择话题：添加适配的话题，有助于获得更多精准流量曝光。

81 直播卡顿/画面模糊/黑屏/没有声音怎么办?

①清理浏览器/手机缓存，关闭后台其他APP；
②重启手机/电脑、重启抖音APP/直播伴侣；
③尝试一下Wi-Fi和4G网络互相切换，或者更换其他Wi-Fi；
④安卓系统和IOS系统下分别进行尝试；
⑤更新手机/电脑系统版本，APP版本至最新版本。

82 如何设置直播间美颜效果?

可以在开播前或者开播时进行设置：
①开直播前点击抖音APP主页下方的"+"→"开直播"→"美化"进行美颜效果的调节；
②直播时点击直播间下方的"魔法棒"标志"美化"时在直播间调节您的直播美颜效果。美颜效果能够进行拖动来调节到最适合您的效果，您可以不断尝试找到适合您的美颜状态。

83 直播间贴纸如何编辑?

可以在开播前或者开播时进行设置：
①开直播前点击抖音APP主页下方的"+"→"开直播"→"美化"进行美颜效果的调节；
②直播时点击直播间下方的"魔法棒"标志"美化"时在直播间调节您的直播美颜效果。美颜效果能够进行拖动来调节到最适合您的效果，您可以不断尝试找到适合您的美颜状态。

84 开通电商带货权限(开橱窗)的流程及所需资料是什么?

可以打开"我的"→右上角"≡"→"实用工具"→"创作者服务中心"→"电商带货"进行操作。开通电商权限共分为3大步骤开通商品橱窗→提交带货资质→开通收款账户。

①开通商品橱窗：需要核对是否符合开通权限资格，必须满足以下4个条件：公开发布视频数大于等于10条、抖音账号粉丝数量大于等于1000粉丝、抖音账号进行过实名认证、缴纳作者保证金。

②提交带货资质：带货资质是指你在抖音电商所使用的身份资料信息，可以使用个人身份证、个体营业执照、企业营业执照，如果你在抖音其他业务如企业号/千川进行过资质认证，当你提交资质时会要求与其他业务资质主体保持一致。

③开通收款账户：开通收款账户是指你需要有银行账户来进行佣金结算，如未开通收款账户平台将无法进行佣金结算。因此，在开通电商权限时，必须要求开通收款账户。

85 直播怎么添加商品挂小黄车？

①将商品添加到橱窗，然后在抖音APP内点击"直播选项"，在开播页面点击商品并选择直播商品，确认后点击"开始直播"。

②如果先开播再陆续添加商品：请在开播界面，点击购物车标志，再点击"添加直播商品"。

③在百应后台点击"直播中控台"或"直播商品管理—添加商品"输入商品链接，添加商品后进行直播。

温馨提示：直播间可以同时添加100个商品进行带货直播。

86 如何选择商品？

选择商品的几种方式如下：

①我的橱窗：直接从"我的橱窗"里选择商品（需要提前从选品广场把商品添加到橱窗），支持关键词搜索。

②我的小店：如果是与商家店铺有绑定关系（店铺的官方账号/自播账号）的抖音号，系统会自动读取对应店铺中在售的商品，点击"我的小店"，即可看到对应商品，可直接添加到直播间：支持关键词搜索。

③专属商品：参与了专属计划的主播，可以看到专属计划内可售卖的商品（仅抖音）。

④粘贴链接：如果跟商家有建联，已经拿到要推广商品的链接，选择右上角粘贴链接，可以直接复制链接添加商品。

87 显示商品分享权限被关闭，该怎么办？

若您的橱窗分享功能被封禁，具体原因您可在"消息"页面查看"商家服务通知"中的审核详情，如果您对审核结果有异议，可点击通知详情在右上角"申诉"入口进行申诉。

88 商品详情图片有什么要求？

商品详情图片的要求可请参考如下内容：

①需如实描述商品的实际功效，不得含有虚假、夸大的内容，不得涉及治病预防、治疗等功效描述，不得真人展示效果，不得出现对比图，所描述内容需与外包装的说明信息内容一致；

②不得发布第三方信息，如：实体店信息、银行账号、二维码、非平台链接、非平台水印、非平台联系方式等信息；

③促销活动中涉及的馈赠物品或者服务，所标示的价格应当真实明确，不得虚构；

④促销活动涉及赠券，需在显著位置明确使用条件。

89 商品图片修改小黄车会直接同步吗?

商家在小店后台更新图片及其他商品信息后,如果您的带货页面没有及时的更新,您可以在"商品橱窗橱窗管理"页面勾选商品后可进行更新。

90 如何查看购买订单?

如果您是在抖音普通视频(视频上无"广告标识")中,打开网页购买的商品(为抖音达人小店商品),您可以打开"我的"→右上角"≡""我的订单"查看全部购买订单;如果您是在广告视频(视频上有明确"广告"标识)中,打开网页购买的商品(此为抖音广告推广商品),请注意查收手机短信,订单与物流信息将通过短信发到您的下单手机号中。

91 订单删除后可以恢复吗?

订单一旦删除无法恢复,若您有订单售后问题,可尝试以下方法处理:

①搜索找到之前购买的商品链接或店铺,在对应商品详情或店铺内任意商品详情左下角点击"客服"按钮联系商家处理;

②若商家联系不上,可联系商城服务热线:950515,客服服务时间为8:00-24:00。

92 如何查看带货的订单?

若您想了解您在带货推广中产生的订单明细,可在下方查询:
①抖音APP:"商品橱窗"→"佣金统计"→"推广明细";
②PC端:"百应后台"→"数据参谋"→"订单明细"。
温馨提示:当前仅支持查看间隔90天的订单明细。

93 直播间主播如何发福袋?

您可以点击直播间右下角的第一个按钮,在弹出的组件栏中选择"福袋",选择抖币福袋或者实物福袋发放(实物福袋需要满足10万粉丝门槛才可开通)。

94 为什么福袋功能显示未开启?

如果设置了账户为私密账户会有这样的提示,建议您先打开抖音,然后打开"我的"→右上角"≡"→"设置"→"隐私设置"中关闭私密账户后再次尝试。

95 红包如何发放?

您可以在直播间内,点击右下角礼物图标,找到红包道具,选择礼物红包以及抖币红包,发出来后观众可参与抢红包。

96 如何发起PK/连线?

您可以在直播间左下角点击"PK连线标志",即可开启该功能,同时您可以邀请其他主播连线/PK,在PK面板右上角可进行主播连线设置。

97 直播间怎么挂载小程序?

您可以通过"开发者平台"→"流量配置"→"直播组件"→"申请开通"来进行申请。您可以通过直播挂载能力配置指南,了解具体的申请流程和规则。

98 如何查看每场/历史直播数据?

您也可以通过在"我的"→右上角"≡"创作者服务中心→"主播中心"中查看历史场次直播数据。同时,您也可使用"抖音灵机直播数据平台"查看您直播间实时曝光&进入直播间人数、实时评论&送礼、直播间实时活跃粉丝&观众等相关数据。

温馨提示:数据总览最多可查看前30天的数据,场次数据仅保留最近10场的单场数据。

99 在直播间如何设置/移除管理员?

①在您直播间内右上角"在线观众"→点击观众昵称→"设置"→"设为管理员"。

②若您想移除管理员,您可以点击下方按钮进入"主播中心",点击"直播设置"→"设置管理员"果面操作移除。

100 开通企业号时,对营业执照有无要求?

登记的企业,个体工商户,在民政局登记的民办非企业及司法局记的法律服务主体申请企业认证,目前仅支持在工商行政管理局或市场监督管理局。

(四) 如何查举报和违规及限流

1 抖音APP搜索[抖音灵机]

（1）下播后打开抖音，搜索抖音灵机，点击小程序进入页面查询，最上面复盘查询往期举报违规数据。

（2）电脑开播，开播前可以用电脑打开抖音灵机：

https://www.douyin.com/livedata

（3）直播间限流提醒！让你实时了解到目前直播间违规被限流情况，可对比实时数据，及时发现限流开始和结束，实时调整直播间内容。

2 抖音灵机能帮我做什么？

目前四大模块包含实时数据、活跃观众动态、违规提醒、播后复盘。

下播后可查看平台提供的分析数据，便于主播基于观众信息进行重点维护以及播后举报回放和播后PK数据分析。

这些数据怎么看？		
	累计观众	本场直播中进入直播间的总人数，每个观众只统计一次。
本场流量来源	来自直播推荐	从直播feed流、直播广场、直播间内(榜单、PK等)入口等进入直播间的观众。
	来自视频推荐	从短视频入口进入直播间的观众。
	来自商业化投流	包括但不限于DOU+等商业化流量加热后进入直播间的观众
注：页面只展示了直播推荐、视频推荐和商业化投流三个渠道，还有来自同城、关注等其他渠道的观众未展示来源。因此页面中三个渠道的观众相加并不等于累计场观。此外，当同一名观众从不同渠道多次进入直播间，计算占比时将会在每个进入的渠道各统计一次。		
本场流量来源来自直播推荐		最近1分钟进入直播间的人数，当人数较多（大于20人）时将展示近一分钟进入观众中粉丝的占比。

3 违规提醒

直播过程中的违规记录（违规次数&违规原因）按照时间轴的方式呈现出来，主播可以及时进行直播内容调整展示最近两次的重复违规原因，当主播重复因同样原因违规时会提示原因和次数。

（1）直播过程中的违规记录（违规次数&违规原因）按照时间轴的方式呈现出来，主播可以及时进行直播内容调整。

（2）展示最近两次的重复违规原因，当主播重复因同样原因违规时会提示原因和次数。

主播可以这么用：

某二次元主播：

我老是觉得自己被限流了，但是也不知道到底是不是，这里能看到限流提醒太好啦！我可以及时去调整我说的话、我的直播内容之类的。

某唱歌主播：

我在唱歌的时候收到违规，我也不知道哪一首歌违规了。但是看这里的违规时间线我就可以推测一下哪首歌有问题，我就换一首歌。

某新人主播：

我之前违规都不知道为什么。我体验了这里，很及时，看到违规原因就知道为什么了，不会同一个原因一直违规。

4 播后举报回放

看到被频繁举报的片段，了解观众举报的原因，进而进行内容的调整，提升后续直播的表现。

（1）最多展示本场最频繁被举报的5段6分钟的回放；

（2）告知主播高频被举报片段的top3举报原因，注意举报和违规处置不相关举报原因不等于违规处置原因。

(五) 蓝牌钻石消费等级示意图

1元人民币等于10个钻石，主播收到的钻石和平台是五五分成的，下播可以立马提现。消费的钻石越多，蓝牌等级就越高。

等级	钻石	等级	钻石	等级	钻石	等级	钻石	等级	钻石
1	5	16	1300	31	7W	46	200W	61	2000W
2	10	17	1700	32	10W	47	230W	62	2300W
3	20	18	2200	33	13W	48	260W	63	3100W
4	30	19	2900	34	17W	49	300W	64	3800W
5	50	20	3800	35	23W	50	340W	65	4500W
6	70	21	5200	36	30W	51	450W	66	5100W
7	90	22	6600	37	39W	52	480W	67	5500W
8	130	23	8700	38	55W	53	800W	68	6800W
9	180	24	1.1W	39	65W	54	880W	69	7500W
10	240	25	1.5W	40	70W	55	950W	70	9800W
11	350	26	2.1W	41	90W	56	1000W	71	1.05Y
12	420	27	2.6W	42	110W	57	1100W	72	1.1Y
13	570	28	3.4W	43	150W	58	1300W	73	1.2Y
14	730	29	4.4W	44	160W	59	1600W	74	1.8Y
15	970	30	7W	45	180W	60	1800W	75	2Y

四、短视频起号篇

(一) 新人起号全流程

1. 发布话题最好大于2个，不超过5个，因为涉及短视频作品分发速度，在起号阶段没基础粉丝且在18点之后更容易造成作品分发速度过慢。话题推荐按照话题数量由少到多进行选择，不建议选择过长且无意义的话题。

2. 标题选择可以去竞争达人作品优质评论提取。话题要么在前要么在后，观众的体验感要有的。

3. 话题要么在前要么在后，观众的体验感要有的。

4. 起号阶段你的昵称、头像、背景图、标签要有关联性。比如头像是一个农村人，昵称不是农村人的农村人，签名是农民一个，没啥本事就是能吃一点苦，娃娃们呀！好好学习哦！背景图是干活的时候照片。

5. 作品一定要抓新（新鲜没见过）奇（好奇）特（特殊）。

6. 标题、话题、封面文字、短视频字幕、短视频配音、配乐如果能紧扣一个短语主题，会有很大概率打标签从而搜索文字或者小蓝字。

7. 量变引起质变，在前期稳定每2天一篇、1天一篇。

(二) 短视频起号思维

1. 赛道永远是包含各种分类行业的，你的作品是给你的粉丝看的，而不是给你自己看的。

2. 重视数据加以分析，分析上一期短视频点赞点在哪里、流量在哪里、点在哪里。

3. DOU+只是锦上添花而不是雪中送炭。

4. 你的标题、封面、地点、设备常用情况、话题都会影响你的流量。

5. 你需要确定作品观看的人群是正常的，而不是你的朋友家人、同事。

6. 复制指的是复制别人灵魂，而不是复制人家说啥了、人家怎么拍的。

7. 一定要确定你的手机登录的抖音号小于3个。发视频需要围绕一个时间点去发。

8. 发视频需要围绕一个时间点去发。

9. 制作短视频的时候确定自己的作品吸引粉丝的点在哪里、作品让别人关注的点是什么、作品让人评论的关键是哪里。

10. 顺势而行，就像玩王者荣耀，你想上分要跟着版本走，而不是一辈子玩一个英雄，因为真的会很累。

11. 起号一定要保持更新作品，如果起号发现流量不好，请立即更换短视频方向或者内容展示方式，切记切记。

12. 带货、挂程序、挂团购短视频95%流量都不会很好，短视频地址自带流量这是肯定的，如果你是蓝V或者店铺授权号这种，短视频没有流量你就去找你竞争对手找到一个有数据的作品直接复制，先打开流量然后再操作其他的，本地生活也是，比如你做球馆的，你怎么发都没流量，那么你就找其他球馆，然后找到他最近有数据的作品直接复制。

(三) 短视频发布频率

一个月+更新一个作品
长时间不更新，账号被系统标记为僵尸号，活粉已经大规模的取关后期即便是恢复更新再想起步也是困难重重,非必要不推荐断更！

半个月发1个作品
账号活跃度大幅下降，粉丝活跃度飞速下降，开始小规模掉粉，应尽快恢复更新。

1周发1个作品
更新时间长会影响账号活跃度,播放量、活跃度出现下降；如果是新号涨粉的速度会变得很慢。

1天发1个作品
账号权重活跃不影响，流量集中，推送也更加密集，作品上热门的可能最大。

1天发3个作品
不影响播放量和活跃度，但一天发布多个作品推送流量不精准，很难火。推荐1天1更或者一周3更。

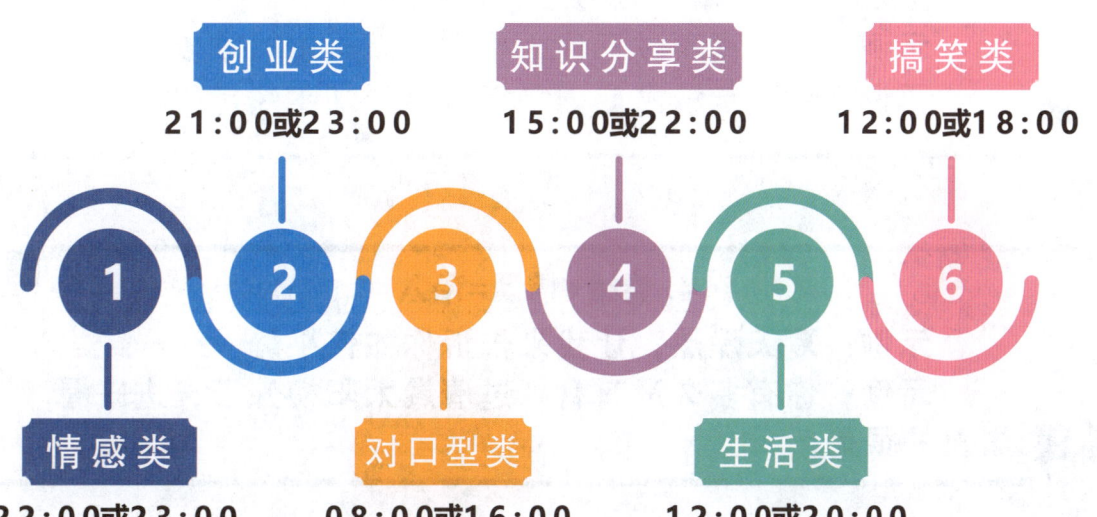

（四）短视频常见的6种风格

对口型类 | 知识分享类 | 搞笑类 | 搬运剪辑类 | 电影剪辑类 | 美食分享类

（五）短视频封面开头文案公式

1. 疑问+求真=吸引认知

示例：木制合成弹弓为什么玩的越来越少？给大家分析下优点和缺点。

2. 数字+对比=异化好奇心；数字+方式=异化好奇心

示例：月薪3000元与月薪30000元文案的区别

示例：xx实物，帮你解决10多种护肤问题注意：数字+方式一定要有理有据，不要夸大。

3. 悬疑 +……=激发好奇

悬疑+不符合常理=抓好奇

示例：谁说富不过三代，看看罗斯柴尔德家族……

再说示例：都说高启强是坏蛋，你却不知道……

4. 情绪+情景=带入

示例：夏天燥热，让我来告诉你如何平静……

示例：你有多久没有看到过清晨太阳初升了，进来看看真的很美

（六）短视频常见问题

删除作品对账号有影响吗？

大批量会，三天一个不会，点赞数也会少，建议作品直接隐藏不要删除，发布出的作品，不能重复发布，之前删除的也不行。

互关来的粉丝有用吗？

必须是同领域的，不同领域的反而会影响账号推流和权重，拉低作品完播率，不利于账号整体质量。

断更对账号有影响吗？

有，账号一旦开始更新作品，一定要坚持定期更新，否则会影响流量前功尽弃，断更1~2个月后账号需重新起号（根据账号影响力与权重计算）。

新账号需要养号吗？

需要，新号前5天模拟真实用户活跃，第6天开始尝试每周3条作品，在新账号期间不要随意变更地址和设备。

账号被限流了怎么解决？

先检测账号找到问题，隐藏或删除违规视频持续发生活随拍或自拍视频,直到恢复流量。

账号流量池播放量问题

新号常见播放量问题

限流流量池：播放量0-100　　搬运或违规

初始流量池：播放量200-490　　内容低质或账号没标签

千人流量池：播放量3K-5K　　提升作品质量

万人流量池：播放量1W-2W　　内容保持垂直

待热门流量：播放量10W-20W　　有人工审核

流量低于200原因

播放量（0-100）

主要原因：作品违规、搬运、劣质。解决方法:检测账号看是否有违规:每个作品投抖加检测，不能过抖的全部隐藏。

播放量（100-200）

主要原因：有明显的营销行为或内容质量很差。解决方法：有无品牌logo及联系方式，作品有无水印，视频是否清晰，内容是否低质。

1. 视频拍的越多起号越快是真的吗？

真的，但是低质量作品发多了，反而容易变成僵尸号，抓好视频质量。

2. 播放量只有几十、一百的"僵尸号"怎么重启？

发原创10条高质量视频内容。

3. 口播视频怎么拍流量大？

换拍摄角度、换场景、换服装道具、换观点。

4. 哪种视频容易把产品卖出去？

拍一秒就能见到产品效果的视频。

5. 颜值高适合什么赛道？

情感赛道、降维打击。

6. 怎么发视频更容易上热门？

抖音放大镜搜索创作灵感，找到适合自己视频的话题，跟拍。

7. 账号打上标签就能火是真的吗？

假的。但打上内容标签可以让你的视频推流更精准更容易火。

8. 那账号标签怎么打？

有预算就投DOU+，投对标账号，没预算就发10条垂直原创内容冷启动。

9. 什么是垂直内容？

内容垂直指的是持续发布的内容，都一直在同一领域，如美食领域，你一直发布的笔记内容则均与美食有关，一直关注于同一领域内容的更新，保持同一领域的内容输出，更容易吸引相关的粉丝，展现该账号的价值，后续也更容易转化变现。

10. 现在只有500播放量，后期还能出爆款吗？

能，认真发原创，多发多测，多发创意内容。

11. 怎么提高作品播放量？

灵活利用抖音小助手，创作灵感，还有抖音热点宝。

12. 怎么快速涨1000粉丝？

拍同款，点击特效—放大镜更多—点击搜索粉丝一千万，然后使用粉丝一千万发布作品。

13. 内容没有违规但卡在几百播放怎么办?

投30元DOU+，测一下数据。

14. 发视频需要日更吗?

能，认真发原创，多发多测，多发创意内容。

15. 一个设备登录多个账号有影响吗?

账号正常就没有影响。

16. 我拍视频老是没有评论怎么办?

可以把选题方向换成有槽点的话题去拍，比如十年寒窗能不能打过三代经商、彩礼68万高不高等话题你只需要说出你的观点，那么就有一批人认可你，也有一批人觉得你不对，会来反驳你。你的流量还怕起不来吗?

17. 那怎么找到并写出有争议性的视频呢?

先确定用户定位，比如你是卖男装的，用户群体是25-30岁的男性，那你就拍准备跟男朋友订婚了，我没有要他一分彩礼，我还给了20万嫁妆，跟未婚夫一起去开了一家男装店，发完视频后再找一个女生来评论视频，制造冲突就会吸引很多人围观。

18. 我去搬运爆款视频，偷偷发布在自己的账号行不行?

不行，发了也白发，抖音系统分分钟钟检测到你搬运抄袭，不会给你一个播放量。

19. 做抖音需要养号吗?

不需要，多刷刷同行视频就行。

20. 一个人怎么做抖音

找到自己适合的领域，再去找对标模仿二创就行。

21. 一个人怎么做抖音

利他思维，颠覆认知，三观炸裂，设定新奇。

22. 发布视频需要带几个话题?

大于2个，小于5个与内容相关的话题。

23. 乱发视频的老号还能用吗?

没违规，粉丝画像精准就可以。

24. 为什么发几百条视频都不涨粉？

大于2个，小于5个与内容相关的话题。

25. 怎么找到近期同行热门视频？

大于2个，小于5个与内容相关的话题。

26. 播放量卡在200内正常吗？

不正常，没有违规，就是没有拍好。

27. 被限流的账号还能用吗？

单条视频就可以，收到站内信就别用了。

28. 账号有权重吗？

发一条原创风景视频，基础播放达到1万权重高低于3000权重低。

29. 一天发几条视频容易火？

老号一天一条，新号一天不要超过3条。

30. 新号不投DOU+可以吗？

可以，你起号时的播放量大概率会卡在500，因为无法打上快速标签，即使你的内容比小杨哥拍得还好，推送人群不精准也没用。

31. 点赞、评论、转发哪个更重要？

评论，有高互动就有高曝光。

32. 视频横屏好还是竖屏好？

拍竖屏更好，横屏拍摄对文案要求高。

33. 7天暴力起号是什么意思？

花钱买流量，批量投DOU+，选数据最好的追投。

34. 播放量只有几十正常吗？

拍竖屏更好，横屏拍摄对文案要求高。

35. 哪个数据会影响播放量？

2秒跳出和5秒完播，要拍平台喜欢的，不要拍自己喜欢的。

36. 怎么查看账号有没有推流？

打开作品，点击右下角三个点，找到数据分析，然后找到播放趋势图，如果是起起伏伏的，那就是推流的，如果是平的或者是没起伏的，那就是没推。

37. 账号不推流怎么解决？

找到抖音安全中心，自助清粉。

38. 发多少秒视频容易上热门？

欣赏类视频发6-7秒，分享类视频分开始、中间、结尾，必须有足够吸引用户停留的画面，或者知识点总结:能留住用户不管多少秒都能上热门。

39. 太久不发作品会影响流量吗？

会，持续发布高质量作品就可以。

40. 视频开头怎么做比较好？

抓住视频开头黄金一秒，吸引用户停留。

41. 什么是黄金一秒？

泼水、打脸、撕衣服，能吸引人眼球的就叫黄金一秒。

42. 怎么才能写出爆款文案？

主页搜索热点宝，然后时间选择近7天，找到低粉爆款榜，进行模仿跟拍就可以了。

43. 抖音必火的方式是什么？

直接发布5条视频，然后批量投放100元DOU+，10个小时看数据，数据好的直接追投，不好的直接隐藏就行了。

44. 怎么发布视频才能最高清？

上传的时候选择画质增强，发布的时刻选择高清发布就可以了。

45. 怎么模仿同行爆款视频？

找到低粉爆款视频去模仿他的表现力、场景，稍微修改提升一下再去拍。

46. 实体店应该怎么拍视频？
用户到店加用户体验。

47. 为什么账号发了2000多条视频却只有200粉丝？
把抖音当朋友圈发了，盲目发作品。

48. 能不能提前检查视频违规？
搜索巨量创意，找到预审工具，发视频前自检一下就可以了。

49. 播放量100以下是什么原因？
可能你作品拍得很好，但是内容有违规，所以不给你推流。

50. 做抖音最重要的是什么？
持续发布高质量作品就可以。

51. 大V的流量密码是什么？
垂直赛道、人物关系、加槽点文案。

52. 怎么提升5秒完播率？
爆点前置，第一句话足够变态，吸引人眼球。

53. 怎么查看账号标签？
主页搜索创作灵感，给你什么话题就是什么标签。

54. 发作品如何蹭热点？
发视频的时刻直接关联你的相关视频热点就行。

55. 新手应该怎么活跃账号？
多评论、点赞。

56. 新人第一条作品应该原创还是模仿？
模仿。

57. 怎么模仿同行视频？
搜索行业关键词，找到点赞最多的视频，提取文案，用自己的话说出来。

58. 账号被限流了怎么办？
发布三条风景视频，添加话题:#行业关键词#DOU+小助手#我要上热门。

59. 几点发布视频容易火？

查看粉丝在线热门时长，提前2个小时发布。

60. 视频挂了小黄车就没有流量了是什么原因？

挂了车的视频有新的考核指标，叫"商品转换率"，转化率低的，推流就会减少。

（七）短视频破播放的5个维度

1. 完播率：

人家看你的视频，从头看到尾的为一个完播率，完播率越高越容易破播放上热门。

2. 点赞率：

点赞量越高，越容易上热门。

3. 评论率：

评论数越多越容易破播放上热门。

4. 转发率：

转发你视频的人越多越容易破播放上热门，复制你视频音乐链接，拍你视频同款也算转发量。

5. 复播率：

同一个人看你的视频，看了一遍又重复看的叫复播率，复播率越高越容易上热门。

（八）不同时长上热门作品数据参考

1. 作品时长：7-10秒

完播率>50%，点赞率>4%，评论率>4%，转发率>0.3%

2. 作品时长：15-25秒

完播率>40%，点赞率>4%，评论率>4%，转发率>0.3%

3. 作品时长：25-30秒

完播率>30%，点赞率>4%，评论率>3%，转发率>0.3%

4. 作品时长：30-60秒

完播率>25%，点赞率>3%，评论率>2%，转发率>0.3%

5. 作品时长：60-120秒

完播率>20%，点赞率>2%，评论率>2%，转发率>0.2%

五、短视频实操篇

(一) 如何分析短视频的播放数据

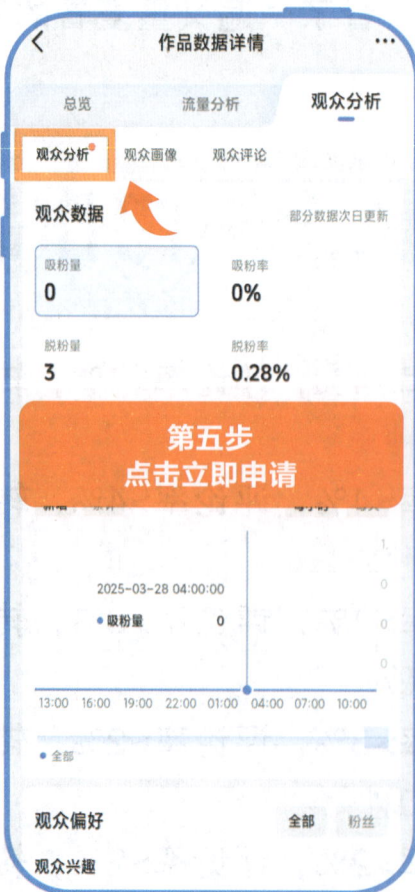
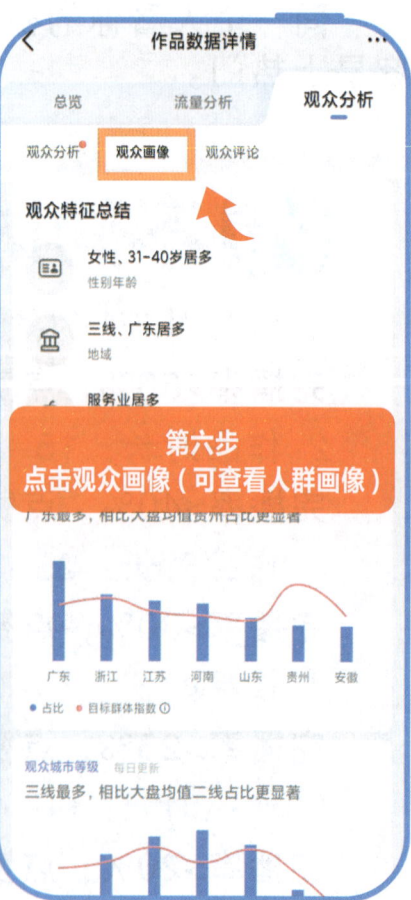

(二) 如何拍对口型视频

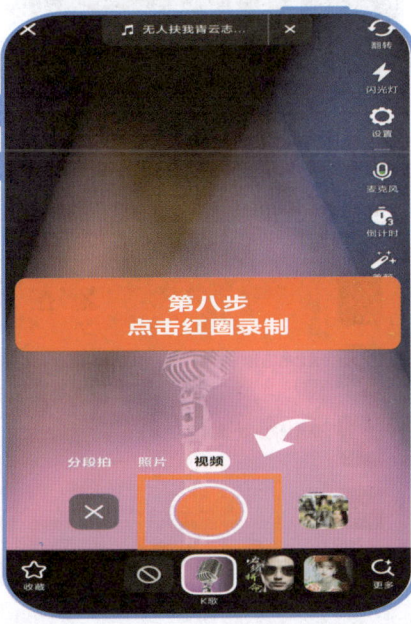

如何给视频添加歌词

(四) 照片如何制作成好看的视频

保存之后，点击下一步，编辑文案、添加话题、标位置、添加标签、编辑封面，发布即可！

（五）怎么投DOU+让自己的视频上热门

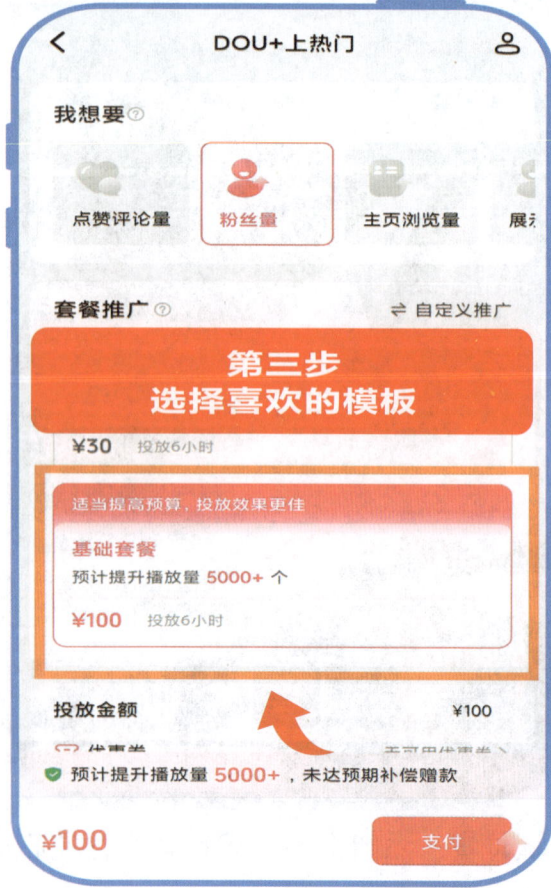

投DOU+技巧

粉丝不多的情况下先投粉丝量，等涨到一定粉丝量了投点赞评论量，让自己的作品让更多的人看到，推向热门，金额建议选择专属套餐，因为系统是最了解你的视频数据的。

六、带货佣金篇

(一) 如何获取UID挂高佣金商品链接

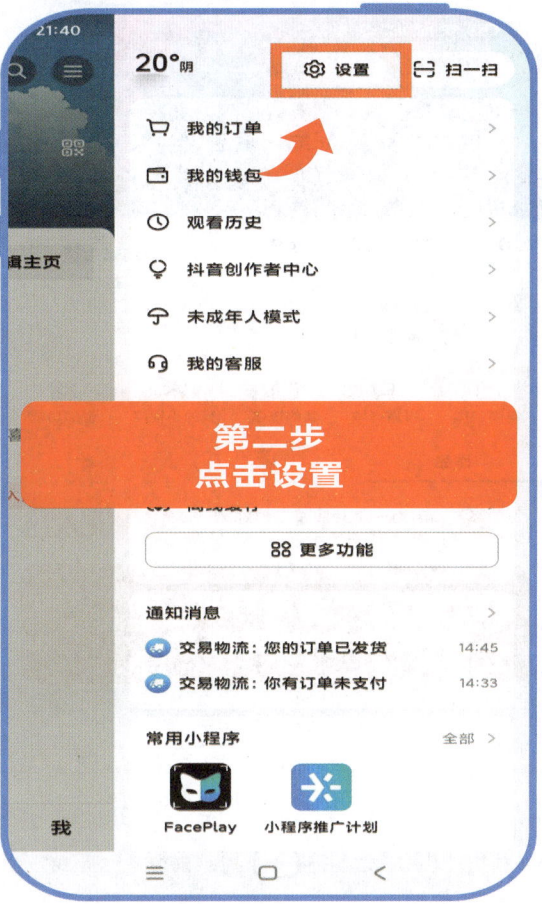

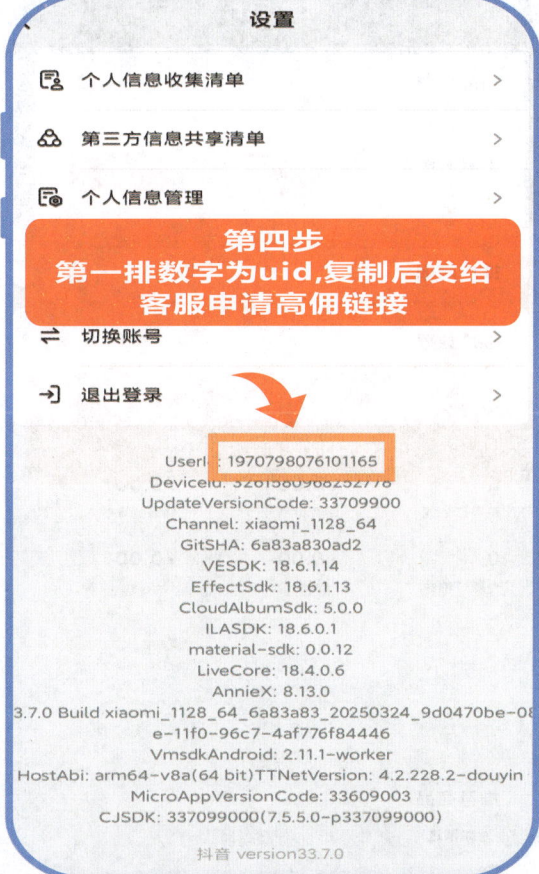

（二）如何查看卖出的商品订单

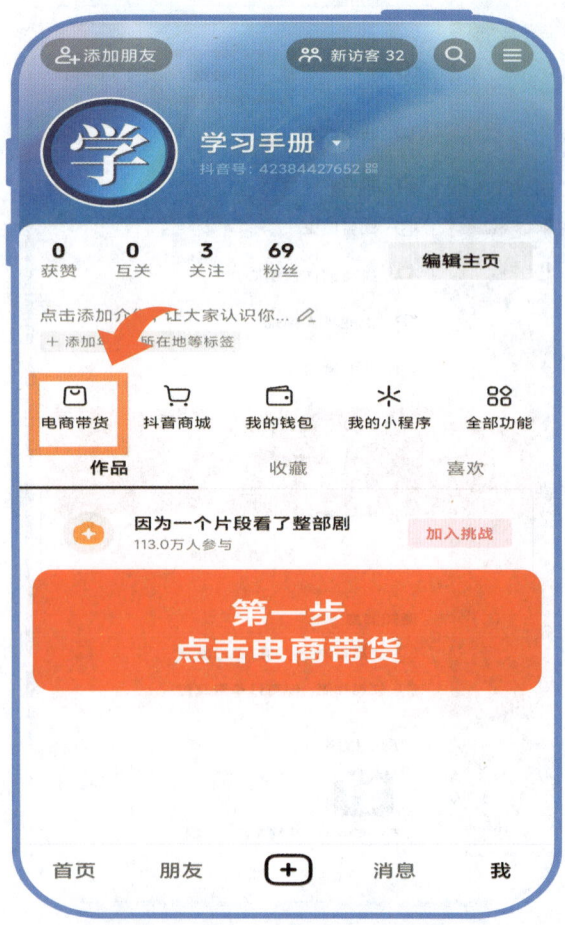

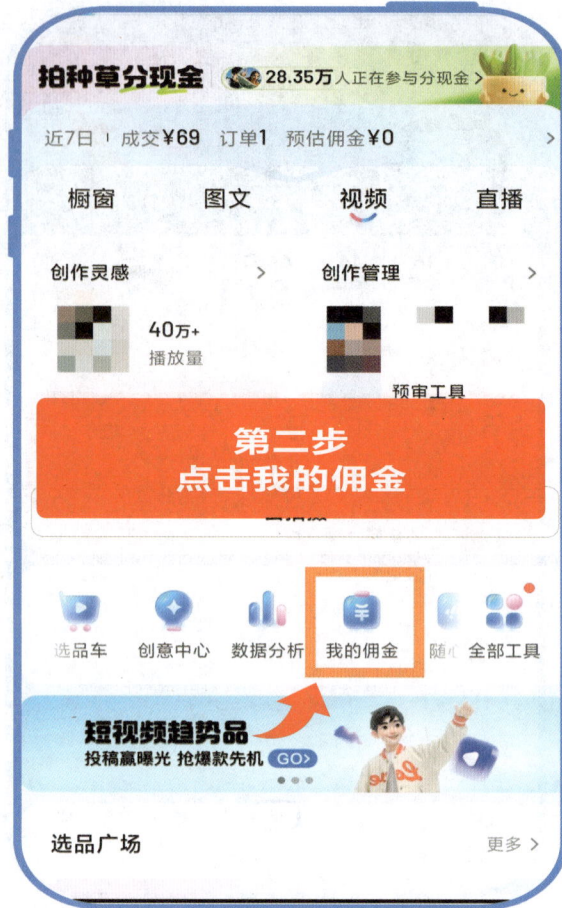

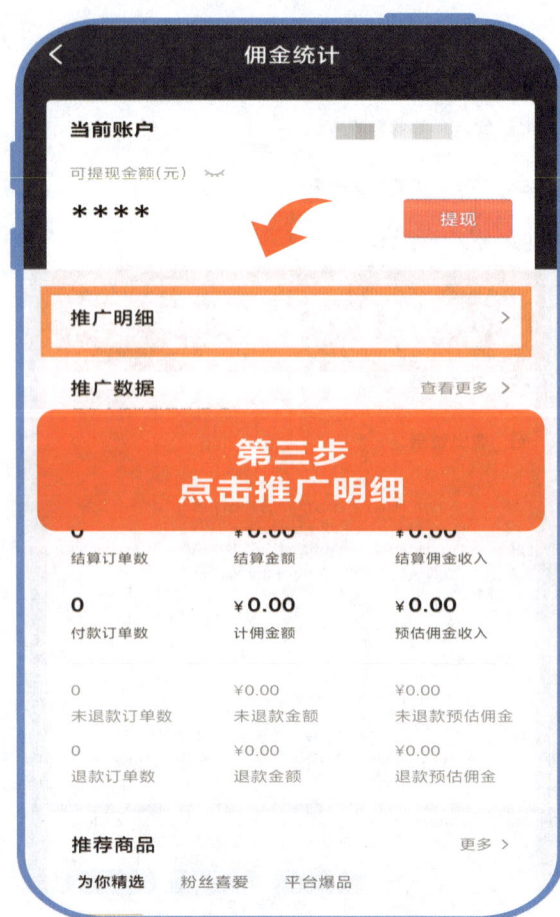

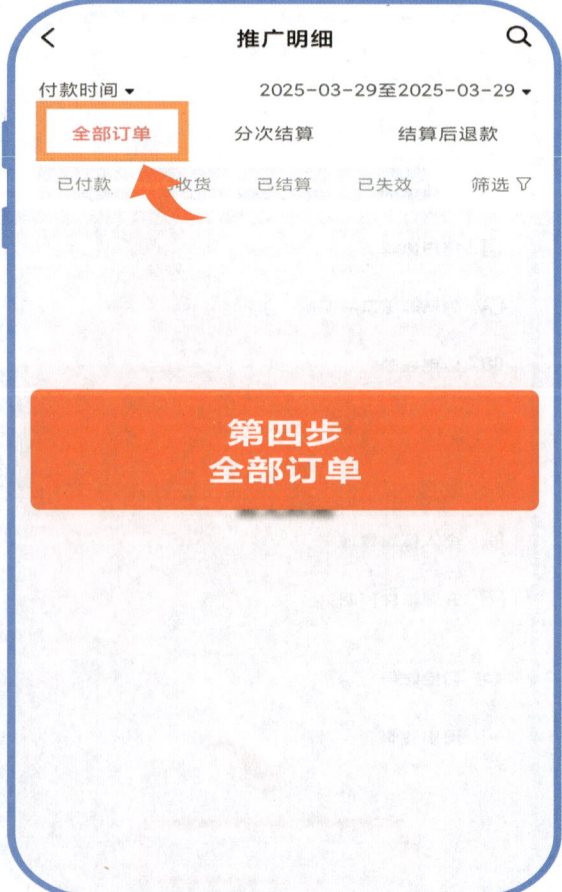

(三) 带货的佣金如何提现

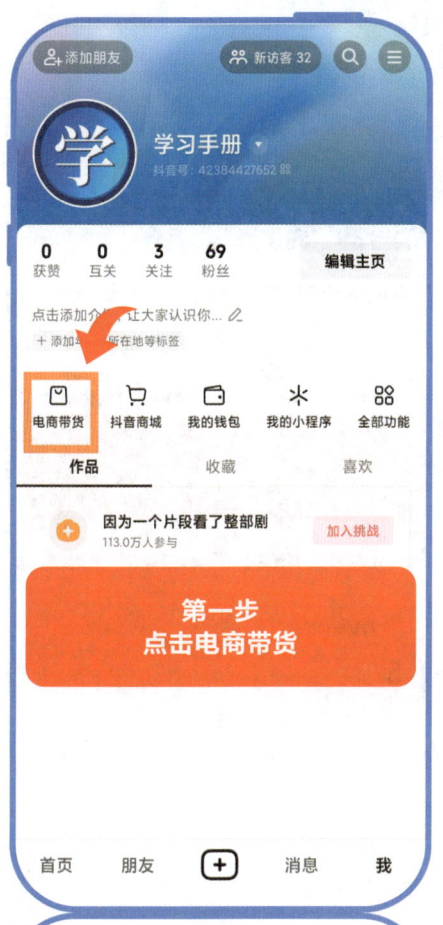

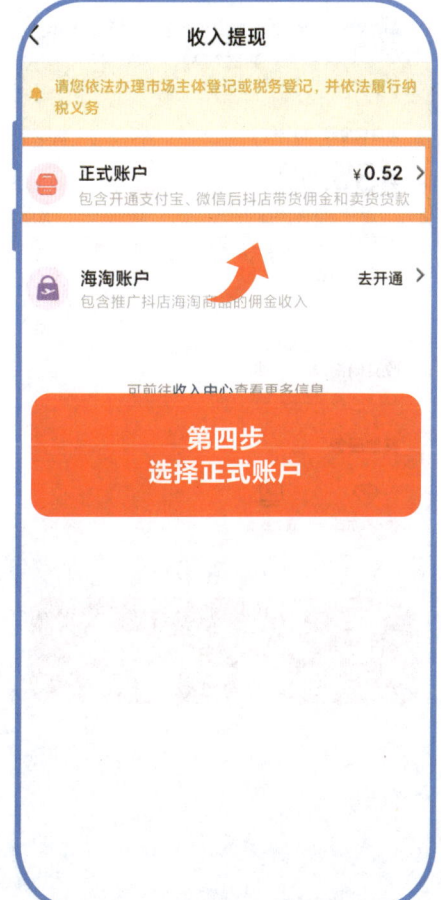

（四）直播间收到礼物钻石如何提现

第一步
点击右上角三横杠

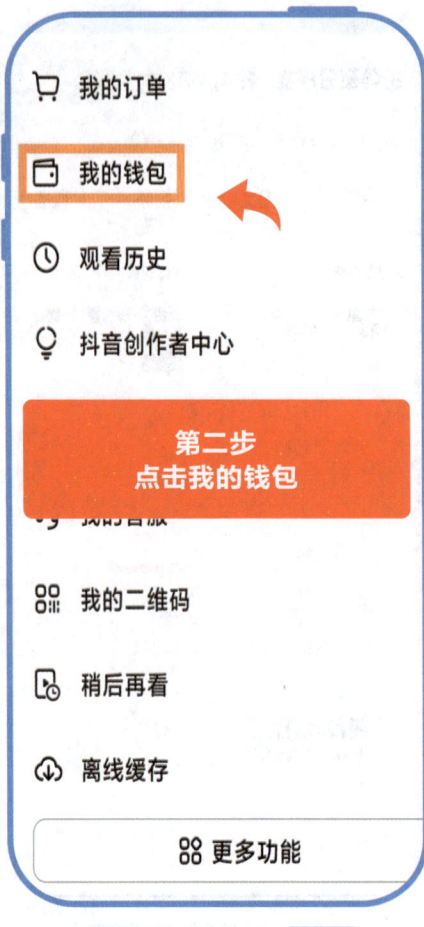

第二步
点击我的钱包

第三步
点击三角图标

第四步
点击我的收入

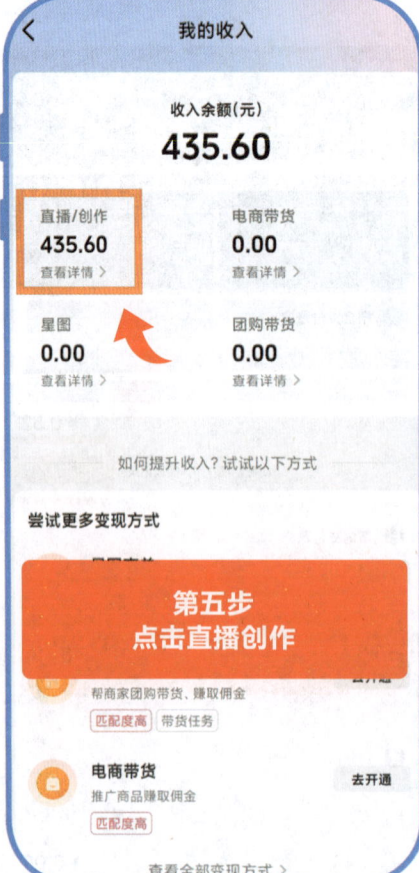

第五步
点击直播创作

第六步
点击去提现

（五）如何查看卖出的商品佣金比例

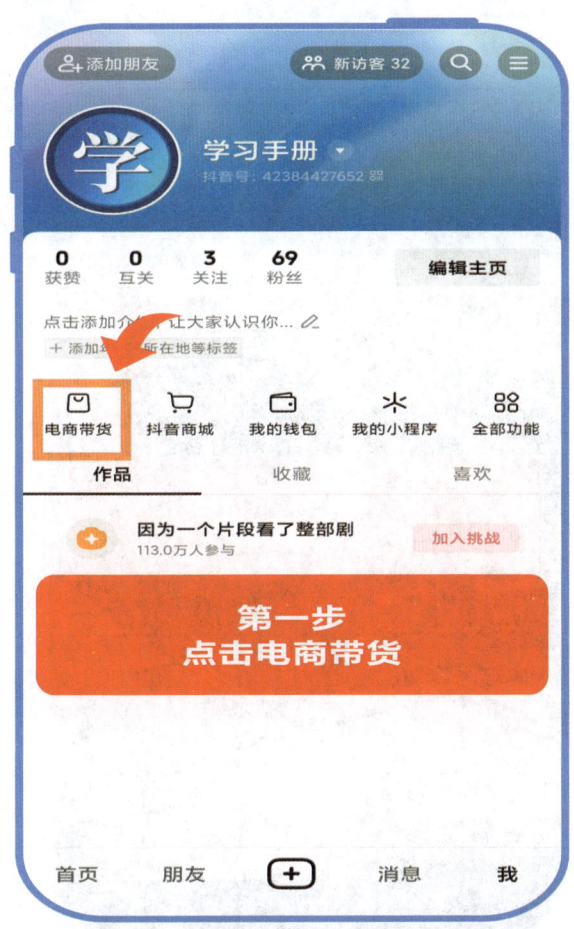
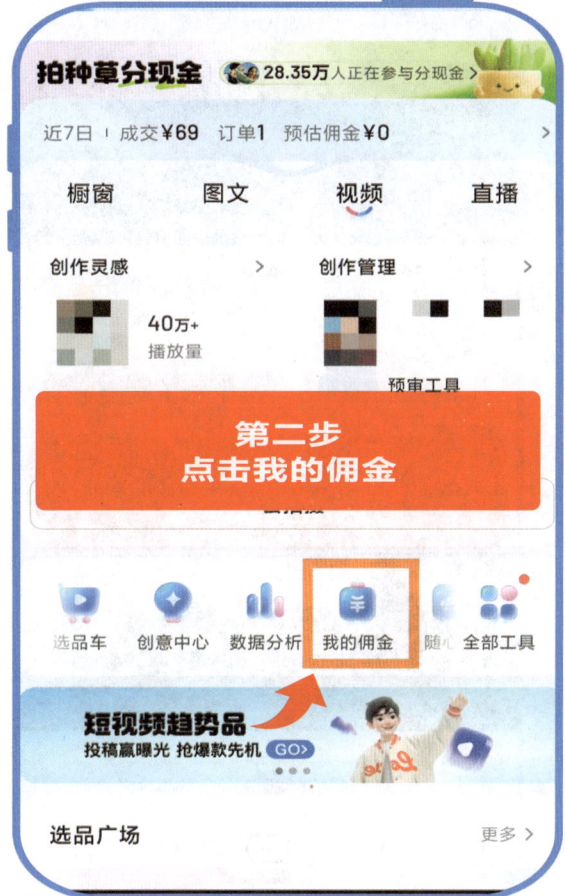

七、短视频变现篇

(一) 短视频如何挂商品带货

第一步
点击主页+号

第二步
点击相册

第三步
选择视频后点击下一步

第四步
点击下一步

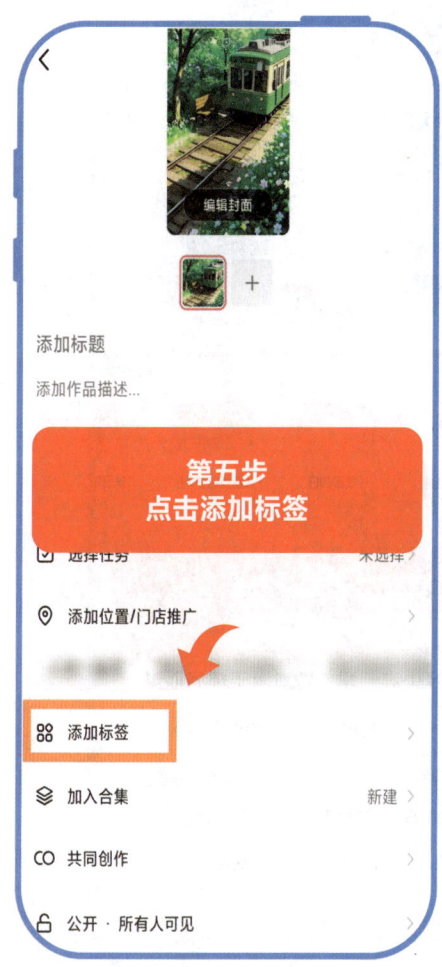

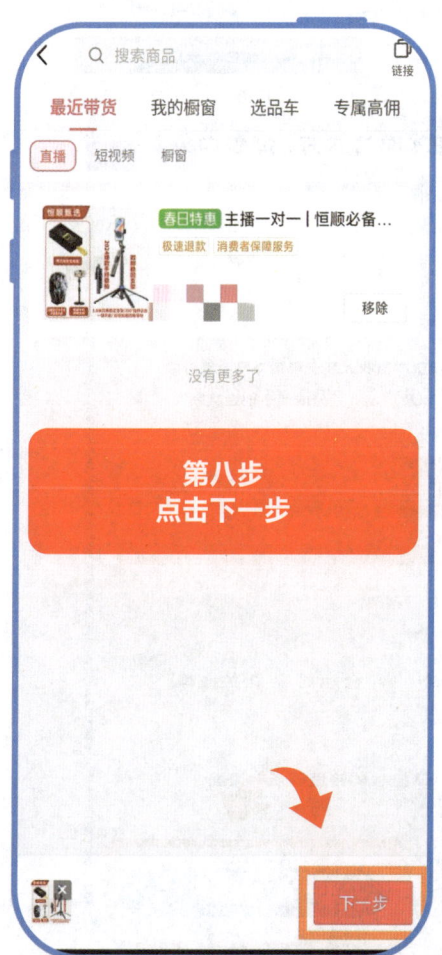

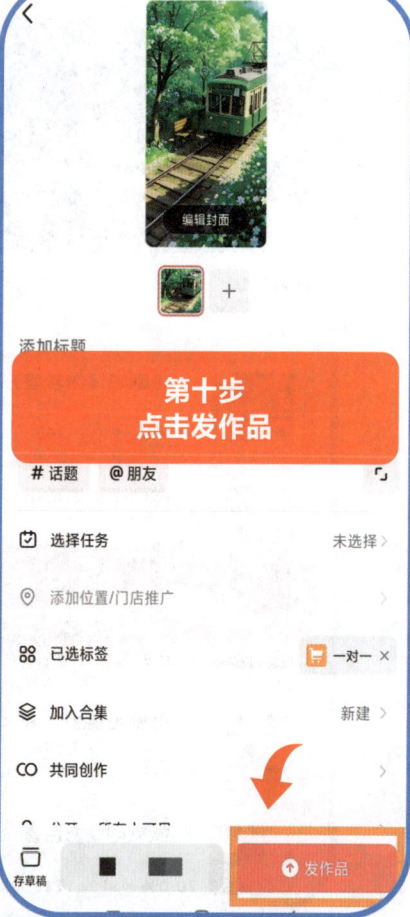

（二）短视频挂小程序收益

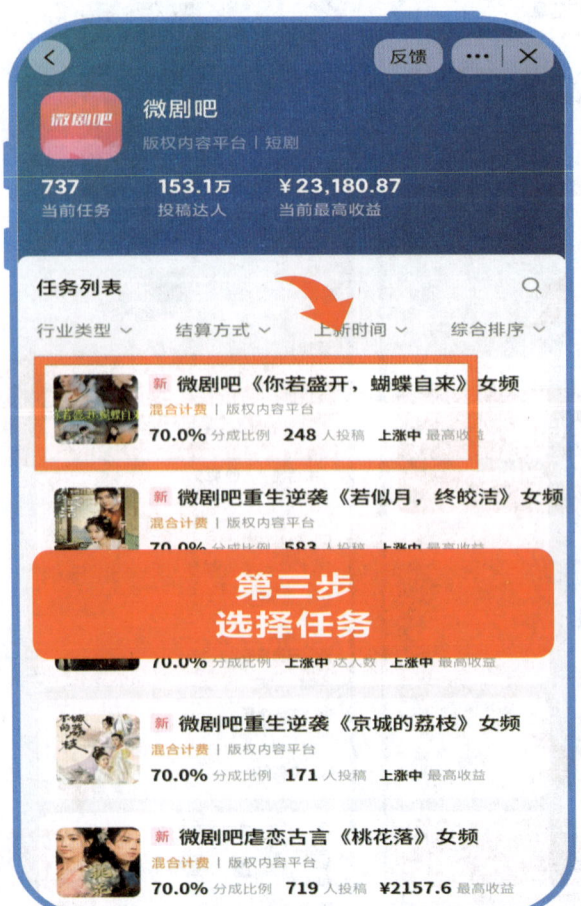

（三）伙伴计划收益

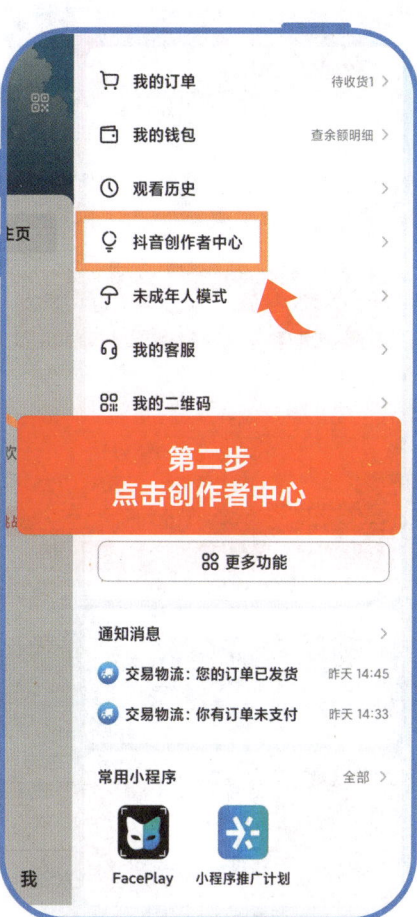

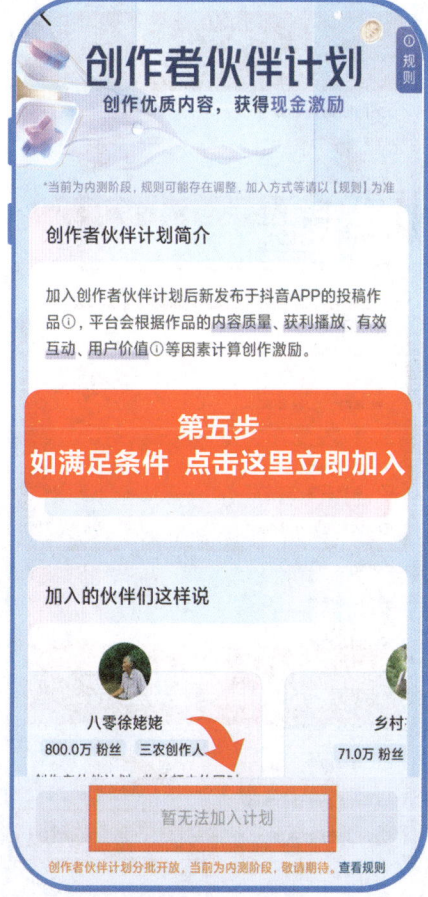

（四）团购达人收益

第一步 搜索团购达人并点击去带货

第二步 点击申请团购带货

第三步 点击找门店或找商品

第四步 选择商品点击进入

第五步 加库后，点击立即发布

第六步 选择视频点击下一步

第七步 选择主推款确认添加

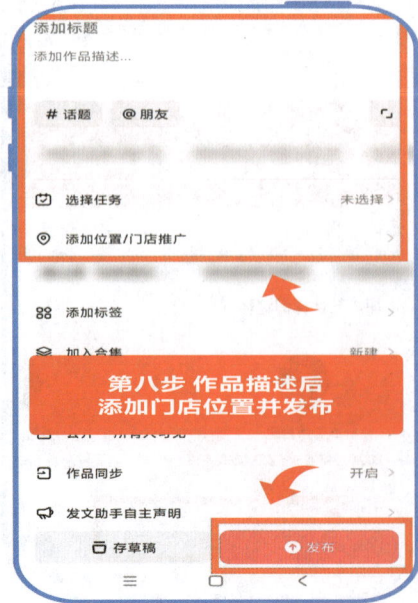

第八步 作品描述后添加门店位置并发布

（五）短视频如何获得站外激励

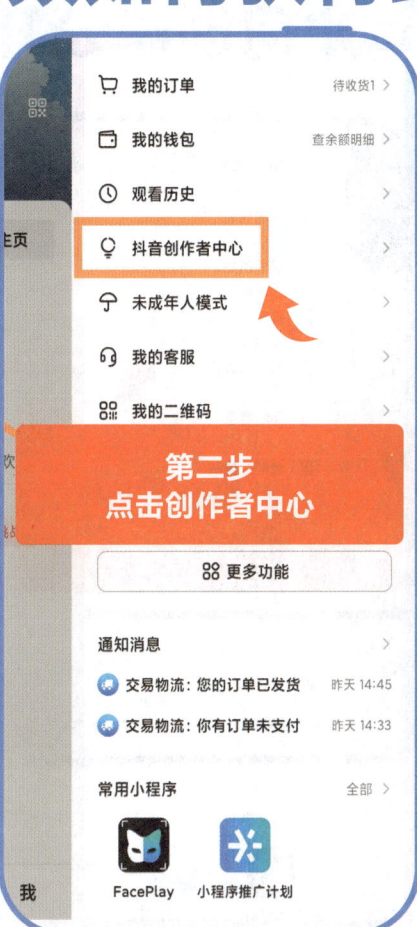

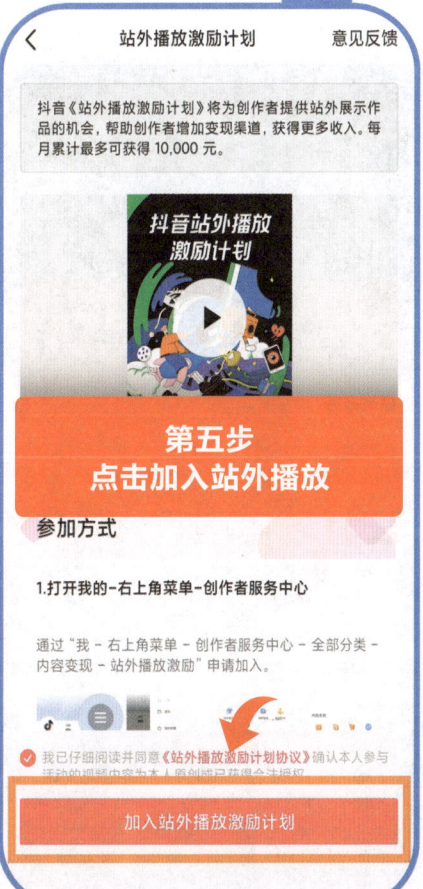
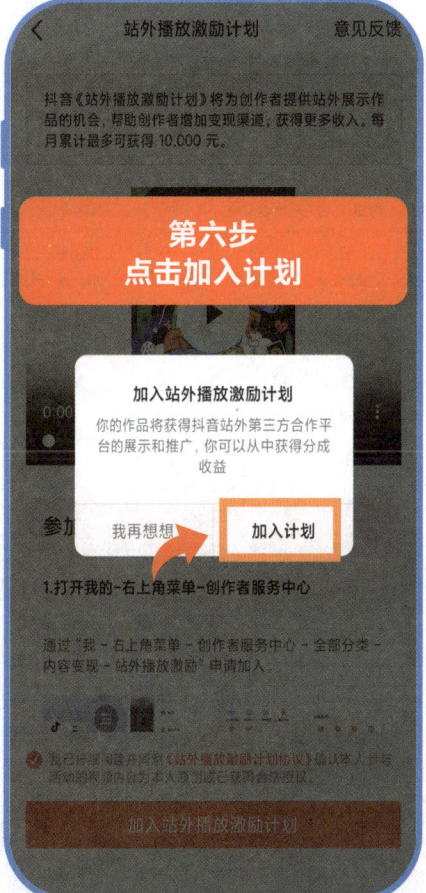

八、粉丝群实操篇

（一）如何创建公开群

第一步
点击右上角三横杠

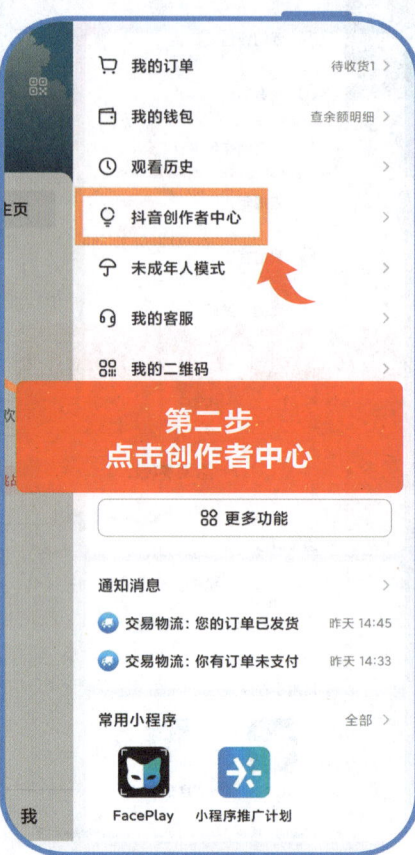
第二步
点击创作者中心

第三步
点击主播中心

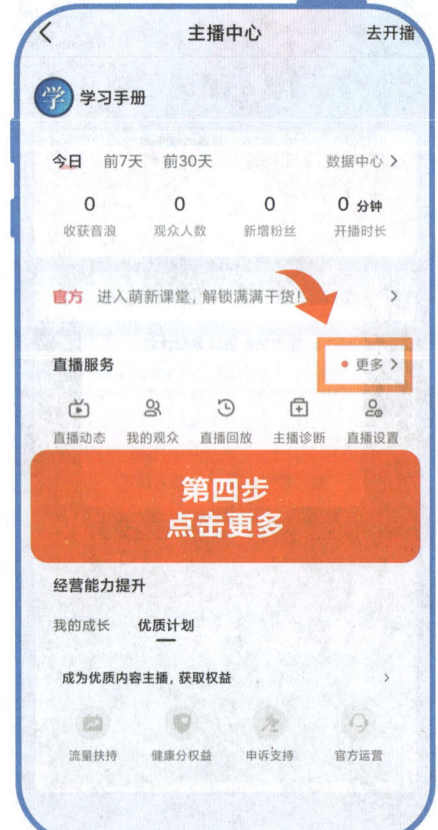
第四步
点击更多

第五步
点击公开群

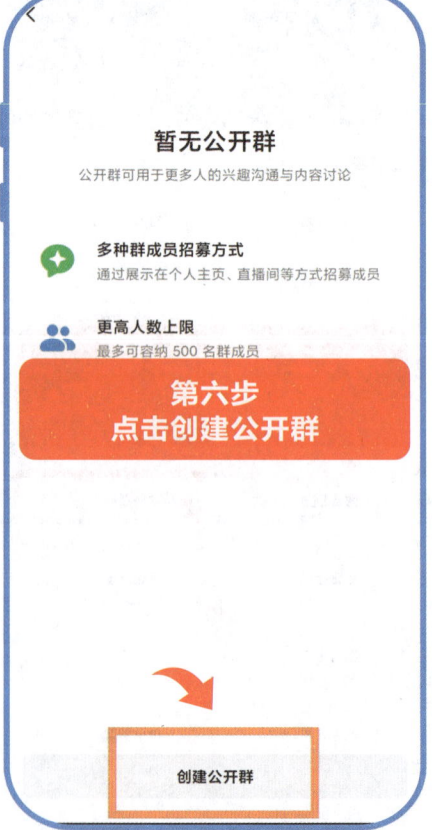
第六步
点击创建公开群

（二）如何管理公开群

第一步
打开粉丝群点击右上角三个点

第二步
点击群管理

第三步
点击设置管理员

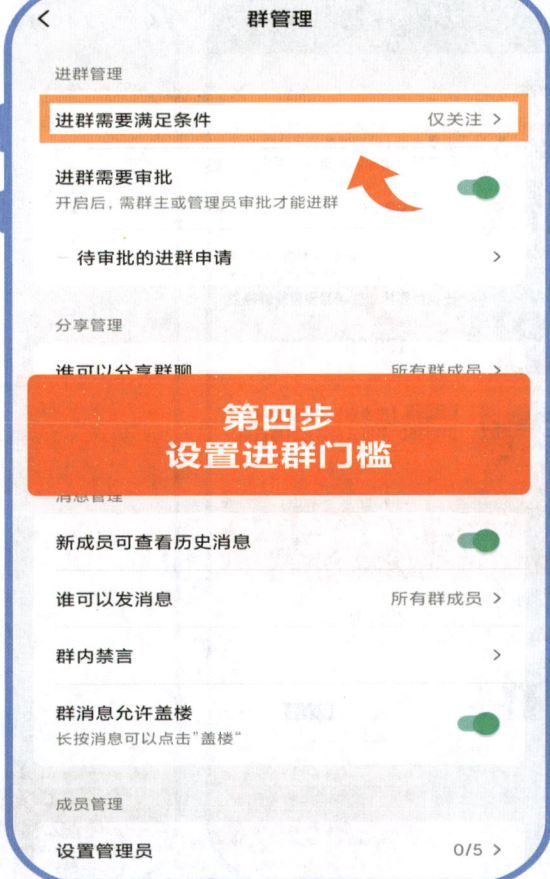

第四步
设置进群门槛

(三) 公开群如何分享商品

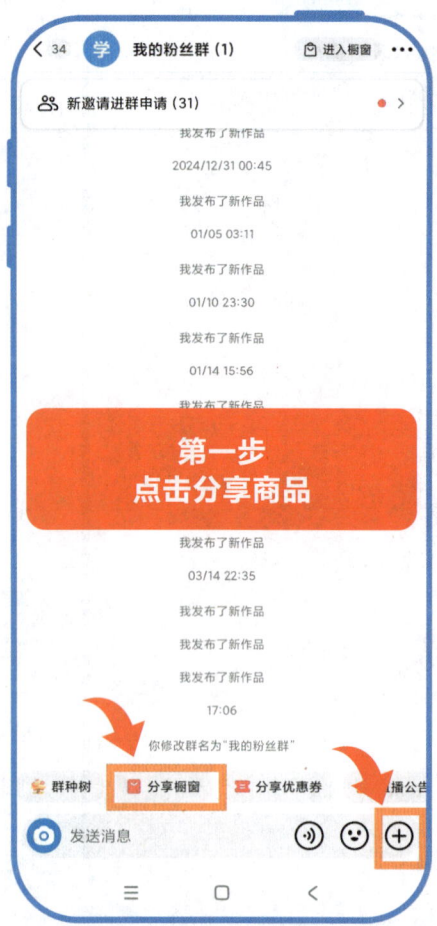
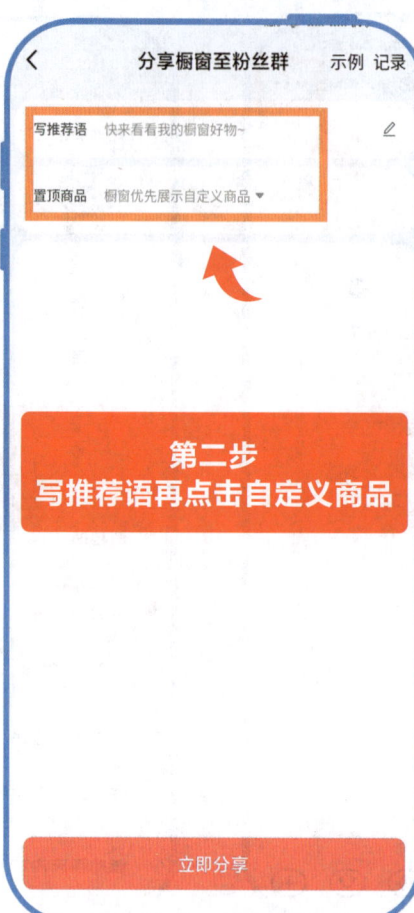
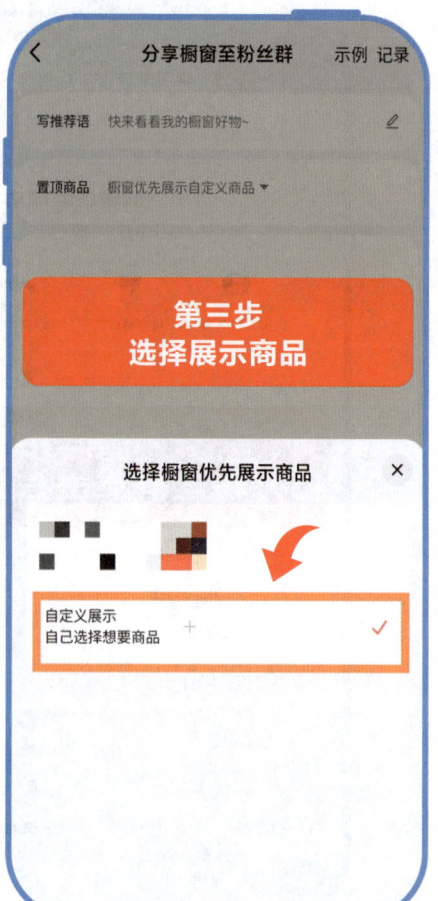
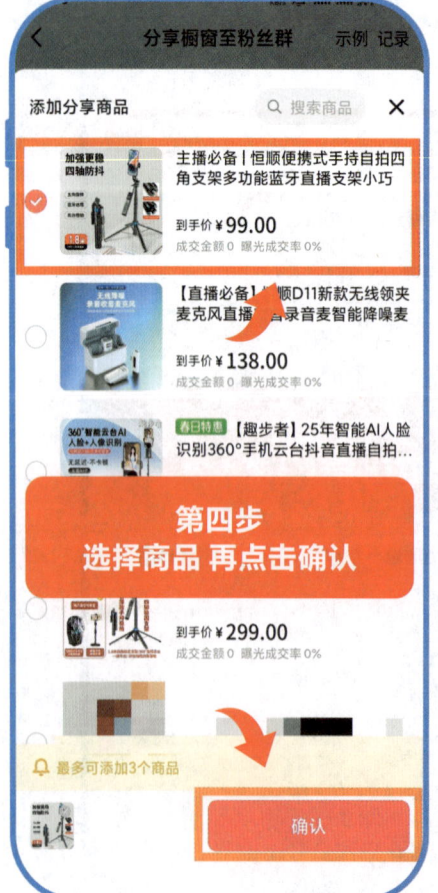

九、直播间常识篇

(一) 开播前界面功能详细介绍图

(二) 如何设置直播封面

第一步
点击更换封面

第二步
选择拍照或从相册上传

第三步
点击确定

第四步
设置成功

（三）如何设置直播预告

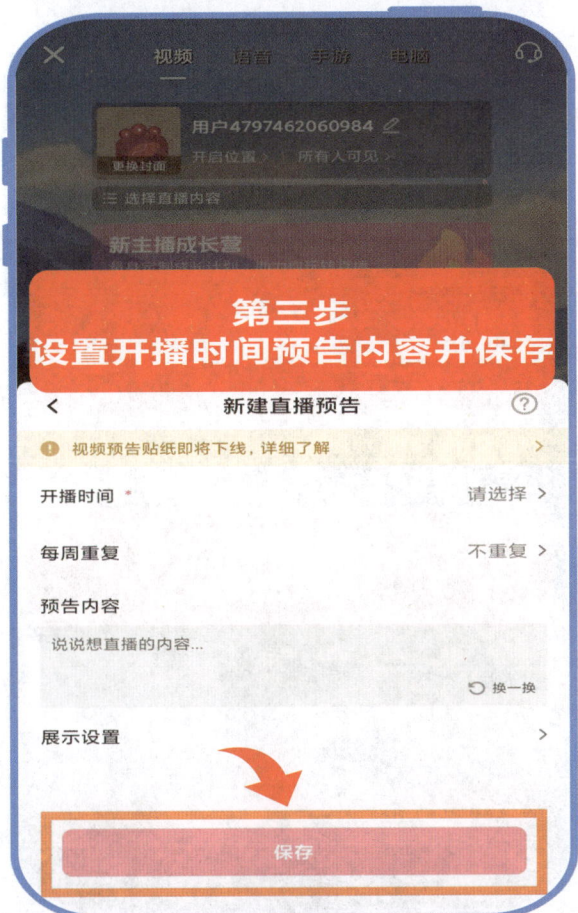

（四）如何设置直播贴纸

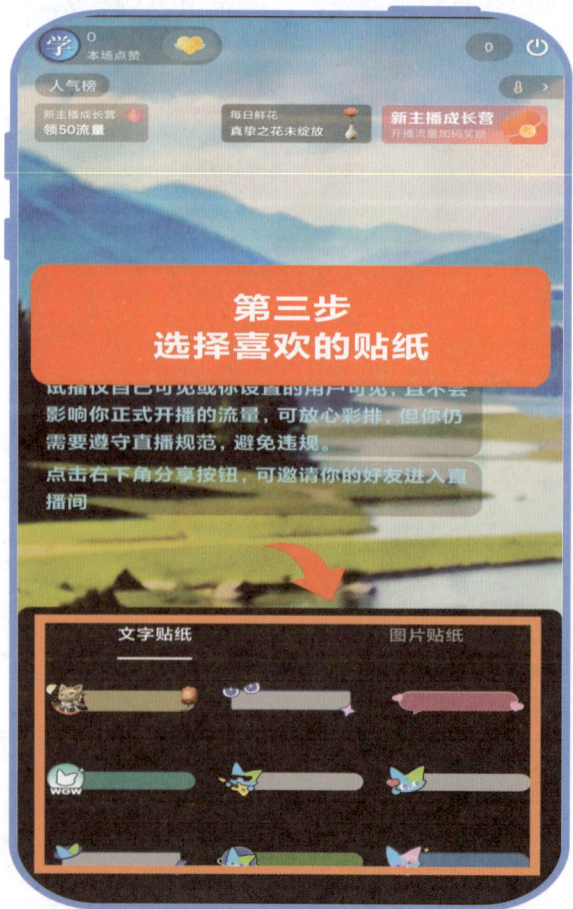

（五）如何添加直播间介绍

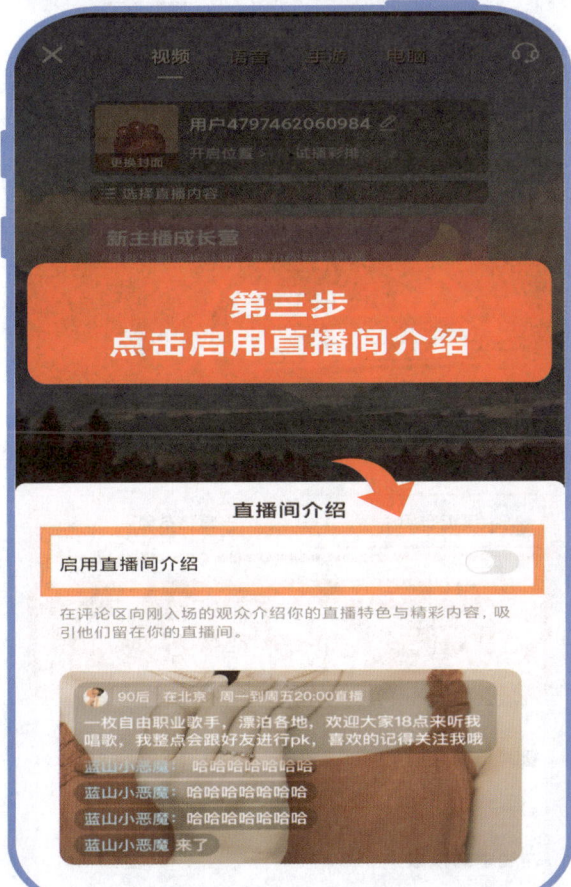

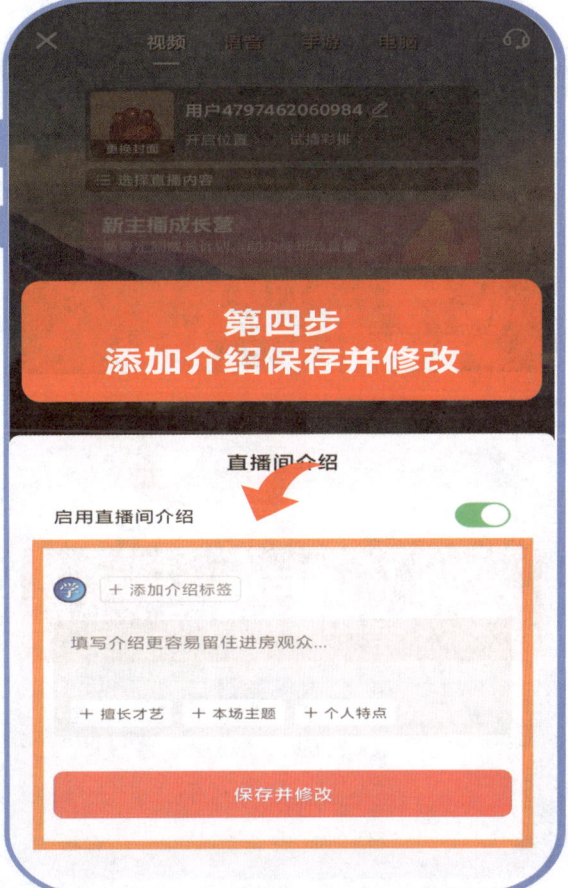

（六）直播间如何连麦

（七）直播间如何调整美颜

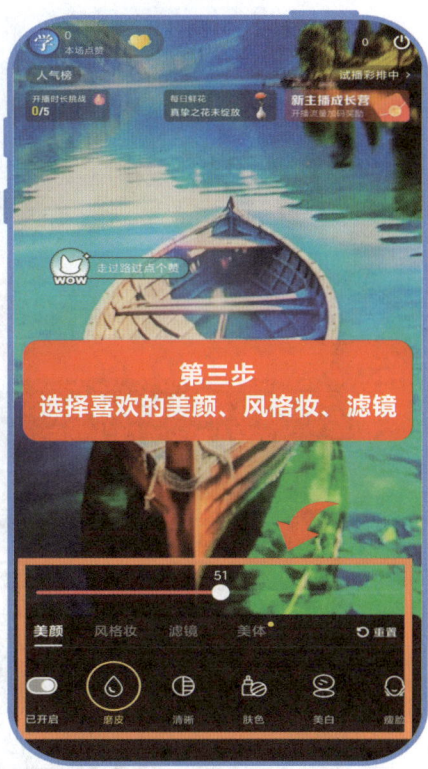

（八）如何调整清晰度高的直播间

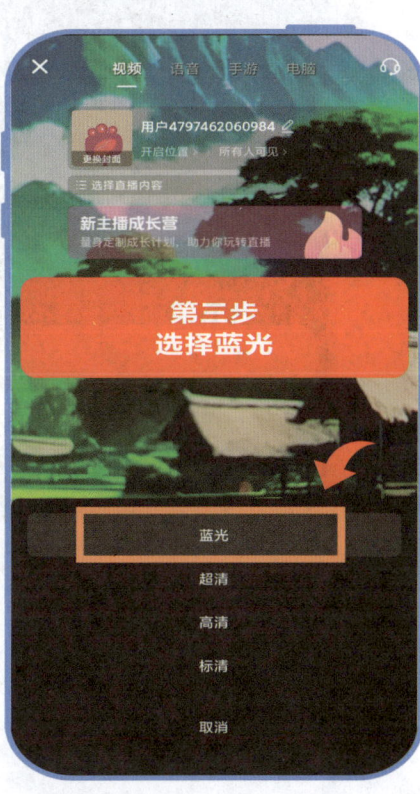

（九）如何设置直播间管理员

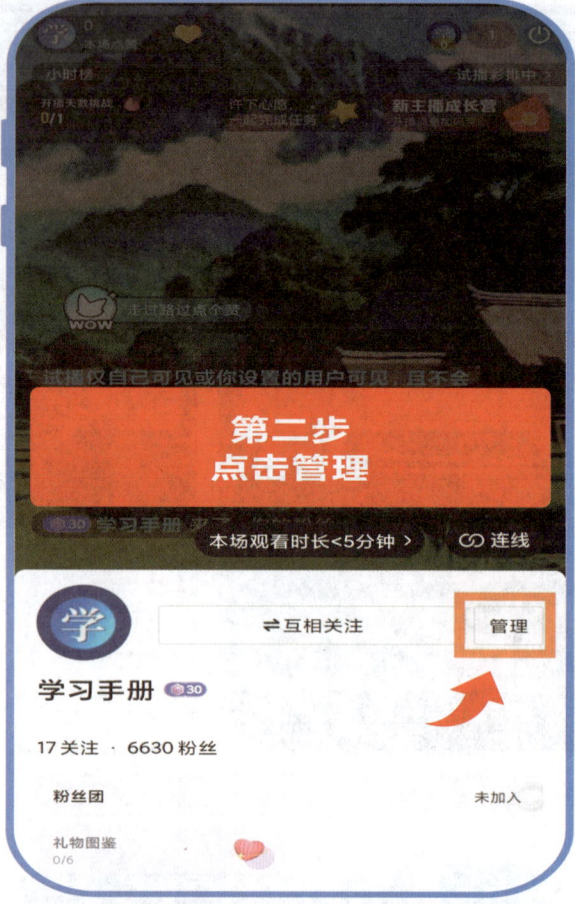

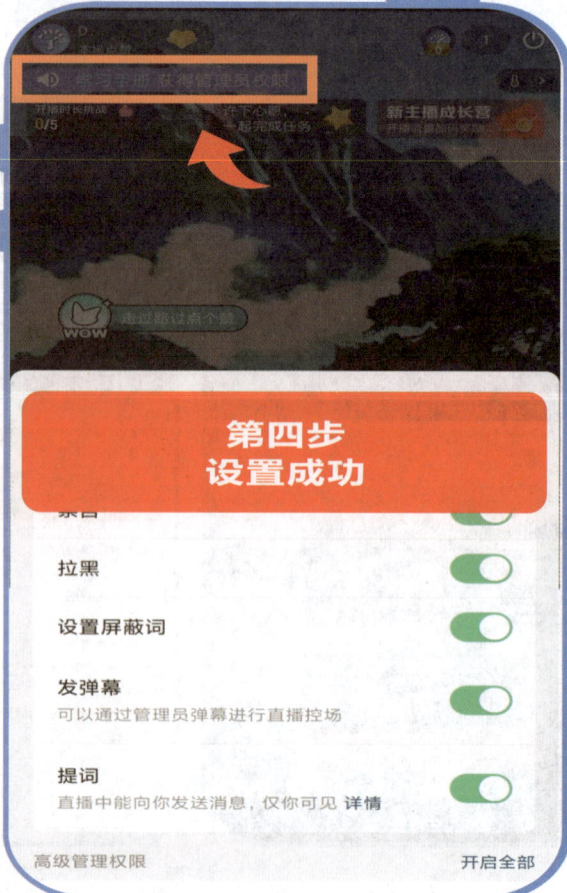

（十）如何设置口罩特效

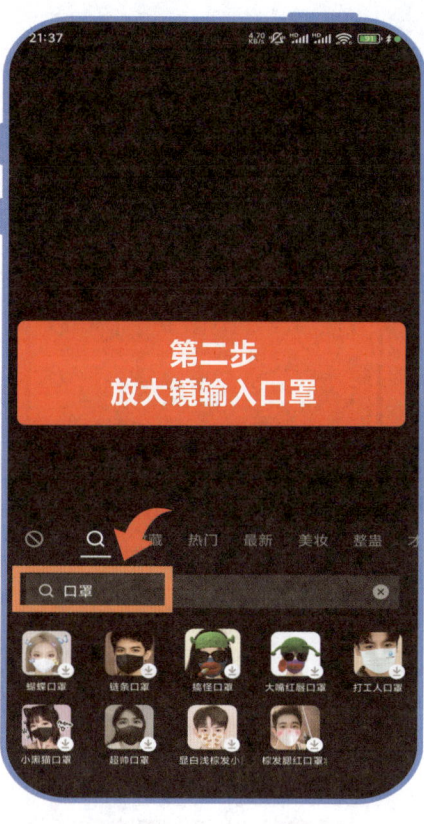

第一步 点击特效

第二步 放大镜输入口罩

第三步 选择喜欢的样式

（十一）如何设置直播间AI背景

第一步 点击特效

第二步 点击AI背景

第三步 设置完成

十、开播准备篇

(一) 如何屏蔽熟人

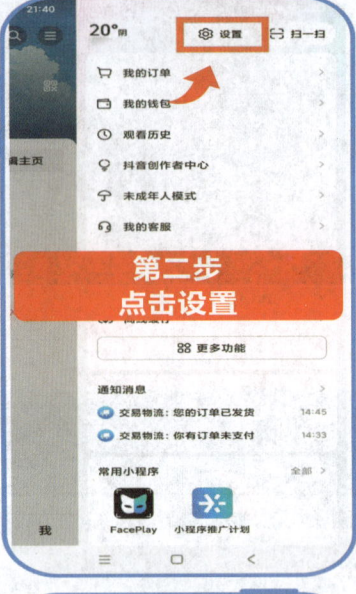
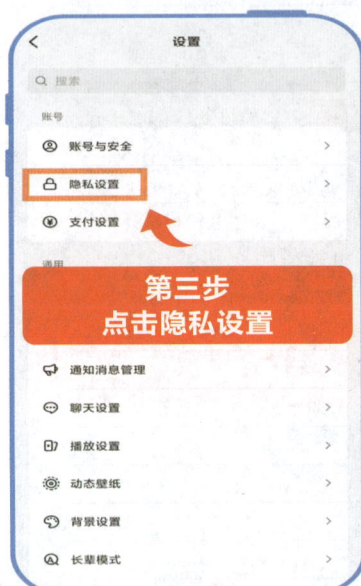
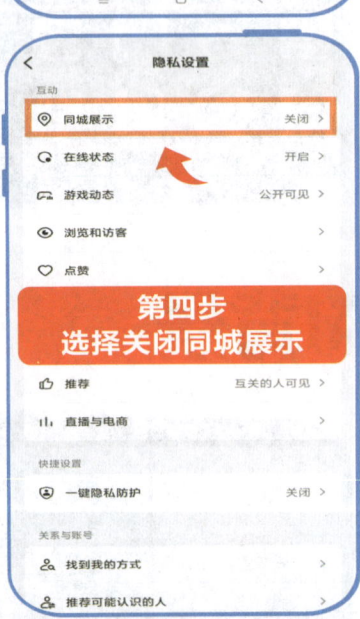
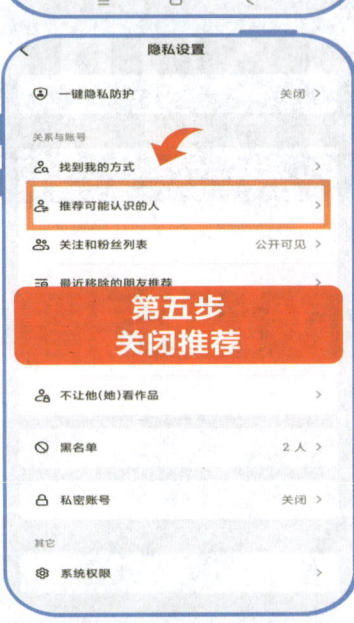
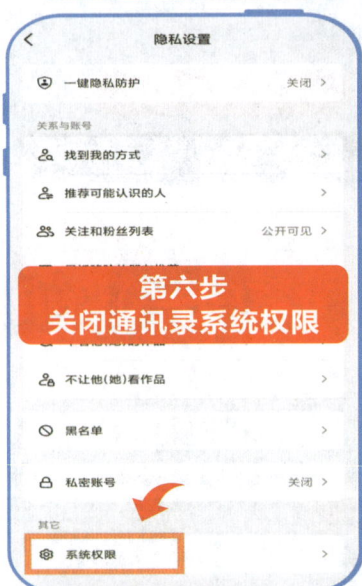

(二) 如何拉黑熟人

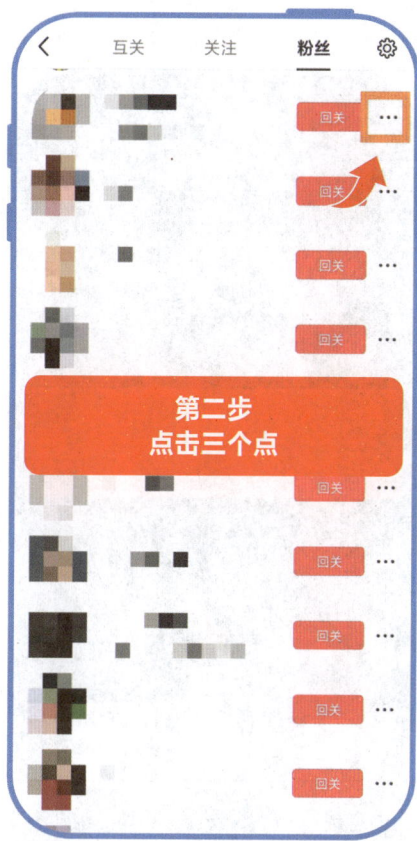
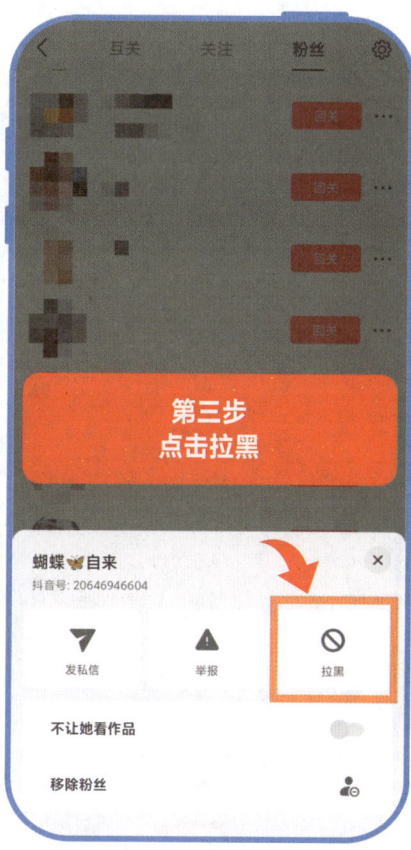

(三) 开播前如何检测网络

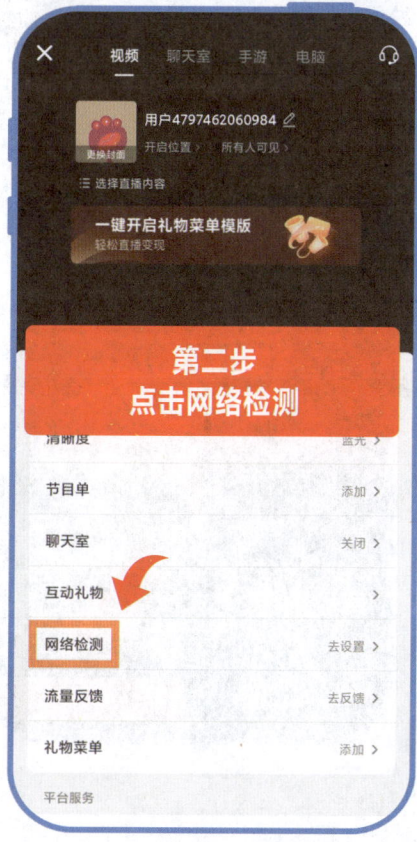

（四）如何把小号@到作品让粉丝能看到

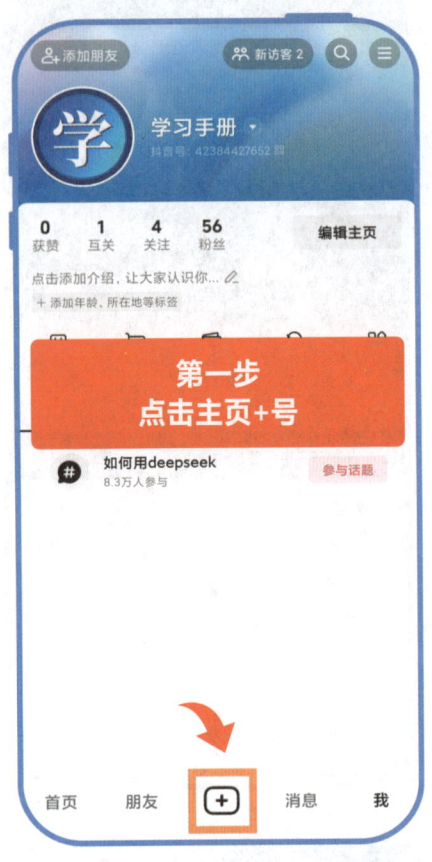

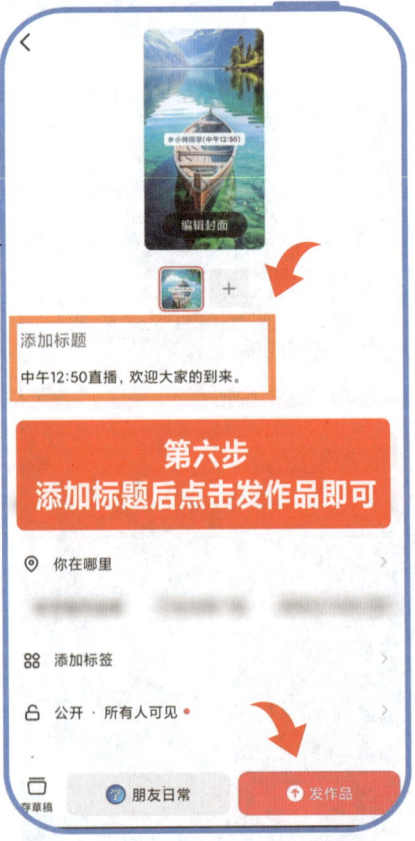

（五）如何投抖加推广直播间

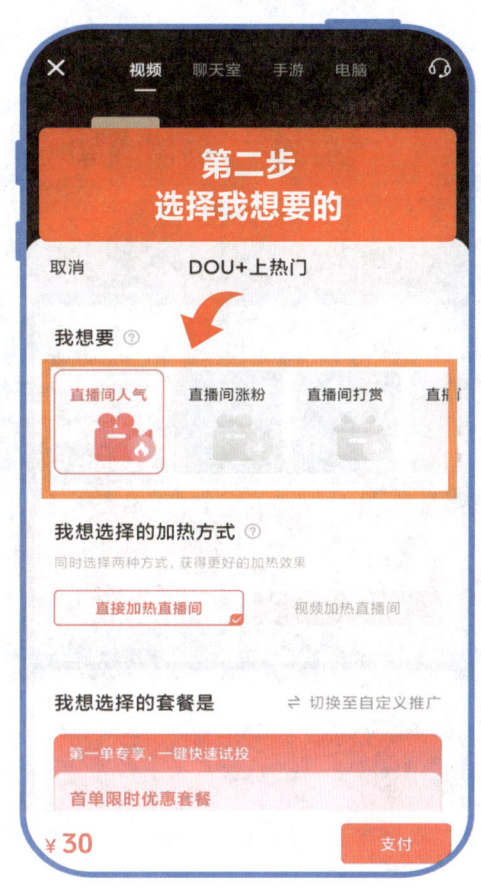

DOU+直播加热全面升级，可以提升视频或直播间在全域流量的展现机会，根据你的内容质量，帮你获得更多的流量和更好的效果。

（六）如何隐藏作品

第一步
点击要隐藏的作品

第二步
点击右下角三个点

第三步
点击权限设置

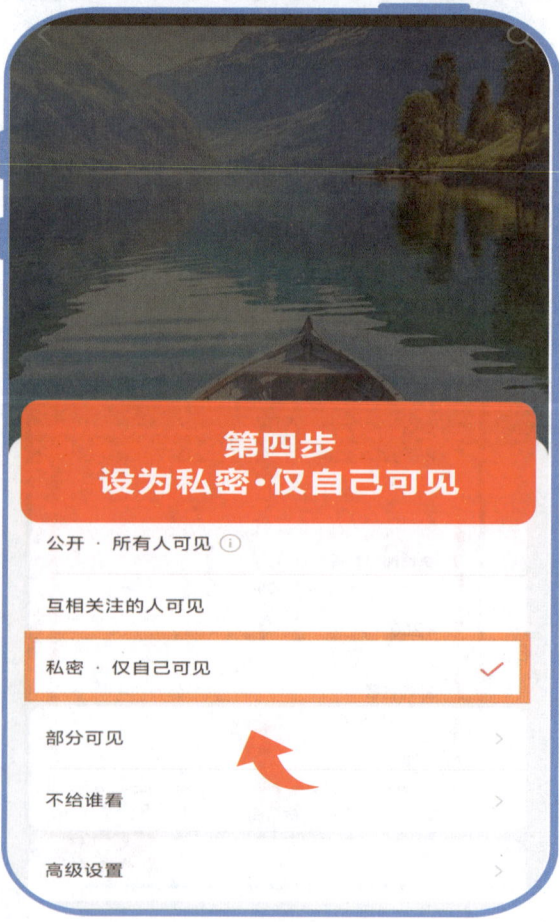

第四步
设为私密·仅自己可见

（七）如何开启试播

第一步
点击所有人可见

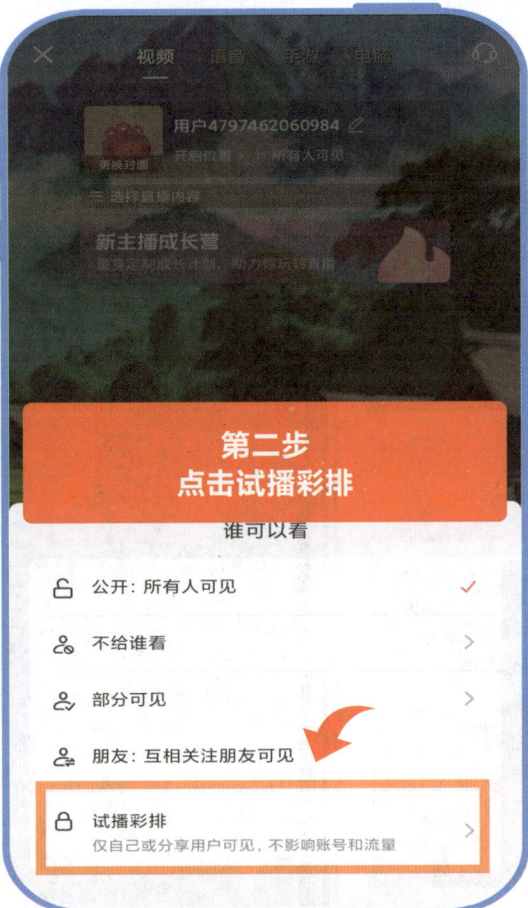

第二步
点击试播彩排

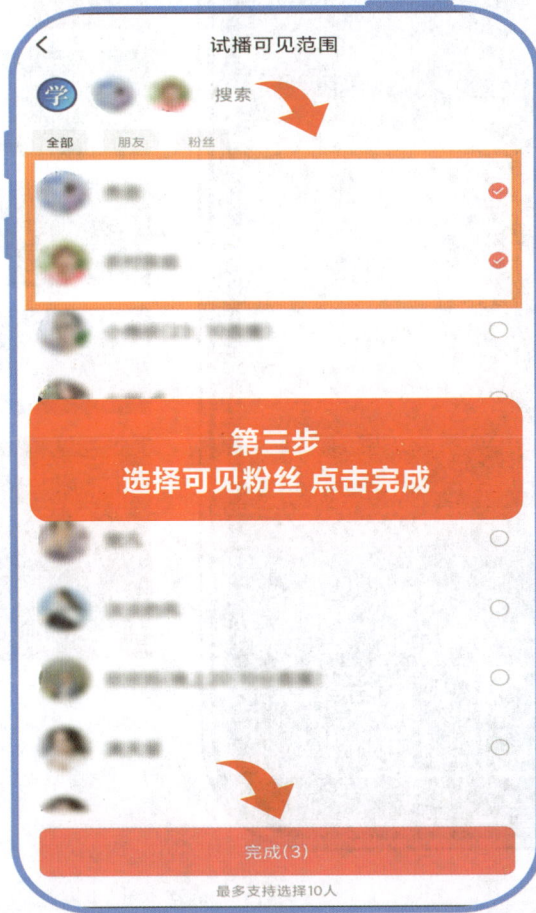

第三步
选择可见粉丝 点击完成

第四步
点击开始视频直播

十一、直播实操篇

(一) 直播界面功能详细介绍图

(二) 如何设置屏蔽词

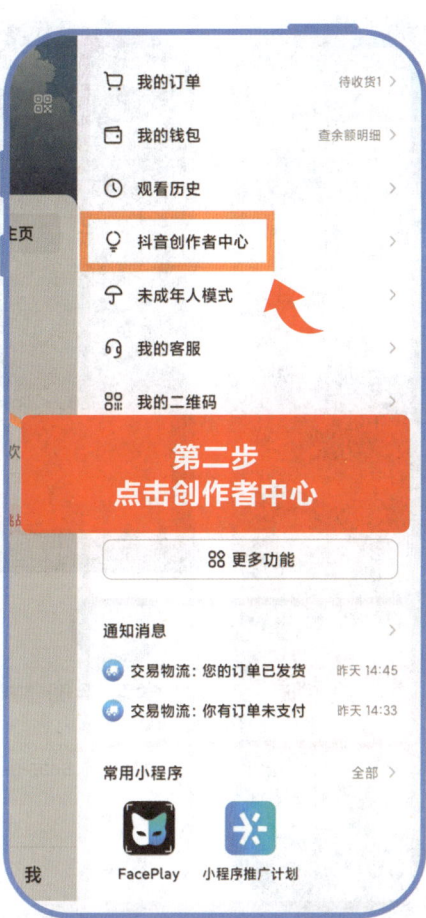

(三) 直播间如何拉黑小黑粉

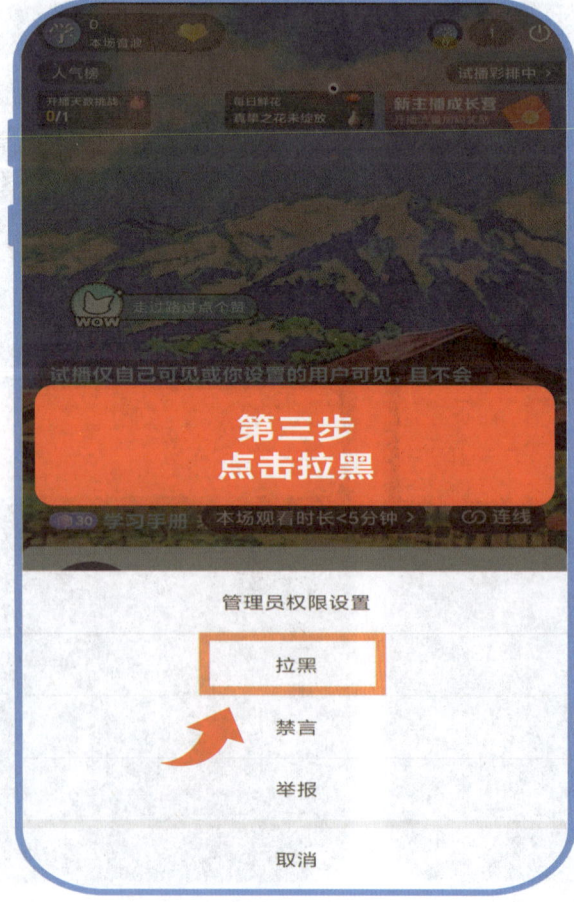
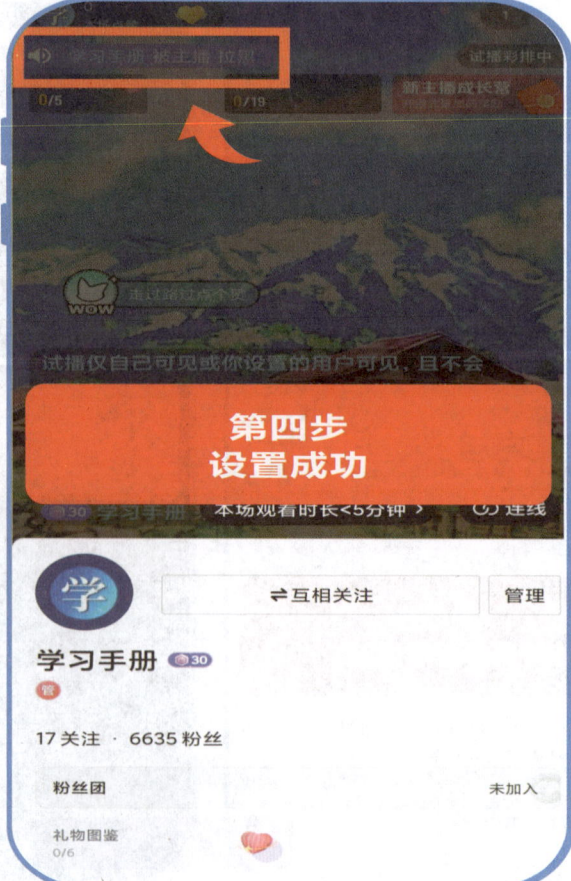

（四）直播间如何发红包和福袋

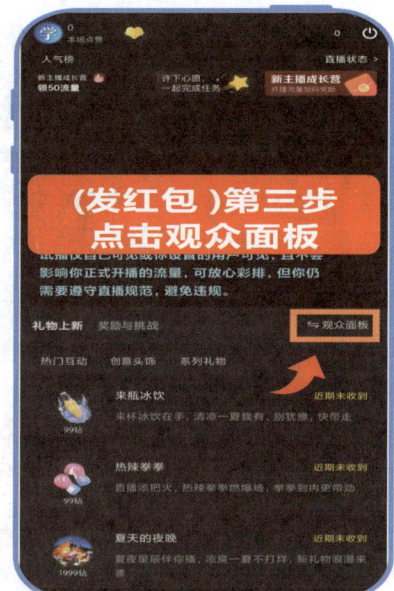

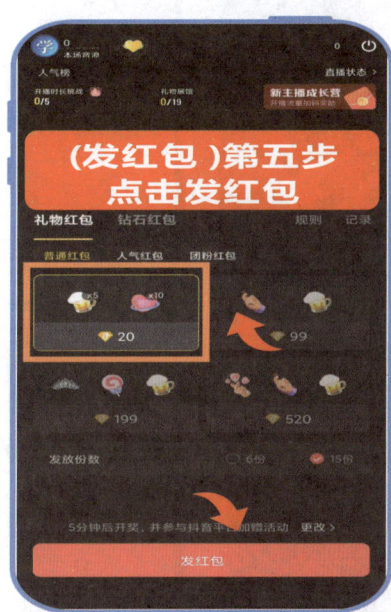

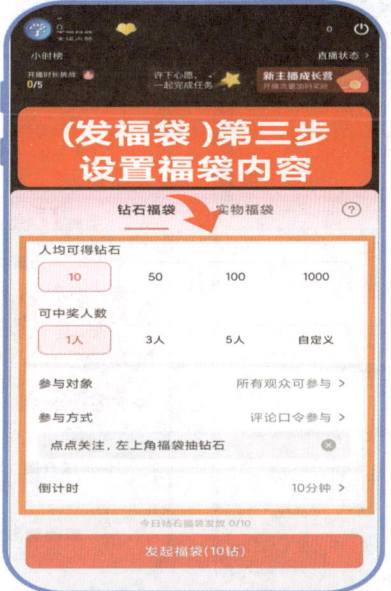

（五）如何设置与查看直播回放（高光时刻）

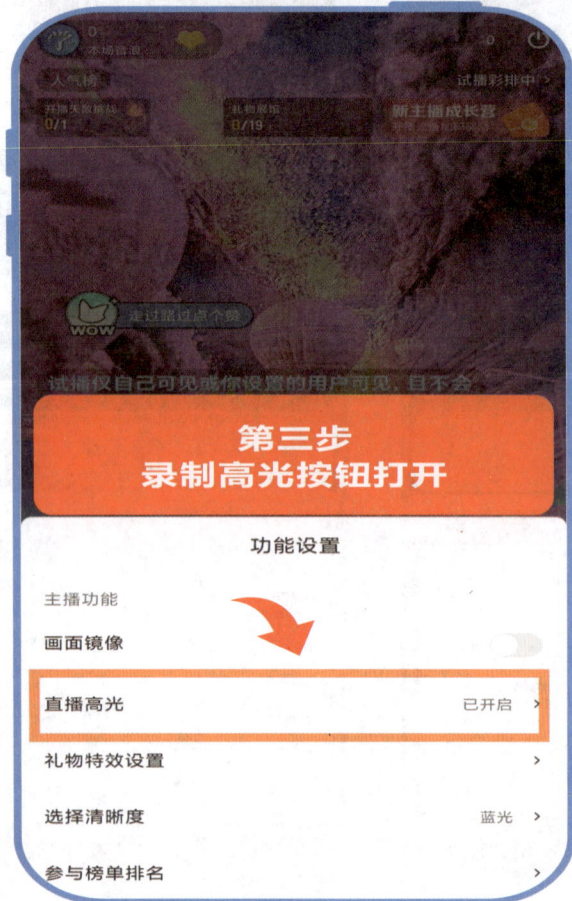

（六）如何设置直播间观众不可查看

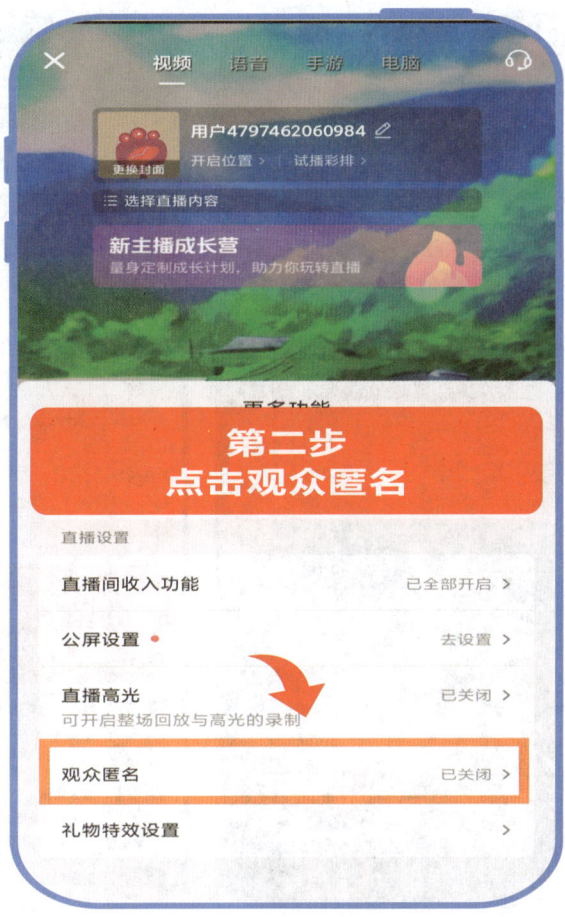
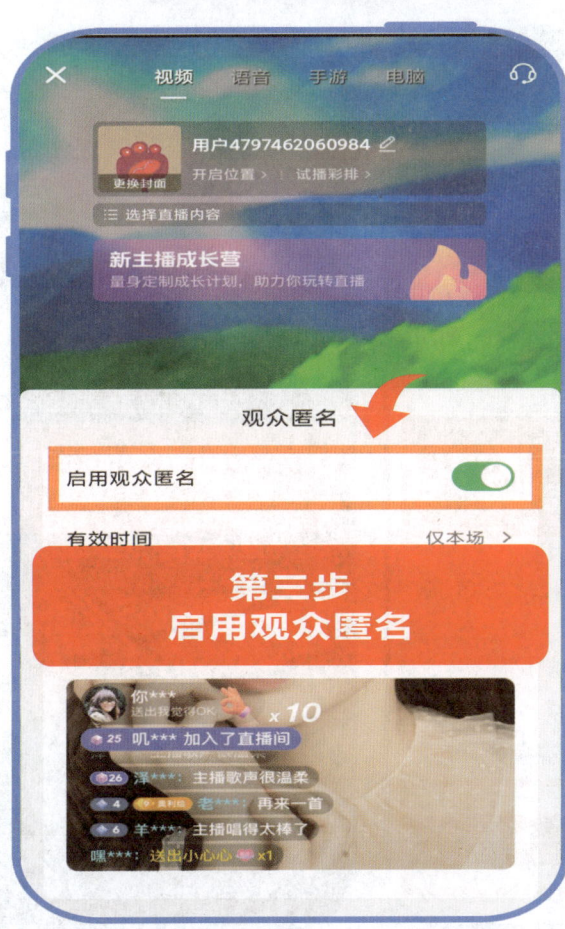

（七）直播间怎么设置礼物菜单

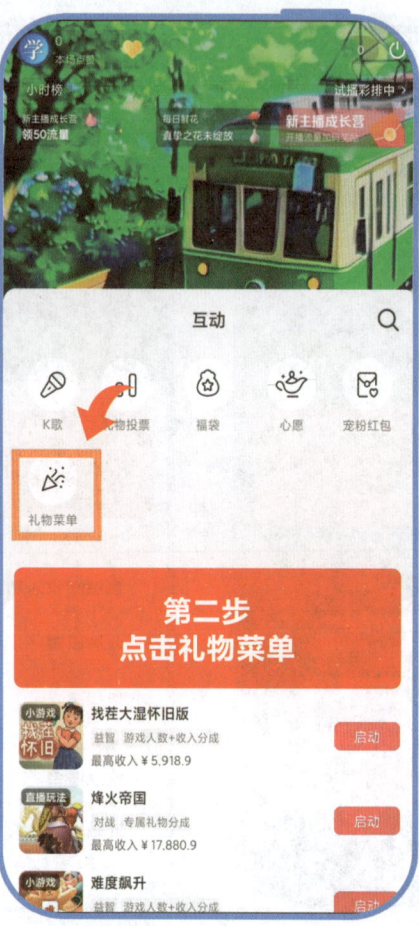

（八）如何设置礼物心愿

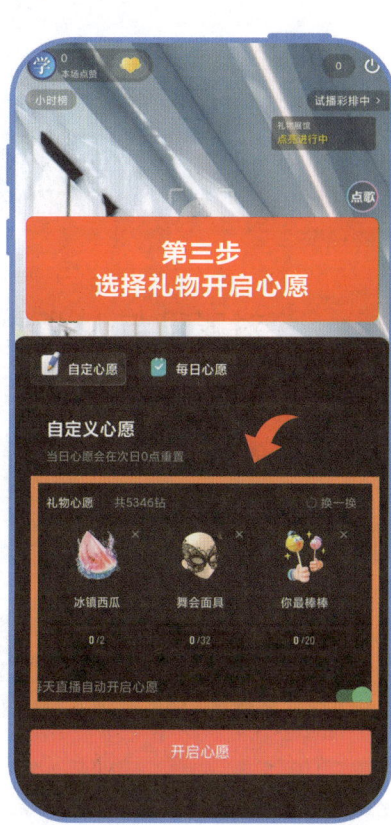

（九）如何正确下播

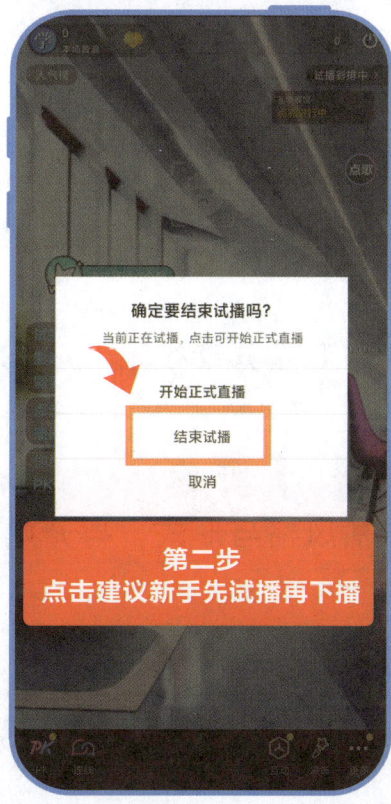

十二、新人直播篇

(一) 起号的十个步骤

01 注册账号，如果是老账号，那么你需要检测账号状态是否正常。

02 对账号与人设进行定位，重点是对目标粉丝的分析和画像。

03 设置抖音账号个人信息，根据人设完成。

04 关注对标账号，加打账号标签，很多人忽视账号本身的标签，这是不对的。

05 确定短视频拍摄形式，根据人设确定自己的风格、形式、画面背景等。

06 发布短视频，给作品打标签，开始发视频，给作品内容打标签，固定人设。

07 用互动、关注、转发视频等方式产生播放量，并快速增粉，视频初始播放量要想很多，那一定是需要人工干预的。

08 开通橱窗商品分享权限。

09 确定直播风格与形式，再开始直播的。

10 直播一段时间以后，再开始直播挂小黄车，卖货带产品。

（二）不出镜开播五大准备

前期铺垫（暖场）

1. 挖"痛点"：找出对方需求点，给对方停留理出；
2. 互动：没开播的家人扣1，我详细地讲。

第一个准备：小号的准备

1. 什么是"小号"

免费企业号或者拿别人身份证实名认证的抖音号，即：小号。

小号须准备什么：零粉丝、零作品、零老铁。

小号怕不怕违规：不怕违规–不怕说错话
　　　　　　　　　不怕封号–是拿来练手用的

2. 为什么要准备小号

挖痛点（有没有发现，一学就会，一播就废）

3. 拿小号练什么

播感：练到不紧张，不激动。

镜头感：不要偏镜，做到眼观六路。

语气：不生硬，有亲和力。

语速：适中。

状态和自信度：眼神坚定、语气坚定、外加自信、再加手势。

第二个准备：大纲的准备

1. 什么是直播大纲

直播导航、直播思路、直播方案。

2. 为什么准备大纲

没有大纲，播着播着就蒙圈了，跑偏了。

3. 有大纲和没大纲的区别

有：越播思路越清晰，方向明了。

无：越播越迷茫，越播越不想播。

4. 如何利用大纲

话题不变，天天练，简单事情重复做，重复事情一直做。

第三个准备：三大硬件准备

1. 网络

户外：试网(手机卡需要有足够4G或者5G流量)。

户内：家里的网不要让别人用。

2. 手机

两部手机以上：直播、放音乐或看数据。

旧手机：恢复出厂设置。

联系方式：电话拦截、清理内存。

3. 支架

桌面俯拍支架：可以随意自动调节。

第四个准备：老铁的准备

1. 什么是"老铁"？

来直播间不走的，一直飘屏互动点赞的。

2. 为什么要准备老铁

助你一臂之力，稳定直播间人气。

3. 老铁怎么找

直播间扣1的，互相交个朋友。

引出话题：不要大量互帮互助，既花冤枉钱，又走冤枉路。

第五个准备：引流款产品

1. 什么是引流款

便宜的、适用面广的、性价比高的、产品背后有模式可借力的。

2. 为什么挂引流款

一手抓留人能力　一手抓直播间带货变现能力

3. 抖音趋势为什么是"带货"

直播间出现带货榜，明星、网红、企业家……都在带货。

(三) 新人上下播注意事项

1 上播：（两个注意事项）

（1）错开小时榜整点的前后10分钟，小时榜是抖音在重新给各个直播间分配流量的时候，一般主播都会错开整点开播。

比如说9：20、9：30-9：50，几乎没人在整点开。

（2）根据自己测试好的时间开播，你自己的账号在哪个时间段开播流量大，以后就固定在这个时间段。早、中、晚自己测流量，比如说早上播一场，晚上播一场，你看一下抖音在哪个时间段给你推流大，以后就定在哪个时间点开就可以了，一旦确定开播时间不建议大家换时间开播，这样无法和粉丝们产生黏性，也不利于抖音给我们推送固定流量。

2 下播：（5个注意事项）

（1）错开小时榜整点前后10分钟，原因和上播第一个一样。

（2）直播间在上人的时候不要下播，推流的时候不要下播，因为抖音在给你推流在给我们机会，如果下了第二天抖音就不给我们这样的机会在抖音不推流的时候或者推流极为慢的时候可以下播。

（3）下播人数不要太低，不要播到就剩下自己了，也不要因为直播间还有几个人，不好意思下，没什么不好意思的，不然下一场人会更少。

（4）特殊情况下播

①因说错话导致直播违规导致限流

②直播画面审核

③直接关小黑屋（就是直播黑屏，或抖音给你关播10分钟）

出现以上3种情况立马下播，等3-5分钟再开一场直播。

（5）完成数据下播

我们在直播过程中都要完成什么数据呢？（可以简单讲，直播间人少的时候观众不太喜欢听听不懂的数据，就讲一个停留+3个新增就可以。）

①新人开播点赞达到7W即可。

②钻石和观众总数1:1。

③新增付费人数5%（占总场观的5%）。

④新增评论人数5%（占总场观的5%）。

⑤新增粉丝3%（占总场观的3%）。

⑥观众的停留时长，停留1分钟是及格，3分钟是优秀（对于一个主播讲，其实最重要的就是要完成一个停留+3个新增）。

（四）直播的底层逻辑

想要做好直播，我们一定要了解抖音是如何给我们直播间推人的，了解抖音的底层推流机制才能更好地做直播，我们先来了解抖音的流量池如何分级：

流量池等级

做好直播间的各项数据，突破下一个流量池

级别	场观	在线
E级	200-500人	1-20人
D级	500-5000人	20-60人
C级	5000-30000人	100-800人
B级	30000-200000人	1000-3000人
A级	20W-100W人	3000-1W人
S级	100W+人	1W+人

（五）下播必做的四件事

1. 截屏本场数据，并登记数据（平台保留十场数据）；
2. 复盘总结（和上几场比较，不断找问题，不断提升）；
3. 充钻石（每天下播都看看钻石余额，为第二天做准备）；
4. 下播后去感谢大哥大姐；
(1) 人少的直播间，去老铁作品感谢，直播间做数据；
(2) 人多的直播间，下播去榜上大哥大姐作品点赞、评论感谢。

直播间的误区

1. 红包福袋叠加法（引来红包粉，亏播）

首播标签没有贴上，不建议发红包和福袋，当直播间做到六七十人或者是百人的时候发。新主播没有太多的能力控场，所以这个时候可以发个福袋，但是不用发太大的，发个30钻石或者是50钻石，也就是三块钱或五块钱，当极速流量来的时候，几乎都在260人以上。建议大家再去发个福袋，这个时候可以去发一个稍微大一点的，发个一百多钻石的或者是两百多钻石的都可以。但是福袋要发十分钟的，因为他们想领我们的福袋就要停留十分钟，抖音平台的推流机制就是有停留就有推流，触碰到了抖音平台的推流机制。告诉我们零作品、零粉丝开直播的主播，只有两类主播：

第一种主播就是卖课的主播，零粉丝能不能开直播，可以开直播，如果你是来玩的可以；如果你是来挣钱的，那我们就去涨粉丝发作品再开直播。告诉我们说零粉丝、零财富值、零作品开直播的主播几乎都是卖课件的主播。

第二种主播就是老主播新账号，他们第一自带流量的脸，第二他们是有直播能力的。

2. 点"+"开播，没有流量扶持

有没有听到其他主播说点+号键开直播没有流量扶持，就是玄学，只要是新账号都有十四天的流量扶持。只有两种账号没有流量扶持：第一种账号就是违规账号，互粉互赞或者是营销广告账号没有流量扶持；第二种账号就是停播、断播账号，没有流量扶持。

3. 测流量（15分钟下播，来回转场）

很多主播告诉我们说测流量要测三天，15分钟就下播，或者有人说首播推流慢，让我们来回转场，切记玄学，不要盲目去转场。

只有两种情况再去转场：

第一种情况就是直播推荐是零的情况下再去转场，下播联系抖音客服，几分钟以后再上播；

第二种情况就是账号违规了，限流说错话了再转场，下播五分钟以后再上播，这叫正确的转场。

（六）直播间不能做的事

1. 衣着不可暴露 衣领不可以过低
2. 不可以抽烟喝酒
3. 不可以直播危险行为
4. 人不可以离屏幕太近
5. 未成年人不可以出镜
6. 不可以做广告推销
7. 不可以诱导粉丝刷礼物
8. 不可以说大人物的名字及其家属
9. 不可以边开车边直播
10. 不要对着自己家的招牌
11. 不可以在没有挂橱窗的情况下进行带货
12. 不可以暴露大面积的纹身
13. 不可以骂人说脏话
14. 不可以录播
15. 不可以长时间离开直播
16. 不可以引流第三方平台
17. 不可以恶意搞怪低俗表演

十三、首播准备篇

(一) 首播策划方案

01 问好+欢迎+介绍自己是首播

欢迎大家来到我的直播间，刚刚开播、刚刚上线，走过路过的朋友稍作停留！因为很多小伙伴正在赶来的路上，大家一定不要错过，我的直播间刚刚打开，正在热场，正在暖场，今天是我的首播，在这里要感谢所有来到我直播间的朋友们对我的支持和助力！虽然说我是个新人主播，但是我也是做了充足的准备和系统的学习，我才敢于迈开第一步开播的。

02 挖新人恐播不敢开播的痛点

如果你也是个新人，想开播不敢播的、恐播的，开了播不知道说什么的。那么，今天你一定要留在我的直播间，你知道我为什么第一天开播，嘴皮子这么溜吗？为什么思路这么清晰吗？为什么不紧张不激动吗？我给大家说一下，就是因为我开播之前准备做得好。现在不管你是新朋友还是老朋友，今天你要想把直播间做起来，你必须做好充足的准备你才能去开播。没有做好充足的准备你开播了，你会发现账号一播就废。是不是这样的，大家想一想？所以今天我是做好充足准备开播的，如果你是新人没开播的留下来，稍后我会给大家分享，我是如何做准备的，新人开播前六大准备我要送给你们，现在××点××分，××点××分我准时给大家分享。

03 再次造势新人开播前六大准备的好处

我给大家说一下，今天只要你听完我这开播前的六大准备，让你的账号搭建起来事半功倍！抖音平台的主播像铁打的营盘、流水的兵一样，来一波走一波。你以为这些不干的家人是因为颜值不够高吗？是因为口才不够好吗？还是因为他们学历不够高吗？都不是的，是因为他们开播之前没有做好充足的准备，所以账号一播就废了。前期直播间有推流，如果你留不住人，后期直播间就不给推人了，直播间没人了播着播着就没有信心了。这六大准备做好了，可以让你的账号搭建起来事半功倍，接下来，我给大家分享六个准备、三个建议：

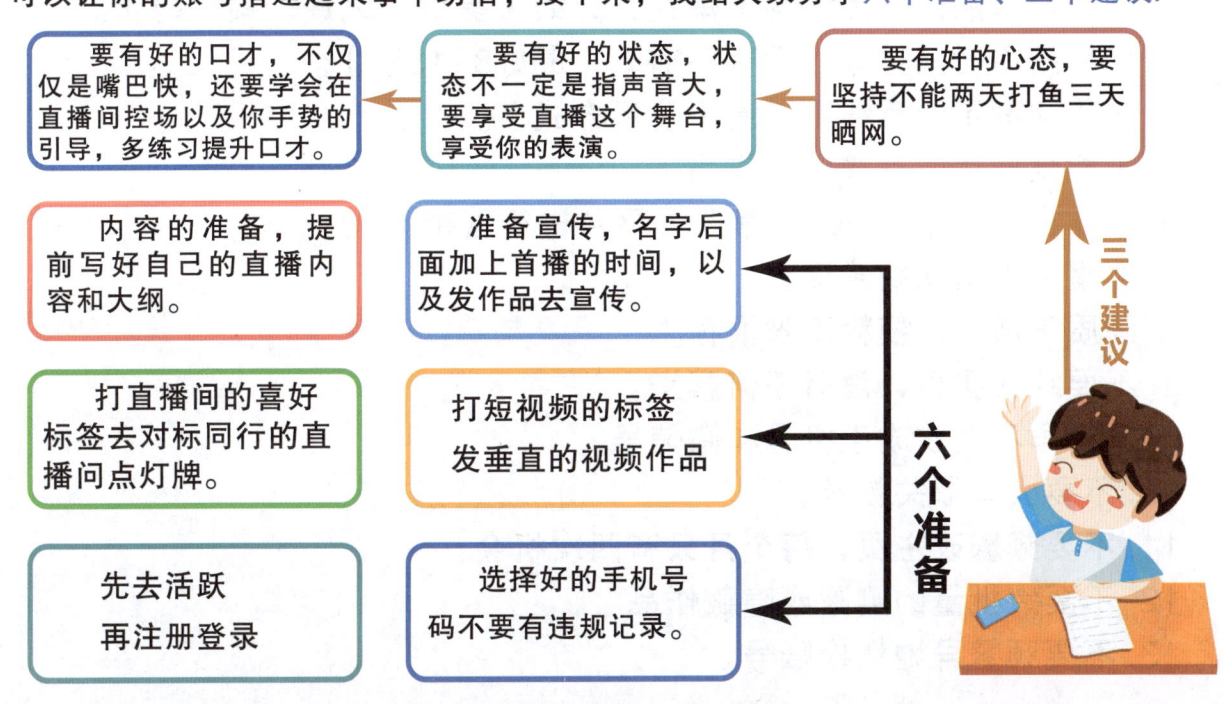

(二) 首播的注意事项

01 首播直播间的人数不要做的太高

不要让账号形成一个高开低走的账号,要让它低开高走,第一天达到150人左右就可以,第二天做到200-300人,数据一天比一天好,这样的直播间才好。

02 首播的时间最好控制在2-2.5小时

千万不要超过3小时,首播不能拉时长,容易把账号拉废掉,导致直播间不推流,如果首播第一场没有做到百人直播间,那么过几个小时再开一场直播,按照首播流程再开一遍,这样效果会更好,同样也不要播太长时间。

03 首播不要把所有的东西都讲完

给大家留下悬念,明天继续来直播间听。

04 首播不要讲干货

因为你首播没有任何的干货,你只有方式方法,不要用教别人的方式开直播,要以分享者的身份跟大家接触,这样更容易让大家接受,让大家感觉到心里舒服,才是关键。

(三) 新人不能做的事

1. 随手拍作品,作品内容不垂直:比如(美食、风景、孩子等)。
2. 作品拍摄时间过长,没有完播率(最好8-15秒)。
3. 作品文案不能有线下引流(联系方式)。
4. 不能全搬运或抄袭他人作品。
5. 不能出现水印、logo、第三方平台进行营销。
6. 文案不能出现敏感词。
7. 画质不清楚,模糊不被推荐。
8. 不要花钱买粉,没有任何意义。
9. 抖音号不要改成手机号和微信号。
10. 不要大量取关粉丝。
11. 不要频繁改主页,每个月只有四次机会。
12. 不要大批量的删除或隐藏作品。
13. 不要频繁异地切换账号。

（四）开播前的六大准备

01 直播大纲

每个主播必须准备，只有准备了直播大纲我们心里才有底，我们从来没有开过直播，开启人生中第一场直播肯定会特别紧张，紧张就容易忘词，不知道说什么，讲什么，所以我们准备了直播大纲以后，紧张的时候看一眼直播大纲就不会忘词，更有利于我们整场直播的流利性。

02 开播时间

我们可能学了太多的时间，越学越迷茫，越学越彷徨，不知道开直播到底该讲啥，该说啥，导致今天拖明天，明天拖后天，所以我们要准备开播时间，逼自己一下，逼着自己去开播，只有播了才会有机会。

03 不播只能见证别人拿到结果

准备一个宣传短视频，开播之前发一个短视频给自己做宣传，写上什么时候首播，几点几分首播，给自己直播间引流。

04 准备财团

财团是给我们发工资的人，多准备一些财团，等咱们直播间干起来的时候，他们也会来到咱们直播间发工资、送礼物。

05 硬件准备

手机网络、支架、充电宝、散热器，这些都是必备的直播设备。

06 直播能力

一定要锻炼自己的直播能力，没有直播能力的直播间是做不起来的:直播能力需要在每一场的直播中不断的锻炼。

(五) 搭建高权重账号的7个步骤

1. 建议到营业厅买一个新手机卡注册或者没有开过直播的抖音号。

2. 卸载抖音，用流量重新下载抖音，这个操作没有什么特殊的含义，只是把原来抖音里的文件删除掉，用一个全新的抖音来搭建。

3. 手机卡插到手机以后，千万别着急注册抖音。去推荐页刷作品，刷对标账号的作品（对口型或者口播）如果不是对标的作品快速划走，如果刷到对标账号的作品，完播、翻翻评论，但是不需要点赞和评论，然后进入他的主页看一看其他作品，必须完播，完成停留时长，因为抖音会根据你对作品的停留时长判断你喜欢什么类型的作品。

4. 如果你刷到的作品80%都是对口型或口播的，那么你可以给作品点赞评论了，此时点赞评论需要登录抖音号，直接用手机号登录即可，千万记住个人资料暂时不要修改。

5. 如果刷到对标账号的直播间可以进去活跃账号，切记在直播间停留一会再亮灯牌，不要一进去就开始亮灯牌，一定要增加停留时长，让抖音识别到你喜欢什么类型的直播间是很关键的步骤，只有增加了停留时长，接下来你会刷到更多同类型的直播间。

6. 修改个人基本资料，名字（某某首播筹备中），让大家知道你是一个直播粉丝，直播间容易涨到粉丝，然后直播间活跃交朋友，关注数量最好不要大于粉丝数量。

7. 涨500-1000的粉丝去开播，开播之前实名认证。

十四、首播基础篇

(一) 如何打标签

抖音是一个数据平台，系统是根据你的标签来给你推送和匹配流量

01 喜好标签

（1）作为用户，我们喜欢谁，例如，给谁点关注亮灯牌，相当于是向抖音下达指令告诉抖音，我喜欢这个主播，这就叫作打喜好标签。

（2）给同频同赛道主播点关注亮灯牌，给同行作品完播点赞评论。

02 创作标签

（1）作为创作者，谁喜欢你，抖音就会把你推送给谁。

（2）创作标签系统会根据你的作品自动打标签，另外会根据作品是什么人爱看来打标签，这个我们可以根据目标客户发他们爱看的内容，也可以前期涨点精准粉丝来给我们打标签。

03 直播间标签

（1）慢打：如果一场直播没打上标签，那可以通过一场又一场直播，不断地推流，不断留下人，最终数据够多，抖音能根据你留下什么人来判断你是什么主播，也能打上标签，只是比较辛苦。

（2）快打：可以通过一场直播打上标签，就是首播！第一场首播是打标签的绝佳时机，不要浪费。首播可以邀请几个老铁助力，但千万不要找亲戚朋友凑人数，不利于打标签，开播打上精准标签，后续推流才更精准。

04 语言识别

我们在直播间讲的每句话、每个字、每个词都能被抖音的语音识别系统所抓取到，所以，我们不要讲违规或者违禁词，那么我们可以在直播间多讲经验分享、直播创业之类的关键词，可以起到语音打标签的效果。

05 画面识别

我们在直墙间的画面会被抖音拆分成很多个小细节进行识别，所以我们也可以放相应的道具让系统识别到我们是什么类型的直播，例如在画面里放上支架、补光灯之类，让画面识别系统识别出来。

06 文字识别

直播间弹幕区的文字是有文字识别的，不能讲一些反社会的言论或者骂人的字眼等，会违规，同时我们也可以通过文字识别系统给自己直播间打标签，例如设置福袋或提问的时候，多引导打字来打标签：经验分享、直播创业、宝妈等字眼，让系统识别到我们是什么主播。

(二) 适合新人的7个基础话题

经验分享就是从讲故事开始，而这7个话题是经验分享的几个基础话题，要读要写要背。

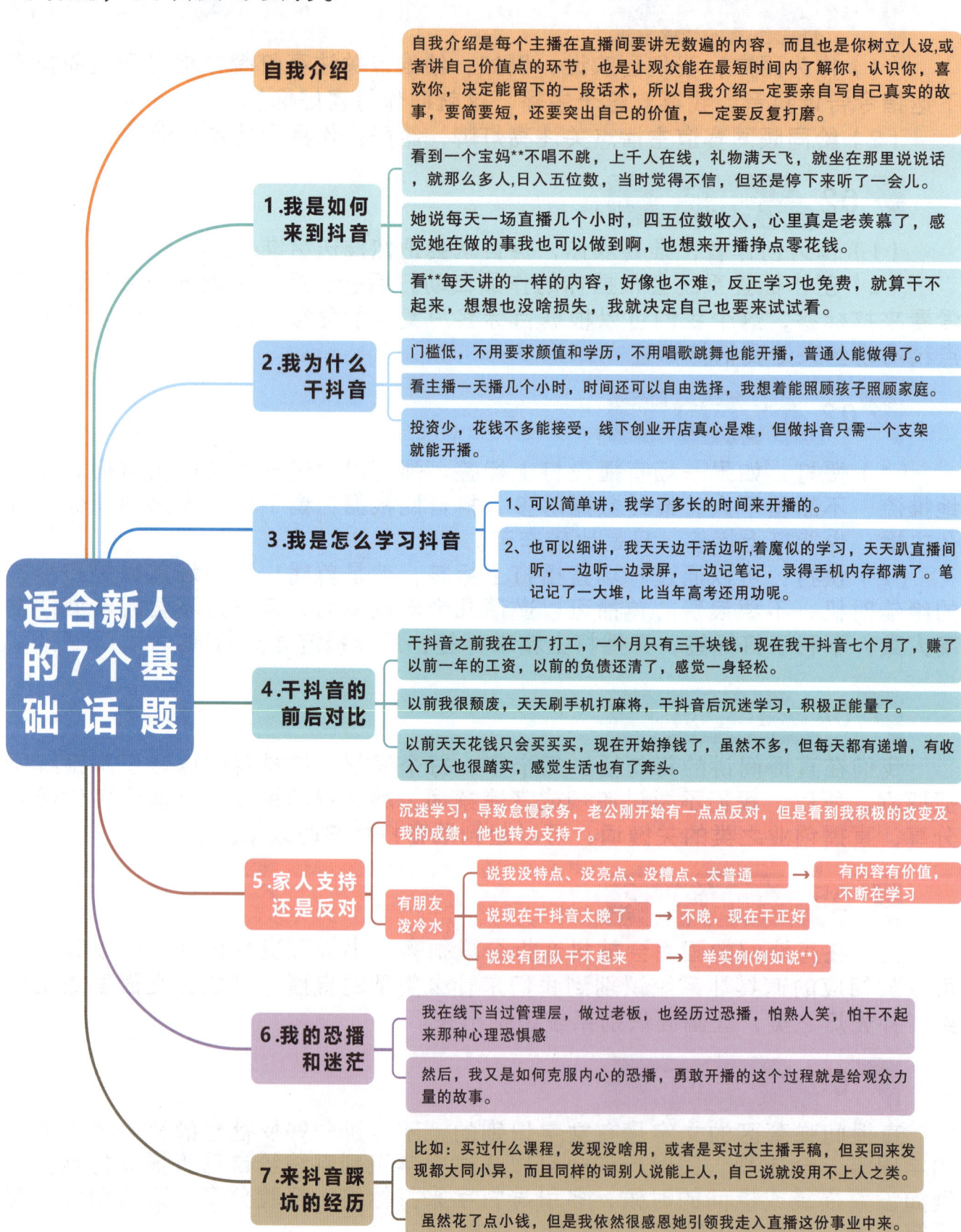

（三）如何打磨内容、锻炼口才

经验分享就是讲故事+讲知识，我们的经历就是故事，我们的经验就是知识。

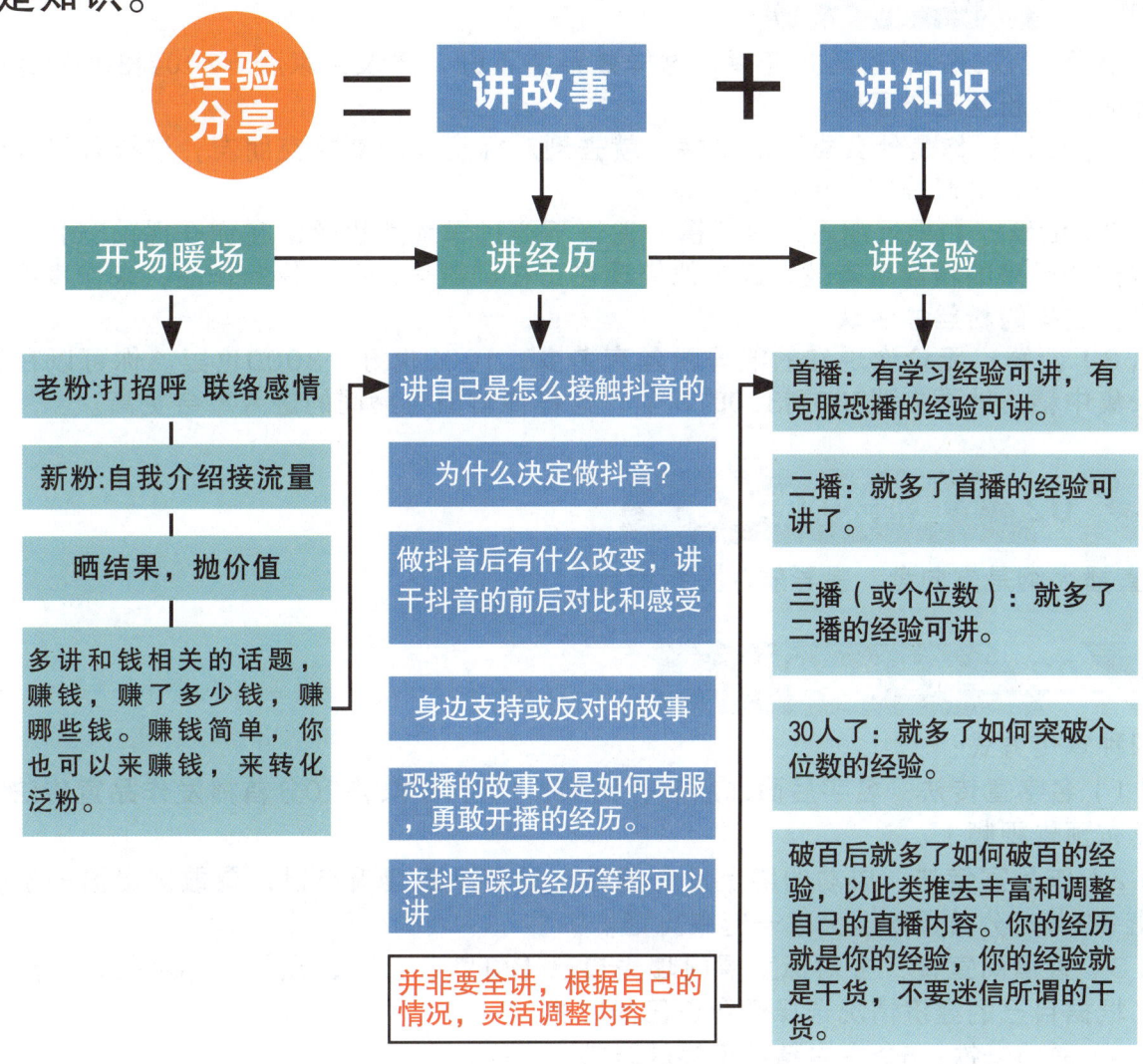

		七个话题，一个个结合自己真实的情况写出来，对着镜子大声朗读。
	大声朗读	争取做到一字不错，读的时候眼睛、耳朵、嘴巴、大脑接收到的信息是统一的，便于加强记忆，而且要做到一字不错，人的精神会高度集中。
如何练口才	背诵	光读还是不够的，还要背，背得滚瓜烂熟，形成肌肉记忆，能张就来，在直播间讲到这个话题的时候，词是能脱口而出直接"蹦"出来的。
	录屏练习	对着手机录屏练习，手机录屏练习是最接近在直播间的那种播感的，一遍不行录十遍、百遍，直到练到自己看到自己的表现都满意为止。
		平时多读报、读新闻，多尝试练习一分钟讲解一个小故事、一本书或一部电影的即兴演讲能力。

（四）开播前的准备

经验分享就是讲故事+讲知识，我们的经历就是故事，我们的经验就是知识。

01 涨粉丝

新人不建议0作品0粉丝就开播，这样效果并不好，建议大家涨到200到300的直播粉丝再去开播。涨粉丝三个原则：

（1）精准：你是什么类型的主播，就去到对标直播间涨粉交朋友，这样可以让你的粉丝画像变精准，给账号打上精准的标签。

（2）活跃：如果近期不打算开播，建议不要过早地涨粉丝，在你开播前5到7天去涨粉丝，这样涨回来的粉丝更有效，因为他们现在正在玩账号，会看你的作品，来你直播间给你做数据，这样的粉丝才活跃。

（3）新鲜：无论你现在的账号粉丝有多少，1000也好，3000也罢，你可以在开播前1到3天集中精力地再去涨200到300的粉丝，这样你首播直播间的进入率会更高。

02 直播大纲的准备

直播大纲是方向盘、是导航、是指南针。

03 做宣传准备

四种宣传方式：

（1）名字宣传法：名字后面加后缀，比如：10月15早9点20分首播发作品宣传法（提前三天发布预告视频）。

（2）作品宣传法：成功的路上没有捷径，只有不断突破自己，勇敢迈出第一步，10月15日上午9点20分首播欢迎大家一起来见证。

（3）直播间宣传：去对标直播间曝光自己（灯牌、打字、点赞、小礼物、发红包、占榜），根据自己的经济情况选择适合自己的方式。

（4）邀约老铁：5个左右精准标签的老铁。

04 硬件准备

（1）两部手机（两部手机同时登录一个账号，一个看数据放音乐，一个开直播）。

（2）散热器（帮助手机散热，开直播必备）。

（3）充电宝（解决户外电源的问题）。

（4）支架：2.1米支架，开播拍作品两不误。

（5）声卡或者领夹麦：节省力气+提升氛围（声卡特效和音乐）。

05 开播前的练习准备

（1）提前储备知识，锻炼好直播能力，练好内容。

（2）抓住新人开播前一天的流量扶持。

（3）手机录屏练习，对镜练习，试播（找一找开播的功能按钮-上下播、封面标题话题、红包福袋、美颜滤镜、连麦等在哪里，练习状态感觉，距离、眼神、微笑、语速、动作，要多开口讲话，口才是练出来的）。

(五) 首播怎么播？

首播是我们学习的起点，而不是终点，主播得勇敢开播才是学习的开始。

首播三段话 + 两个动作

第一段：
　　欢迎走进直播间的朋友们，大家好！我叫xxx，来自xxx，是一个普通的宝妈，我是一个新人主播，今天是我的首播，我来到抖音平台，不是来玩儿也不是想来当网红的，我是看到太多普通宝妈在抖音上拿到了结果，我也想来试试，我是来学习做一个正能量的经验分享主播的，学守直播创业挣钱。我是一个新人主播，今天是我的首播，是我人生第一场直播。第一次点开小加号键，此时此刻真的好紧张，走过路过的哥哥姐姐可以帮我打个"加油"吗？

> 针对语音识别系统讲关键词语音贴标签。
>
> 包含了关键词：正能量、直播创业、经验分享、新人、首播等，没有人的时候可以多讲这一段。

第二段：
　　我在家待了好几年没有上班，一直在带孩也一直过着手心向上的日子。现在孩子大了，住校了，我想找份工作自己赚钱经济独立，但我发现自己好像和社会脱节了，找不到合适带娃又能赚钱的工作，直到上个月刷到一个河南的宝妈才知道，我们普通人在抖音可以不用唱歌不用跳舞，聊聊天说说话也可以开直播，我真的羡慕了，我也想来试试，各位，觉得我适合做主播吗？觉得适合打个"适合"，觉得不适合给我打个"加油"。其实，我没有想一天能挣多少钱，我只要一天挣一百块钱就够了，你们觉得我能做到吗？觉得我能当主播吗？觉得我能打个，觉得我不能的话，能不能给我打个"加油"谢谢各位。今天是我首播，大家有缘分见证我首播，大家不用有压力，不用破费刷礼物，帮我点个免费的关注打个"加油"就是对我最大的支持，也请你们看看我今天的表现，这是我第一次面对镜头说话，真的好紧张，肯定会有失误和不足的地方，也请你们指导指导，谢谢大家了！

> 针对推进来的第一波测试流泛粉讲的
>
> 要做有效停留，要了互动数据，要了关注做了新增就够了，无须和"泛粉"纠缠太久。

第三段：
　　今天是我的首播，我是一个新人主播。当然，虽然我是一个新人，但是我不是盲目来开播的，开播前我学习了整整一个月，去各大直播间学习，也见证了很多的新人首播现场，累积了很多经验。有没有和我一样想来抖音开播创业的朋友，如果你们有开播的想法，但迟迟不敢开播的话，今天你们可以在这里看看我，把我的首播当成是你的首播，听听我的故事，看看我今天的表现和结果，也许你能在我这里找到开播的勇气。我是整整犹豫纠结了一个月，也恐播了一个月一直不敢开播，怕熟人刷到我笑话我，也怕我留不下来人，直到前几天我在一个大主播那里学到一个首播起飞的方法，我录屏了，录下来后，我一字一句打出来了，但我还是不敢开，直到昨天我亲眼见证我一个老铁用这个方法首播突破125个人在线，我就在当场，所以，我今天也带着这个方法来开播，你们也看看我今天能不能成功，要是能，这个稿子我放进粉丝群你们也能拿去用，如果不能，那也帮你们排个雷避个坑，好不好？有没有开过播的观众，可以把你的开播时间打出来，只要时间不冲突，我必到场给你做数据，你们当时首播有没有像我这么紧张？如果开过播应该特别能理解我此时此刻有多紧张，可以帮我亮个灯牌贴个标签吗？大主播说了，首播最重要就是打标签，所以今天啥礼物都不要，我只需要你一个灯牌，谢谢了！

> 针对同频同赛道朋友，树立价值点，同频人喜欢学方法，让他知道你是一个有方法的人。
>
> 给人一个停留下来的理由，同频人喜欢听方法，下一个钩子引起他们好奇心，留下同频的人进一步打标签，做了互动数据，要了灯牌做了付费数据，而且灯牌是找同频同赛道的朋友要的。

两个动作：
1. 要30-60个灯牌
2. 要十个新人专属礼物"天鹅之梦"

一个技巧：
见证法：报右上角的人数，上人的时候报人数，让观众的注意力转移在人数上，注意上人的时候才报，掉人的时候不要用。

首播话术

首播可以反复讲上页的三段话，也可以以这三段话为主，穿插讲自己的故事，大家可以根据自己的喜好灵活选择，并不要求千篇一律地照搬照抄。

（第一段：0人的时候，直播间没人，但是门外有人，简单地自我介绍，让观众大概知道我们是来做什么，是个什么样的直播间，启动语音识别标签，大概就是围绕"我是谁""是做什么类型的主播"来说就可以了）。欢迎大家走进我的直播间，今天是我的首播，刚开播上线，我是一个来自xx的普通宝妈，刚来抖音还是一个新人，我不是来玩也不是想来当"网红"的，我是想来学学直播，做一个经验分享类型的主播，来抖音创业挣点儿生活费，今天是我的首播，是我人生的第一场直播，如果你也跟我一样也想来了解一下抖音，可以在我直播间听一听我的故事和经历，也见证一下我的首播。

（第二段：开始上人，但这时候推的是测试流量，来的人比较多，可通过讲经历讲钱引起共鸣，讲感受抓数据）今天是我第一次开播，我现在非常紧张，紧张得手心全是汗，也很怕熟人刷到笑话我，我在家有七八年的时间没有上班，一直过着手心向上的日子，现在孩子大了我也想经济独立，但是在家带了这么多年的孩子，跟社会基本脱节了，找不到合适的工作，上个月我无意中刷到一位河南的宝妈说到她的创业经历，天啊，太羡慕了，而且她不用唱歌也不用跳舞就在直播间聊聊天说说话，我觉得这事我也能干，我想着只要一天挣一两百就够了，那也能给自己挣份工资嘛，是不是？你们觉得我能做到吗？觉得能打个"能"，觉得不能，打个"加油"，感谢各位朋友的支持和鼓励。今天是我一个真正的新人小白首播，如果你错过大主播首播起飞，那你们可以见证一下我这个新人首播的过程。

（第三段：直播间慢慢来精准人群了，上人慢可以一对一喊人，这个时候塑造价值，要给别人一个留在我们直播间的理由，觉得我们是有希望首播突破的，才能把人更久地留住、稳住）。今天是我的首播，我是一个新人主播，虽然我是一个新人，但不是盲目来开播的，开播前我学习了整整一个月，去各大直播间学习，也见证了很多的新人首播现场，累积了很多经验。有没有和我一样想来抖音开播创业的朋友，有的话打个"有"，如果你们有开播的想法，但迟迟不敢开播的话，今天你们可以在这里看看我，把我的首播当成是你的首播，听听我的故事，看看我今天的表现和结果。也许你能在我这里找到开播的勇气，我是整整犹豫纠结了一个月，也恐播了一个月一直不敢开播，怕熟人刷到我笑话我，也怕我留不下来人，直到前几天我在一个大主播那里学到一个首播起飞的方法，我录屏了，录下来后，我一字一句打出来了，但我还是不敢开播，直到昨天我亲眼见证一个老铁用这个方法首播突破125个人在线，我就在他直播间。所以，我今天也带着这个方法来开播，你们也看看我今天能不能成功，要是能，这个稿子我放进粉丝群你们也能拿去用，如果不能，也帮你们排雷避坑，好不好？有没有开过播的大哥大姐？可以把你的开播时间打出来，只要时间不冲突，我必到场给你做数据。你们当时首播有没有像我这么紧张？如果开过播应该特别能理解我此时此刻有多紧张，可以帮我亮个灯牌贴个标签吗？大主播说了，首播最重要就是打标签，所以今天啥礼物都不要，只需要你一个灯牌，谢谢了！

首播可以多重复上面的三段话，打标签，抓数据吸引人停留，中间根据直播间上人的情况，还是要灵活配合穿插下面这段话（抛结果和见证法），最好能够背下来，聊天式地说出这些话题，能留人还能稳人，也适合首播我们没有拿到结果的时候去说。

抛结果加见证法（拿出状态、强调首播、人数对比）。

家人们你们有没有见证，真的上人了，见证的打一个"见证"，欢迎新进直播间的所有朋友们，今天是我首播第一天啊！家人们你们见证了吗，我就讲了一个开场暖场，直播间来了这么多人。如果你们不知道我刚刚的开场白是怎么讲的，你们可以留下来，我再给大家重新来一遍好不好！刚刚开播我的直播间才2个人，现在已经到30个人了！大家有没有见证，见证打个"见证"，大家觉得我今天能不能上到50人？觉得能的打个"能"，觉得不能的打一个"加油"，谢谢大家！

除了三段话和见证法之外，如果白天鹅解锁，可以要一要白天鹅，再结合下面这六个话题展开来讲：

第1个话题："我是怎么来抖音的"（分三个点，遇到经验分享直播之前+刷到经验分享直播间的过程+目标）。

我是一个在家8年的全职宝妈，每天就是面对各种生活琐碎，带孩子、做饭，没事的时候刷刷抖音，看看搞笑段子、网红明星，就是一个刷客，大家是不是跟我一样，有一天我无意间刷到一个普通宝妈的直播间，她跟我分享了她的创业经历，不唱歌不跳舞只在直播间说说话，当时我就觉得特别不可思议，正准备划走，可是她的一句话留住了我，她说每个普通人都可以过来开直播，开直播是免费的，学习也是免费的。那我也可以来试一试呀，后来就刷到越来越多普通人的直播间，很多人都拿到了或多或少的结果。我觉得必须要来试一试，试成了更好，希望有一天我也能做到百人直播间，有更多收入，那就跟上班是一样的。干不成的话也没关系，我没有任何损失，要么成功，要么成长。

第2个话题：为什么干抖音？注意重点是要结合自己的经历感受去聊，添加自己的抖音经历，多举例。

流量大：身边的人都在玩抖音，有句话叫流量在哪里生意就在哪里，明星网红都来带货了，我们普通人也可以来抖音。而且门槛低：抖音平台开直播不要求颜值外貌才艺长相，人人都可以来开直播，0粉丝都可以，只要实名认证，风险也小，一个号做不起来可以换个号接着做，一部手机一台支架就可以创业，学习免费开播免费，时间又自由灵活：可以在家里直播，可以在户外开直播，可以白天播，也可以晚上开播，我现在就在家里开直播，每天拿出2到3个小时就行。

第3个话题：感受+感谢。

哇，直播间上人了，突破个位数啦，谢谢来看我首播的朋友们，你们都是我的贵人，谢谢各位，你们开播了吗，可以把时间打出来，我也去给你们助力贴标签，我也给你们都抱回家了，太感谢了，也特别开心，我一个全职宝妈来开直播，首播也能突破个位数。记得主要目的是留下精准流量，也就是对我们的直播和对创业感兴趣的人，我们是一类的人。首播不适合讲"干货"，就以聊天的形式分享这些话题，开始进入下一个话题，可以讲讲新人的痛点，不敢播"恐播"，这个话题可以引起共鸣抓住人心留下同频的人。

第4个话题："克服'恐播'的过程之前如何'恐播'的将其描述出来"，这就是铺垫话题+之后克服的过程。

哥哥、姐姐们，你们知道吗，我"恐播"了一个月，一想到要开播就紧张，有跟我同款的吗？怕没人，怕没话说，但我特别想来试一试，也怕熟人刷到笑话我，我都学迷茫了，每天到处学、到处趴，但还是不知道讲什么。今天我能克服恐惧坐在家里开播，就是最近在一个大主播那里学了一个首播方法，但我还是不敢开。我是昨天看了一个"老铁"的首播，做到200多人，整场就是用的这个方法，我才敢来开播的。之前一直拖，一天拖一天，一直不敢开，总觉得没准备好，这次真是看到我老铁首播的成绩，我才硬着头皮上，打开直播，首播这关就过了，不然会一直拖延下去。你们如果不敢开播，今天可以见证一下我的首播。

如果这时候上人了，可以抛话题接流量了：

欢迎新进来的家人，直播间上人啦。今天是我新号首播第一天，上人啦，突破30人啦，我没有把首播做得很复杂，就是通过简简单单的三段话，说了一遍，突破个位数，说到第二遍突破20人，现在重复第3遍，突破30人在线了，下一步有没有可能上到40人啊？哈哈，我之前学迷茫了，不知道首播到底该怎么讲，看到很多人都起飞了，心里也挺着急，今天自己的首播没想到也突破个位数做到35人在线了。如果你正在筹备首播，心里没底，迷茫，不妨就在我的直播间坐一坐，说不定等会儿我也能破百呢，首播能这么快突破个位数，我也是做了充分准备，也是带着方式和方法来的，完成了三个考核，而且运用这三段话接住了初始流量。哇，还在上人，接下来可以根据上人情况去重复。

下播：家人们都说首播容易二播难，一个新号起号，首播二播三播四播都很重要，今天首播做到87人在线，这个成绩真的是我完全没有想到的，我没有想到我一个新人小白用这个首播起号的方法完成了三项考核，做到了这样的成绩，我不知道明天二播成绩能不能比今天更好，也欢迎大家明天来见证我的二播，二播更加重要。有没有中途来见证我首播开场的朋友啊？那你明天可以来见证一下我的二播开场，今天我首播开场两段话十分钟就上到30人，讲完首播话术上到60人。如果有没听到的朋友，明天二播我给你们还原一下我今天首播的开场暖场话术和我接流量的三段话。

(六) 二播怎么播？

需要上一点点小技巧，首播简单二播难，二播需要做数据递增。

重点：如果首播没有突破，二播就依然当首播来播，因为首播这个话题更容易留住人。如果首播突破了百人，那么二播是关键，很多人首播做得很好，结果后面流量下滑了，是因为没有掌握正确的方法，因为二播需要一点点技巧。接下来跟大家分享一下我自己第二天稳定百人，第三天破五百人，第五天破七百人的方法。

直播间的三大核心：开场接流量、中场抛价值、还原首播，然后全程互动控场。

开场接流量

俗话说："好的开场是成功的一半。"一场直播的关键在开场，只有接住了开播流量，才会有叠加流量和奖励流量。

（1）自我介绍+讲经历

欢迎来到直播间的朋友们大家好！我叫××，来自××，是一名普通的"宝妈"，打过十年工，开过餐饮店，目前全职在家带娃，想来干抖音已经有很长一段时间了，一直恐播，不敢开播，昨天终于开启了人生的第一场直播（这里就不赘述了，每天开场必讲的内容，因为讲经历可以转化泛流量）。

（2）晒结果引好奇话术参考

欢迎走进直播间的所有朋友们，大家早上好，今天是我第二天直播，我整整恐播了一个月，昨天终于开启了我的首播。昨天首播第一天，我用了三段话就做到了87个人在线，而且我本来只打算播一个小时就下了，但为了完成两个动作，我播了两个半小时，终于完成这两个动作，也取得了一个我很满意的成绩，做到了87个人在线。

（3）讲抖音优势接流量围绕抖音的好处去讲

流量大、变现快、门槛低、学习免费、轻投资、自由灵活等。不要太生硬，结合自己亲身经历像讲故事一样，生动有趣，无形当中把人留住了。中间不断穿插，抛结果，引共鸣，给方法，见证留人，流量接得差不多的时候，再分享方法。

（4）讲"恐播"引共鸣（重点是拉时长做数据）

话术参考：朋友你们知道吗？我整整"恐播"了一个月都不敢开播，朋友们你们恐播过吗？有的你打个"有"，我学习了半个月，天天录屏记笔记，录屏录到手机内存都不够用，笔记本记了几大本呢，有和我一样的朋友吗？有你打个"有"。我是不是很认真？我学半个月其实都差不多了，但是一直不敢开播，就是各种怕，怕熟人刷到我笑话我，怕直播间不来人，又怕来人留不住。反正就是怕，各种拖，一天拖一天，又拖了半个月，直到前几天我刷到一个大主播听她讲了一个首播破百的三段话术和两个动作，但我还是不敢播，我怕这方法没有用，直到前天我亲眼见证一个老乡就是用这个方法起飞的，我才敢来用这个方法。不过，我口才比较差，没能破百，我只做到了87个人在线。但我也很满意了。各位大哥大姐，我马上给你们分享我首播讲的三段话是哪三段话。

（5）讲首播经历给方法

演示三段话，一边演示一边也会上人，演示完了再解释每段话的核心技巧，让观众继续停留下来。然后重复以上动作，所以二播的流程是：先晒结果引好奇-讲恐播边做数据边拉时长-演示三段话两个动作+再解释每段话的核心技巧。

（6）中间可以用穿插见证法留人，当人数上升的时候不断提示这个数字

话术参考：上线时间只有5分钟，直播间上到了60人，上人太快了，直播间还在源源不断地上人，咱们一起来见证一下开播第二天直播间最高能上到多少人在线，重点你的经历就是直播间最好的内容，因为我的首播突破了87人，我往后每天的话题就是围绕结果和经历去讲，每个人的情况不一样，学会根据自己的情况灵活运用。

十五、新人开播全流程篇
(一) 刚开播时的开场暖场话术

开场前半小时抖音会把第一波人推给我们，我们要想尽一切办法把人留住，留住第一波人才能给我们推第二波。

01 把自己最好的精神状态拿出来（状态大于内容，状态是留人的根本）

家人们，欢迎大家来到我的直播间，我刚刚打开直播间，今天是我第一次直播，欢迎每一个朋友的到来，没想到刚上播就进人了，大家一起跟我见证下，看我一会儿直播间能不能上到10个人？我问一下大家你们开过播没？(顺便做一波评论互动)直播间人少的时候记得念大家的名字，欢迎他，有人给你点赞，就感谢他；有人给你亮灯牌，就感谢他，让他在你直播间有存在感，他才愿意留下。大家可能不知道我们这种类型的主播是干什么的？我给大家介绍一下。我们这种类型的主播没有门槛，谁都能播，叫作"经验分享主播"，也叫"聊天主播"，我们就是在直播间里聊普通人怎么开直播的。

02 大家知不知道我们的钱怎么赚的？

第一种叫"钻石"，就是公屏这些朋友给我们刷的礼物，这部分下播之后我们就可以立马提现，不用等，立马到账了，但是要跟抖音平分，抖音一半我一半，下播就能用，能明白的扣个"能"字，朋友们！

第二种叫"带货赚佣金"，我们带货不用自己进货、压货，抖音上有成千上万个商家入驻，什么商品都有，吃的、喝的、用的什么都有，我们要一个样品来直播间介绍就可以，卖一单赚一单的佣金，非常省事。

（二）开播第一天过3关

01 没人关（让自己赢在起跑线上的三个动作一句话）

因为我们打开直播间在线人数是0，大小主播都一样，抖音是个赛马机制，谁先让抖音发现，谁就能赢在起跑线上了。因为抖音是一个语音识别、人脸识别、文字识别系统，我们要让他优先发现我们。

一句话说什么都可以，作为主播要开播就要准备好说话，直到下播。

三个动作（启动直播间）

（1）点赞（自己对着屏幕为自己点赞200下加热直播间）；

（2）评论（自己给自己发10条评论，让公屏滚动起来，让抖音识别到你的直播间，例如:正能量、加油、666、888等）；

（3）礼物（自己小号给自己飘10个小红心，产生付费数据）。

①新人不要上来就要东西；②不要玩手机；③不要不讲话。

02 同城关

抖音让同城的人来我们的直播间，考验我们有没有留住同城的能力。让你及跟你在同一个城市的5-7个家人朋友不要关注你，在你要开播前3天，每天去你的作品下面留言，产生黏性，等你开播的当天通过同城页面刷到你，进入你的直播间，给你点亮灯牌+关注+点赞2000以上+打字30条以上+停留20分钟就可以了。

03 同城突破百人在线这一关

（1）打开直播第一件事–发福袋；（2）配合福袋说话术留人；
（3）用见证法留人；（4）抛结果留人；（5）状态留人。

(三) 新人开播找流量的方法

新人首播的两个指标：要么突破播放量，要么作品上热门
主播的两项能力：作品上热门带动直播或者主播能力强带动作品

01 开播找流量6步

（1）拉新：找新鲜流量(刷推荐页，去各个作品评论、点赞)
（2）正确发视频预告：
①开播前10分钟发作品(前半小时播放量跑完，所以要提前10分钟发作品)；
②开播前分享3遍作品给个人或者群，开播30分钟分享3遍，开播1小时分享3遍；
③自己作品完播后自己给自己点赞；
④自己给自己评论3条，增加评论区热度，置顶一条评论。
（3）名字预告：把名字筹备中改成几号几点，去各大直播间留下足迹，点灯牌扣字交朋友。
（4）户外：场景、道具，户外有流量扶持。
（5）设置好封面和话题："宝妈直播创业""宝妈赚生活费""新人开播日入3位数"，位置打开，"语言教学+新人首播"，可见范围：所有人。
（6）直播公告：创作者服务中心→主播中心→公告：每天下午xx点xx分新人首播。

02 如何找自己流量口

（1）不要在小时榜开播(新人新账号，冷启动，谁都不认识你，各大主播都在冲流量，没人认识你，没实力，没有音浪，去作品底下留言。)
（2）准备2部手机，一个开播一个看数据用，找流量段早中晚助推加速。
（3）自己去测试流量口，测试时间可以早晨一场，晚上一场，测试一下自己哪个时间段人多，以后就定在哪个时间段开播。

（四）留住第一波初始流量的七步

01　开播找流量6步

以下话术仅供参考，用自己的思路讲出来，不要做任何人的复读机，利他思维的开场，把自己最好的精神状态拿出来。

（1）欢迎所有的朋友来到直播间，主播刚刚开播，刚刚上线，我是一位新主播，今天是我开播的第一天，朋友们，刚进到直播间的朋友，大家在公屏上扣个"1"，20位朋友互相认识一下，虽然直播间人不多，20位朋友1分钟就交完了。

这句话完成了3件事：评论数据、停留时长、帮别人涨粉。记住，不要上来就跟别人要数据，要用利他思维来完成评论互动数据，你说的每一句话都要对别人有用，对别人有利，别人自然会停留，

（2）家人们，感谢你们来到我的直播间，不嫌弃我这个新人直播间人比较少，我知道大家跟我一样，我们都喜欢去逛大直播间，但是这些大主播他们那么高的人气，也是我们这些新人小白堆起来的，如果没有我们，他们也做不到那么高的人气，你们认同不？所以我们这些新人小白，如果我们能够互相抱团取暖的话，我们能更快做到千人万人在线，你们说对不对？(这段话是在跟大家找共鸣，拉近关系)

（3）大家一定见过各大主播的开场暖场，但我发现他们的话术并不适合我们新人，大家可以听听我这个新人的开场，我正在接第一波流量，多听几个版本，等你开播的时候找一个适合自己的话术拿去用。

（4）大家都定好开播时间了吗？大家可以把你的开播时间打在公屏上，你开播时只要我有时间，只要跟我的开播时间不冲突，我必到。(顺带一波评论互动数据)

打开直播间同步第一件事"发福袋"：

①设置好福袋口令，如："关注了主播""主播优秀""想学直播""加油"等。

②不要随意设置口令，如："哈哈""主播真漂亮""主播后面有只猫"，当很多人参与后，评论区的这些口令会滚动起来，时间长了会打乱自己的标签，要避免以后来的人不精准。

③当有人参与后，你的评论数据就产生了。

④发5分钟的全民福袋(条件：加入粉丝团)。

⑤发10钻石5个人参与或者10个人参与就可以，总共50-100钻石，新人直播间不用发太多！

⑥5分钟之后再发一个，开播后连续发3个就可以（看你直播间人数情况一直上人建议连着发3个，因为人都有占便宜的心理）。

话术：家人们，我刚刚打开直播间，抖音正在给我推人，我正在接流量，给大家发了一个福袋，大家记得去参与一下(只要参与了，你的评论数据就有了)。

02 晒结果

（1）晒别人的：大家知道我为啥来抖音吗？6月份之前，我都不知道抖音平台适合我们普通人来这创业，在家里歇着，然后抖音就给我推送这种创业类型直播间，直播间里的主播就是教大家怎么创业的，我看到有个宝妈每天可以获得很多收入，还有个宝妈更厉害，当时我就知道这个事能做。

（2）晒自己的学习结果：所以我刷到她后我也开始学习了，开始记笔记，我就去各大直播间听大主播讲，免费学习，我们来到这个平台学习是不需要花钱，不需要报什么班，我就自己免费自学了××天，涨了××粉，发了××个作品就开播了（你的学习结果就是你的结果，让别人引发好奇）

（3）晒自己的实时结果：家人们你们知道吗？我刚打开直播间5分钟，现在就挣了××块了！我想告诉大家我们来开直播，是按分钟来产生收益的，跟我们上班不一样，下播立马可以提出来的。

03 抛话题

家人们，接下来我会给大家带来2-3个小时的分享，今天我就讲三个板块的内容：一是什么、二是什么、三是什么？就是今天要讲的内容，标题得提前讲出来，预告出来，让大家对你的整场直播有个期待，也让大家知道你的直播间是干吗的。作为一个主播一定要学会抛话题！

04 自我介绍

给大家介绍一下，我叫××，我来自××，我是一个新人主播，今天是我的首播，是我人生中第一场直播，我是一名知识分享型主播，我们这种类型的主播只须年满18岁，谁都能来开播。

(如果来到你直播间的是这几类人，你要说以下几句话)

（1）如果你跟我一样，是宝妈宝爸的，还不知道抖音平台能创业的，想要赚生活费的话，等孩子上学后就可以来这里学习一下，怎么挣生活费，给孩子赚奶粉钱。

（2）如果你跟我一样是个开店做实体的，大家可以听听我是怎么开始的，因为我也是自己刚把店关了才来的。

（3）或者你是想换工作、想找一份兼职的朋友，也可以停留下来听听我们普通人是怎么开始的。

（4）还有想开播没有开播的家人朋友，或者想开播不会开播的家人朋友，你来听听我是怎么做的！

05　见证法留人

家人朋友们，我刚刚打开直播间5分钟，咱们现在直播间人少，福袋记得去参与哦。做个动作让大家一起来见证下看我的直播间能不能到上到30人（调动大家的好奇心）。看看第二个福袋结束之后，我能不能做到50人，如果10分钟之后我的直播间能上到50人的话，我就教大家用这个方法，大家都知道我们想要天赚多少是跟直播间的在线人数有关的，所以大家跟我一起见证一下！

这个方法可以重复说，其实这个动作就是调动大家的好奇心，好多人会停留下来跟你一起见证，只要停留了，我们就完成了目标，完成后去告诉大家，这就是见证法。

06　控场做数据

（1）家人们，我直播间的交友暗号××××。

（2）没有给主播点关注的家人，大家可以关注一下，要不然一会二出去，你就找不到我了。虽然我是个新人，今天刚开播第一天，但是大家可以在一个星期后再来我直播间看看，看我能不能做到百人在线。

（3）没有领福袋的家人大家记得去领，福袋可以帮我们完成4个基础数据时刻记得做3个新增1个停留。一个停留是把人留住，三个新增是：新增粉丝、新增评论、新增付费。

07　状态留人

（1）状态决定你做得好不好（在我们刚起步的时候，什么都不会的时候如果状态再跟不上的情况下，很难留住人）。

（2）心态决定了你走得远不远。

（五）搭建账号的十要十不要

01　十不要

（1）千万不要用自己的身份证实名认证企业号（一个人只能实名认证一个账号，企业号用谁的身份证都可以）。

（2）千万不要用发视频开直播的账号开抖店（抖店管理比较繁琐，建议抖店号和直播号分开，单独运营）。

（3）千万不要用下载别人的视频混剪发布（原创发现后举报就违规）。

（4）千万不要着急实名认证，不开直播不认证（避免有些朋友不想用这个账号开播，不能解绑，只能注销账号）。

（5）千万不要多个账号发一模一样的作品内容（属于搬运行为）。

（6）千万不要用别人的一模一样的文案（属于搬运行为）。

（7）千万不要还没定位好就发视频。

（8）千万不要再发不垂直的作品内容了。

（9）千万不要忽视短视频直接开播（短视频是为直播间引流用的，不发就相当于堵上了一个流量入口）。

（10）千万不要相信"包你上热门"。

02　十要

（1）一定要做好每场直播的数据。（钻石、停留、新增粉、评论、点赞、灯牌）

（2）一定要做垂类直播的作品（一种作品类型）。

（3）一定要打造个人IP（自己能出镜就出镜，让大家记住你，对你有印象）

（4）一定先测号再开播（一天可以播两场，测试下哪场开播人多，以后就固定在哪个时间段）。

（5）一定要多准备几个号。（以防万一，封号或以备不时之需）。

（6）一定要用自己的身份证实名认证。

（7）一定要习惯性地去检测账号。

（8）一定要每天更新作品。

（9）一定要多去涨粉丝。

（10）一定要多跟优秀的人交朋友。

十六、首播突破篇

（一）各阶段如何突破

每个阶段的播法和内容都不同，没有任何一版手稿或话术能一直用下去。

接触经验分享

1. 刷到艾华觉得很赚钱，也很容易，于是动心了。
2. 树立正确认知：抖音确实可以赚钱，但并不如想象中那么简单，要学要练。一定要有正确的认知，干抖音，是创业，像开店一样要准备，要守店，要坚持，要宣传，要销售，不是买彩票，更不是捡钱。

决定干

1. 做好学习和吃苦的准备，当开店来干，当创业来干。
2. 这阶段很容易被骗，请注意捂紧口袋，网上五花八门的课程很多，骗术骗子也很多，其实学习更多的在于自己。XX学习没有买过课程都是自己摸索学习的。

正确学习

参考xx前面正确的学习方法，去官方账号学，直播间模仿，不需要买课，没有悟性买课也是白买，有悟性不买课也能学会。

选定对标账号，去模仿，学7-10天开播，学太久会越学越怕，可以开播后边播边学。

准备工作

不打无准备的仗，做好详细的准备，参考xx 手稿前面的《新人开播前六大准备》。

做好充分的准备才不会手忙脚乱，而且开播前练习得越熟，个位数就会经历得越短。

30人

1. 能播到30人，讲话术的能力应该不错了，这时候要注意一下自己的直播画面是否有看点，直播状态要调动起来，没人喜欢死气沉沉的直播间，直播情绪要随着故事有起伏，带动观众的情绪，从这三方面加强。
2. 能播到30人，内容方面除了个位数能讲的6个记题之外可以增加一个，你是如何突破个位数的，因为此时你右上角有30人了，你已经突破个位数了，再讲如何突破个位数的经验是有说服力的，这也是你可以抛的价值。

播个位数

1. 如果播到个位数不要焦虑，放松心态，仔细看我关于个位数如何突破的知识点，能干啥不能干啥。
2. 多练多去试错，反复调整，有用的话术多讲，没用的砍掉。
3. 个位数千万不要说教式教干货，多讲故事：（1）讲你是怎么来的；（2）讲为什么干抖音；（3）讲你是怎么克服恐播的；（4）讲你首播是成功还是翻车的。

开启直播

1. 首播是打标签最好的时机，应全神贯注打标签。
2. 首播不需要也不能讲太复杂的内容，只需要讲讲自己是谁，怎么来的，来干啥的，讲讲自己的故事就行。
3. 也不需要把首播想得太可怕，首播只是学习的开始，只是一场普通的直播。

40-60

1. 50人了，你讲话术的能力、情绪、状态、画面、应该很OK了，需要提升的是一点点小技巧，找一个自己擅长的知识点练习下钩子。
2. 戳痛点、引共鸣、夸方法、给方法讲任何话题用这下钩子的四个步骤去讲，先找一个自己擅长的话题，开始练习，练习如何吊足观众胃口，引起好奇心。

80-100

1. 恭喜你直播到百人，但还是不赚钱是不是？不要去和老铁互刷了，可以固定几个直播间上点小票涨点粉，并且有意识地去收一些真正的财团大哥。
2. 画面、话术、情绪、状态、技巧你都没问题了，这个时候要学习布局，把自己的直播大纲重新整理一下顺序，按照你账号的推流节奏来布局，先讲什么再讲什么，从简单到难，做到环环相扣，层层递进。
3. 内容节奏紧一紧松一松，讲讲故事讲讲干货，不要全程紧绷讲干货，也不要全程只讲故事，语速语调可以时快时慢，时高时低，有节奏感。

300-500

1. 恭喜你，太棒了，这个阶段可以开始带货了，带货不仅能赚佣金，还能给你账号打上电商属性，有电商属性，流量会更稳定，且更长久。刚开始带货会掉人，不要害怕，这个阶段都是要经历的。
2. 刚开始带货掉人是因为带货，干货讲不好，数据做不好，货也卖不好，当然掉人。但如果你熟练了，数据不差，干货能输出，还能把货卖好，那抖音最喜欢的就是这样的主播，很快会给你推到千人。

1000

恭喜你成为千人大主播，这个阶段没有谁能教的了，就是以过来人的经历过的事情给你一点点温馨提示:接下来你要面临的是你生活中想象不到的狂风暴雨，会有人开始黑你、攻击你、举报你、质疑你，说你挂铁，说你有团队，说你有人包装，黑你骂你蹭流量。这些不要理会，不要去尝试辩解因为他们根本不会和你讲理，他们只是蹭流量，无视就好也不要影响心情和心态，照常按自己的节奏开播就好。这一切也是每个大主播都要经历的过程。网络上键盘侠的语言暴力远超常人想象，做好面对这一切的心理准备，你拿到多大的结果，就要承受多大的压力，加油！

（二）细节和技巧

同样的课程，同样的学习，拉开差距的就在于细节，细节决定成败，细节要抠，技巧要学。

细节决定成败

1.开播前要准备
很多新人看到别人开播赚钱了，一股脑热，盲目开播，导致直播间不知道怎么播，留不住人，不知道讲什么，无法变现，开始自我怀疑，放弃直播。建议大家开播之前一定要做准备，参考XX前面的"新人开播的六个准备"，里面写得非常详细。

2.学会开场暖场
俗话说，好的开场是成功的一半。抖音的推流机制就是，接住第一波流量，后续才会有叠加流量和奖励流量，才会源源不断的推流，所以开场至关重要，参考前面首播拉流量稳流量的开场方法。

3.直播间要有价值
一个没有价值的直播间，是不会让人产生停留的想法的，打磨自己的内容，站在观众的角度想一想在你直播间停留能给别人什么价值。

4.主播要有状态
直播间门外有人会看到你，你没有状态，人家就不会进来，你连留下人的机会都没有。

5.开了播要一直说
千万不要因为没人不说话，等有人才开口，直播间有延迟，等你看到人，他已经进来几秒了。这个时候，你喊他就来不及了，而如果你一直说话，他还能因为听到你的内容多给几秒时间。

6.不要一直欢迎感谢
一味地欢迎感谢没有价值没有意义，观众没有内容听也会走掉，要一边欢迎一边感谢的同时要有内容输出，可以讲讲自己的故事，如果不知道讲什么，可参考XX整理的适合新人讲的六个话题。

7.不能一味地要数据
数据很重要，我们需要数据，但是，无论任何时候都要以利他思维留住人后，再去做数据。

8.不要闲聊
不要和老铁或熟人闲聊，会错失留人的机会，新进的人看到你闲聊，直接会走掉，我们要记住，永远要多拉新人留新人，老铁放心上，平时多去走动走动，但是在直播间时，我们要多把人挂在嘴上。

9.不要只讲不互动
很多人容易沉浸在自己的世界里，自嗨式只顾自己讲自己的，我们不光要讲，还要多和观众互动。

10.不要每天换内容
直播间每天来的人都不一样，我们每天重复讲自己擅长的内容讲就好了，简单的事情重复做。

11.开播时间要固定
固定开播时间，这样粉丝能找到你，稳定开播时长，数据不会波动太大。

12.每天坚持+刻意练习
练状态+开场+抛话题+讲内容+互动+控场+带货，每天坚持学习，学到的东西要拿回直播间刻意练习，不练是学不会的，要多练，边学边播，边播边学。

13.总结+调整
XX就是不断做总结，不断在调整，什么内容能留人，就多讲点，讲细点。什么内容掉人，下回就不讲。

（三）十大留人法

十大留人法

1. 画面留人法
　　一个好的直播画面能提升进入率，同时也能留人，通过背景或者制造出一些看点，包括服装、场景、妆容等制造视觉锤，达到留人效果。

2. 状态留人法
　　主播的状态是留人的关键，要积极阳光正能量，没人喜欢老气横秋、死气沉沉的主播，大家在抖音都是来玩来乐的，要让自己直播间好玩、有趣，或者有用。

3. 利他思维留人法
　　要有利他思维，让人知道在直播间停留下来有什么好处。

4. 话术留人法
　　通过话术技巧，勾住观众好奇心、探索心、求知欲从而达到留人效果。

5. 见证留人法
　　结果前置，让大家一起来见证能不能达到这个结果，是成功还是翻车，例如：我两分钟能拉到多少人，大家一起来见证一下，看看我能不能做到。

6. 晒成果留人法
　　把自己的成果晒出来，拿结果说话，结果最有说服力，大家喜欢跟着有结果的人学习。

7. 同情心留人法
　　可以在直播间展示自己的脆弱，引起观众同情心、怜悯心、吐槽心。

8. 套近乎留人法
　　人少的直播间可以主动给来的人先点关注交朋友，新人进来像老朋友来了一样热情喊人。

9. 内容输出留人法
　　有大量学习资料，有丰富的知识储备，能够让人在你直播间学到东西，有所收获。例如：某某就是掌握了这个留人的内容核心，在播间全程做知识输出也能留住人。

10. 商业价值留人法
　　你在某个方面或者领域已经成功了，或者你成功地打造过哪些人，帮哪些人成功了，你可以在直播间教别人方法。

十七、首播能力篇

（一）如何锻炼直播能力

都知道直播能力重要，但不知道直播能力是什么，如何提升

开播前 ➡ **开播中** ➡ **下播后**

- 开播前：会找老师 会找知识 会涨粉丝 会找场景
- 开播中：练话术 练播感 会互动 能控场 会表演
- 下播后：会复盘 会总结 会调整

直播能力

1. **镜头表现力**
   - （1）必须放松，要找到一种松弛感，你越放松观众越能停留。
   - （2）必须自信，作为一个知识类主播，你自信，别人才能相信你。

2. **话述表达力**
   面对镜头能轻松自如地表达自己的观点，这一点必须多播多练，熟能生巧，没有捷径，我刚开始也紧张，也是慢慢锻炼出来的。

3. **控场能力**
   眼观六路，耳听八方，眼睛要快，嘴巴要甜，来人了及时欢迎，公屏没有互动，没有赞赞了，及时提问互动。收到礼物了要感谢，及时提醒点关注亮灯牌，上人了及时自我介绍，掉人了马上调整话题。

4. **反应能力**
   每一场直播都是现场直播，各种状况都会发生，发生任何事情都不要慌，先抛话题再处理问题。需要强大的知识储备，也需要一点点情商。

5. **学习能力**
   做抖音要善于学习和模仿，所以，学习能力要强，悟性要强，会学的不用花钱就能学会，没有悟性的花钱也白花。

6. **表演能力**
   直播是一场以互动为基础的秀场，要带一点表演成分在里面，抖音本身就是一个娱乐平台，大家来就是图一乐的，一本正经永远干不过搞新奇、搞笑的，做好直播得会一点点表演。

恐播原因

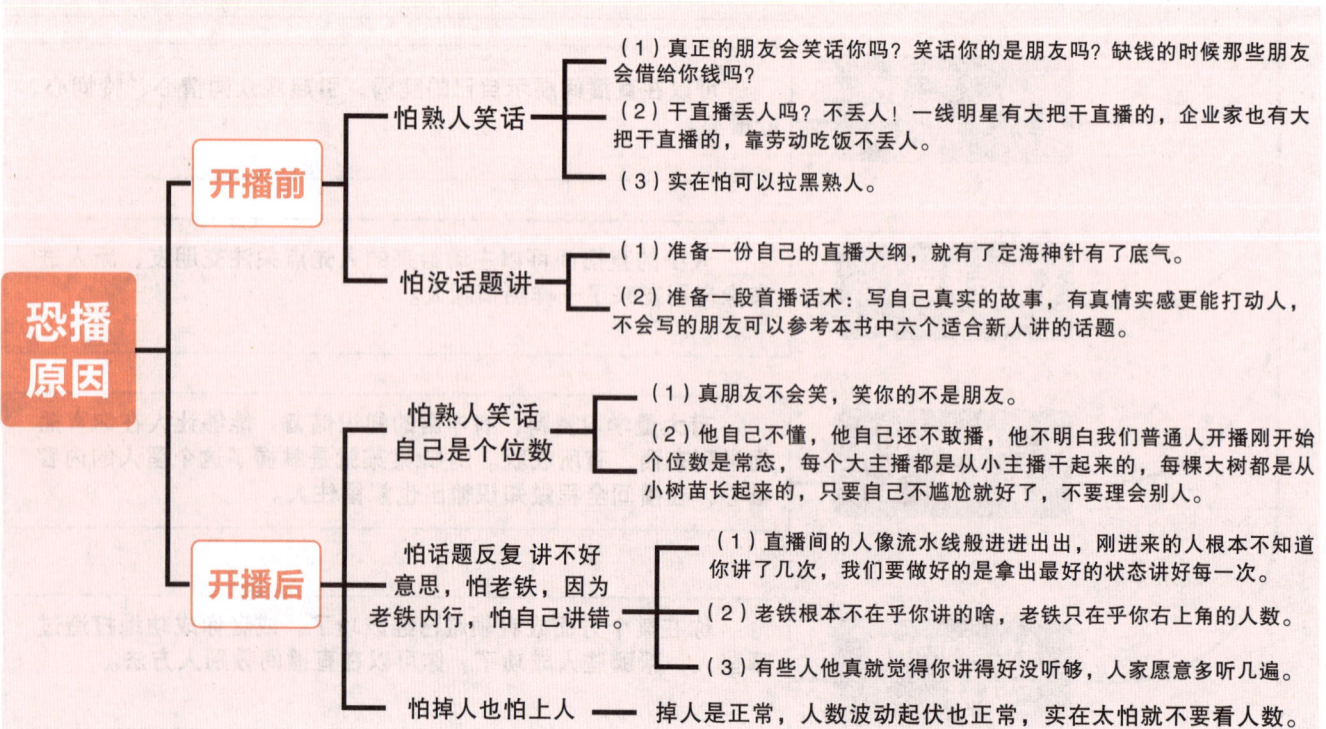

- 开播前
  - 怕熟人笑话
    - （1）真正的朋友会笑话你吗？笑话你的是朋友吗？缺钱的时候那些朋友会借给你钱吗？
    - （2）干直播丢人吗？不丢人！一线明星有大把干直播的，企业家也有大把干直播的，靠劳动吃饭不丢人。
    - （3）实在怕可以拉黑熟人。
  - 怕没话题讲
    - （1）准备一份自己的直播大纲，就有了定海神针有了底气。
    - （2）准备一段首播话术：写自己真实的故事，有真情实感更能打动人，不会写的朋友可以参考本书中六个适合新人讲的话题。

- 开播后
  - 怕熟人笑话 自己是个位数
    - （1）真朋友不会笑，笑你的不是朋友。
    - （2）他自己不懂，他自己还不敢播，他不明白我们普通人开播刚开始个位数是常态，每个大主播都是从小主播干起来的，每棵大树都是从小树苗长起来的，只要自己不尴尬就好了，不要理会别人。
  - 怕话题反复讲不好意思，怕老铁，因为老铁内行，怕自己讲错。
    - （1）直播间的人像流水线般进进出出，刚进来的人根本不知道你讲了几次，我们要做好的是拿出最好的状态讲好每一次。
    - （2）老铁根本不在乎你讲的啥，老铁只在乎你右上角的人数。
    - （3）有些人他真就觉得你讲得好没听够，人家愿意多听几遍。
  - 怕掉人也怕上人 —— 掉人是正常，人数波动起伏也正常，实在太怕就不要看人数。

(二) 解析所谓的"专业名词"

可能大家都被这些专业名词整蒙了，听不懂，但是懂了后你会发现这是必学的精华。

名词

- **晒结果**：把自己在抖音上拿到的成绩讲出来，因为人都喜欢跟成功过的人学习，你赚了多少钱，或者带出了多少徒弟，或者在某一个知识点上取得了特别厉害的成绩，这些都是可以晒的。

- **抛话题**：讲出你接下来要聊的话题，可以直接抛，可以通过提问式抛，也可以通过讲一段经历引出来。

- **戳痛点**：关于某一话题受众群体所面临的困境，比如恐播人群就是怕人笑，怕没话讲，怕尴尬，在抛一个话题之前把这个困境说出来，就叫戳痛点。

- **引共鸣**：想办法让观众有感同身受的感觉，产生情绪共鸣，其实你知道他在经历，但你通过讲自己故事的形式讲出来，会引起他的共鸣。

- **抛价值**：和晒结果类似，但比晒结果更直截了当，告诉观众你能给他什么。比如能教什么，能给到什么，他能在你这里学到什么，得到什么，收获什么，直接说出来。

- **给期望**：给观众一个期望值，比如：过几分钟上福利，或者马上讲核心，或者马上有经典戏码上演等。总之，让观众产生期望，能留下来。

- **下钩子**：就是铺垫，就是勾起观众的好奇心，让观众不舍得走，也是俗称"讲废话"。先记公式，视频课有详细解说：戳痛点、引共鸣、夸方法、给期望，最后才是给方法。

- **延伸话题**：一个话题是主干，学会如何从多角度、多维度描述出来，让话题更丰满，先记两个公式，视频课里会详细讲解。
  (1)因为，所以：每个话题都是遵循一个因果关系，我们要学会用这个因果关系去延伸话题，而且这种结构伸出来的内容逻辑性特别好，也很有说服力。
  (2)看到、听到、想到：我们在描述一件事情的时候，可以从看到的、听到的、想到的多个不同维度展开来讲，话题自然就丰富起来了。

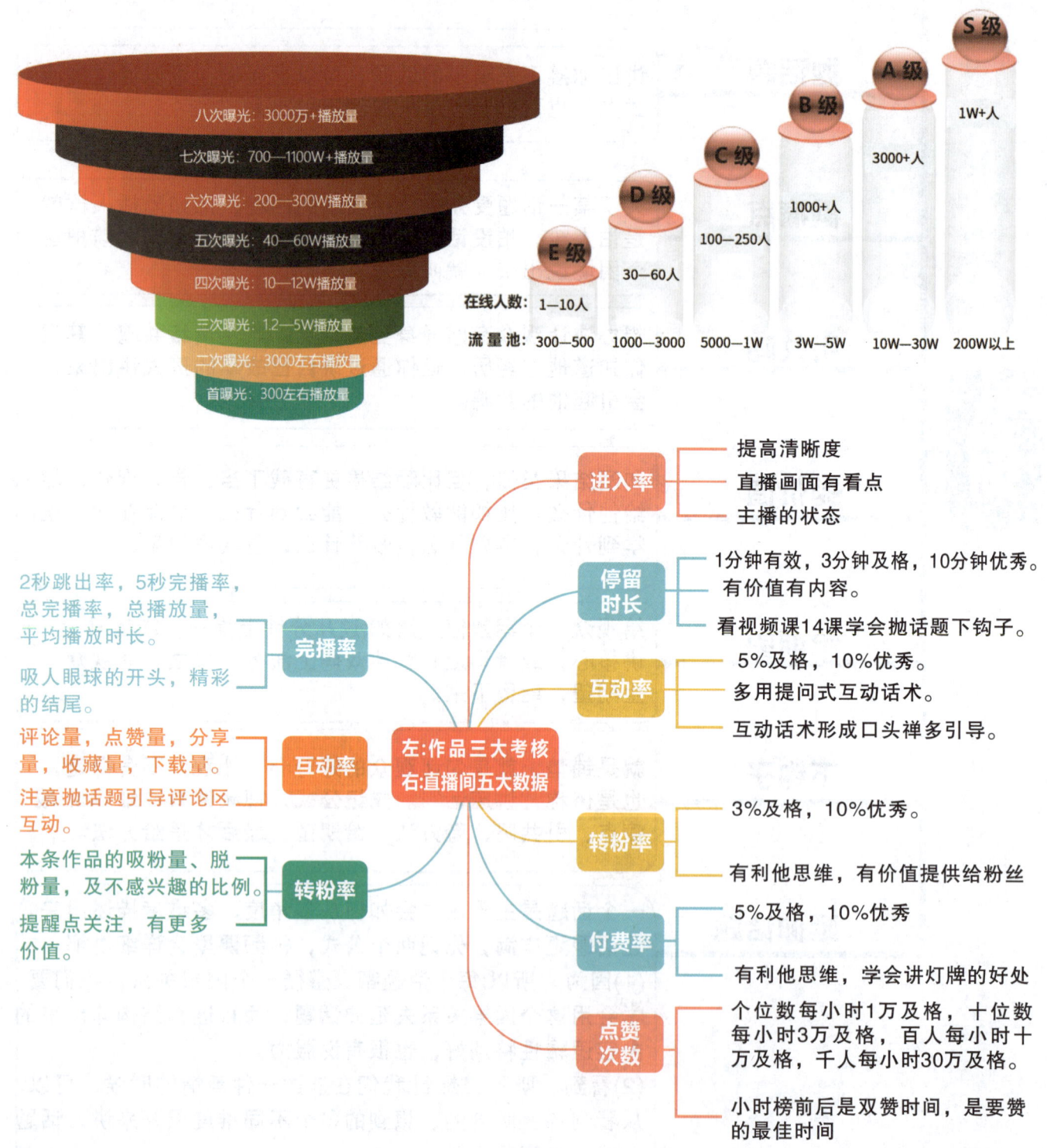

抖音发作品的推荐流程

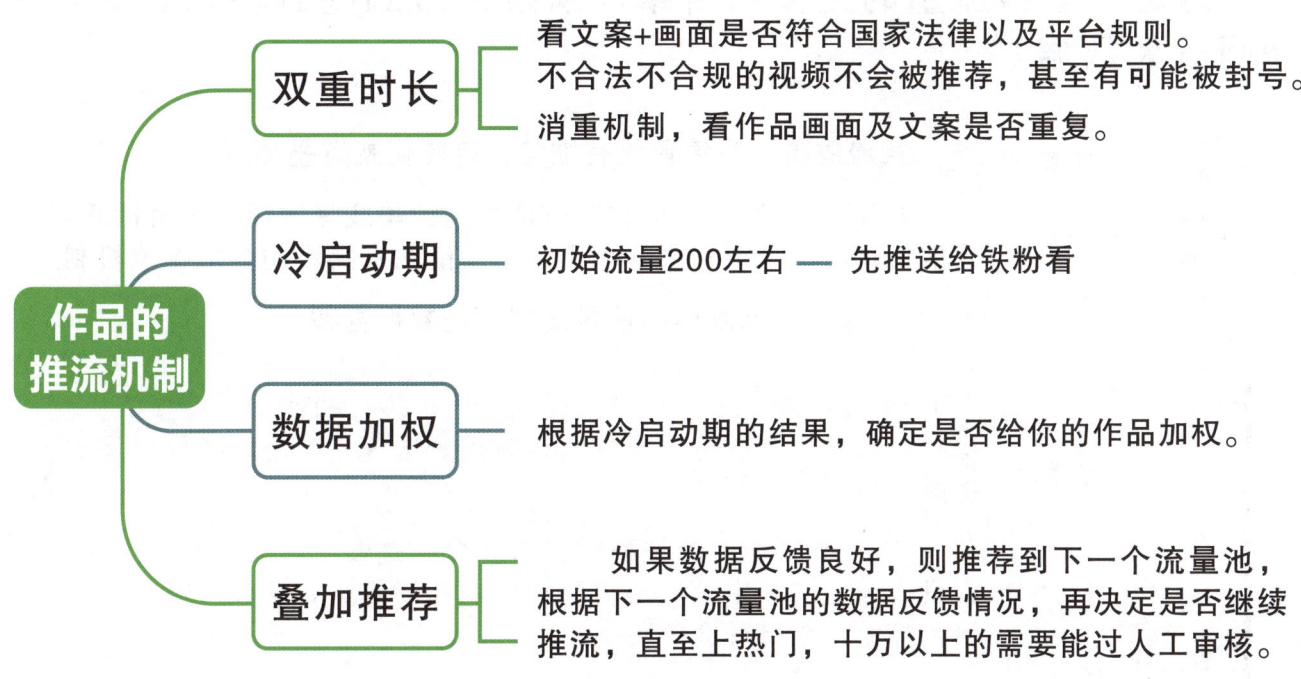

作品的推流机制
双重时长
看文案+画面是否符合国家法律以及平台规则。
不合法不合规的视频不会被推荐，甚至有可能被封号。
消重机制，看作品画面及文案是否重复。
冷启动期
初始流量200左右 — 先推送给铁粉看
数据加权
根据冷启动期的结果，确定是否给你的作品加权。
叠加推荐
如果数据反馈良好，则推荐到下一个流量池，根据下一个流量池的数据反馈情况，再决定是否继续推流，直至上热门，十万以上的需要能过人工审核。

上传抖音视频
机器检测
视频画面标题关键词
未违规
画面消重关键词匹配
内容重复
低流量推荐仅粉丝可见仅自己可见
未重复
结合关键词匹配给200-300名在线用户
用户反馈
权重低、用户标签不精确，第一批数据低
激活
系统"挖坟"自身爆款视频带动
二次推荐
点赞率评论率转发率完播率关注比例
反馈好
叠加推荐
反馈好
更高流量池
反馈差
停止推荐
发现违规
人工检测
视频画面标题关键帧视频关键帧
未违规
确认违规
删除视频封禁账号
停止推荐删除视频账号降权/封禁
作者申诉
确认违规
人工审核
被举报
申诉成功
无举报
持续推荐期1天~1周
冷却零散推荐

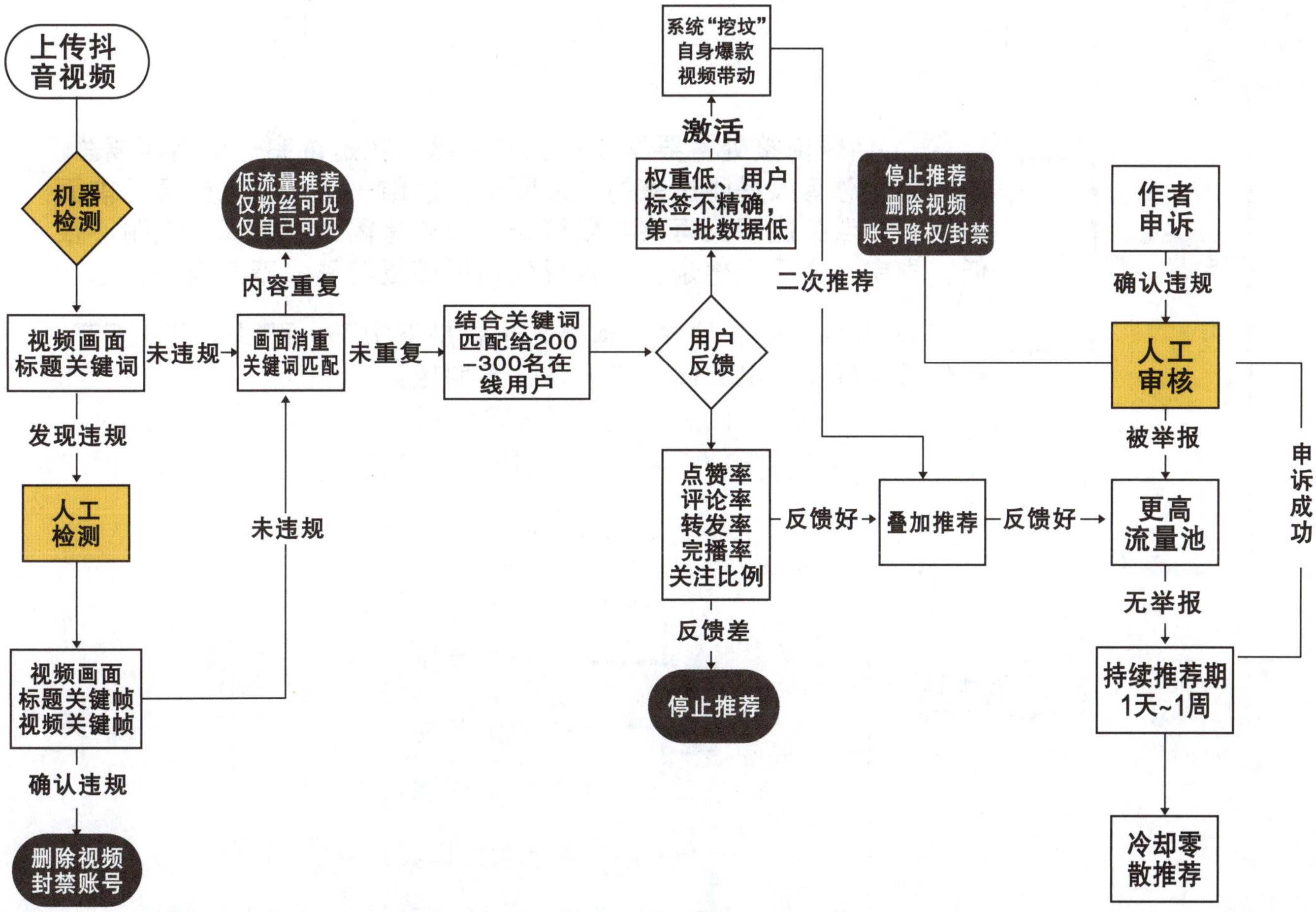

(四) 拉流量、接流量、稳流量、做数据

这是一套搞流量的完整组合拳，从拉到接到稳到转化，做好直播间五大数据。

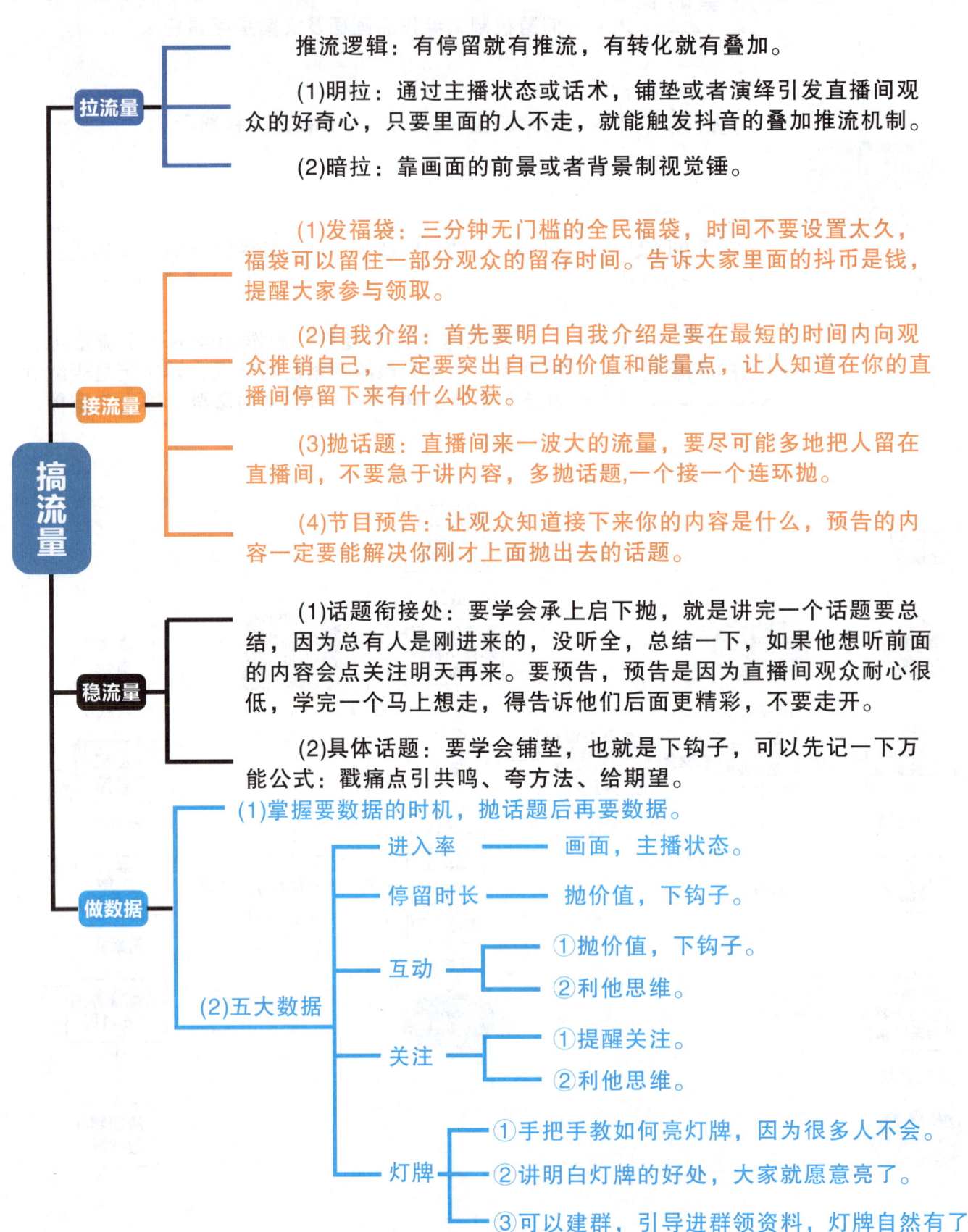

拉流量

推流逻辑：有停留就有推流，有转化就有叠加。

(1)明拉：通过主播状态或话术，铺垫或者演绎引发直播间观众的好奇心，只要里面的人不走，就能触发抖音的叠加推流机制。

(2)暗拉：靠画面的前景或者背景制视觉锤。

接流量

(1)发福袋：三分钟无门槛的全民福袋，时间不要设置太久，福袋可以留住一部分观众的留存时间。告诉大家里面的抖币是钱，提醒大家参与领取。

(2)自我介绍：首先要明白自我介绍是要在最短的时间内向观众推销自己，一定要突出自己的价值和能量点，让人知道在你的直播间停留下来有什么收获。

(3)抛话题：直播间来一波大的流量，要尽可能多地把人留在直播间，不要急于讲内容，多抛话题，一个接一个连环抛。

(4)节目预告：让观众知道接下来你的内容是什么，预告的内容一定要能解决你刚才上面抛出去的话题。

稳流量

(1)话题衔接处：要学会承上启下抛，就是讲完一个话题要总结，因为总有人是刚进来的，没听全，总结一下，如果他想听前面的内容会点关注明天再来。要预告，预告是因为直播间观众耐心很低，学完一个马上想走，得告诉他们后面更精彩，不要走开。

(2)具体话题：要学会铺垫，也就是下钩子，可以先记一下万能公式：戳痛点引共鸣、夸方法、给期望。

做数据

(1)掌握要数据的时机，抛话题后再要数据。

(2)五大数据
- 进入率 —— 画面，主播状态。
- 停留时长 —— 抛价值，下钩子。
- 互动 —— ①抛价值，下钩子。 ②利他思维。
- 关注 —— ①提醒关注。 ②利他思维。
- 灯牌 —— ①手把手教如何亮灯牌，因为很多人不会。 ②讲明白灯牌的好处，大家就愿意亮了。 ③可以建群，引导进群领资料，灯牌自然有了。

（五）如何布局一场完整的直播

整场直播如同下棋，直播内容的安排是要根据直播间推流节奏来设计的

布局一场完整的直播

0-2分钟

第一批来的是老铁
老铁真诚打招呼即可，不需太官方的自我介绍，老铁是来看你开场的。

2-10分钟

抖音推第一波初始流量
初始流量来得快、猛、泛，开局定生死，初始流量承接的好坏决定一场直播的推流，这波流量里陆续有同行，有泛粉，所以两波流量要同时接，同行看开场，泛粉多讲赚钱相关的话题。

10-30分钟

人数持续上升，上升到峰值
1. 自我介绍，我叫xx，做什么的，突出自己的结果(吸引泛粉)
2. 讲为什么来干抖音，讲抖音的好处，接不同流量(宝妈、打工、负债)
3. 循环穿插见证法，200人，300人，上人好快啊(开场上人快，利用这3点留人，都喜欢看上人的直播间)。
4. 循环提醒，我正在开场接流量，留下精准粉。
5. 有刷礼物的画面，要往死里感谢，提醒观众看礼物金额。

30-40分钟

上到峰值抛话题
1. 连环抛：有没有和我一样想来抖音赚生活费的？有没有恐播怕播的？有没有首播也是个位数的？有没有……
2. 做节目预告，预告整场直播的内容和接下来马上要讲的核心。

灵活时间

讲前面练习的六个话题
1. 讲自己的经历，每个故事经历不能太平淡，要有对比，有起伏，有教育意义。
2. 内容要环环相扣。

灵活时间

选一个经验分享作为干货即可
1. 这里指的干货是要用讲故事的形式去分享，不能去教。例如，讲自己恐播的故事、画面和细节，最后是如何克服的，克服的方法就是干货，切记不要去教，用分享的口吻和方式。

下播前10分钟

下播
1. 下播前做整场节目预告，让大家对明天的开场感兴趣。
2. 引导大家看外场观数据，有带货可适当晒收入。
3. 谢榜、谢大家，下播。下播后复盘，感谢榜上大哥。

（六）如何突破个位数

正确的思维，正确的认知，用正确的方法，突破的只是自己，不是数字。

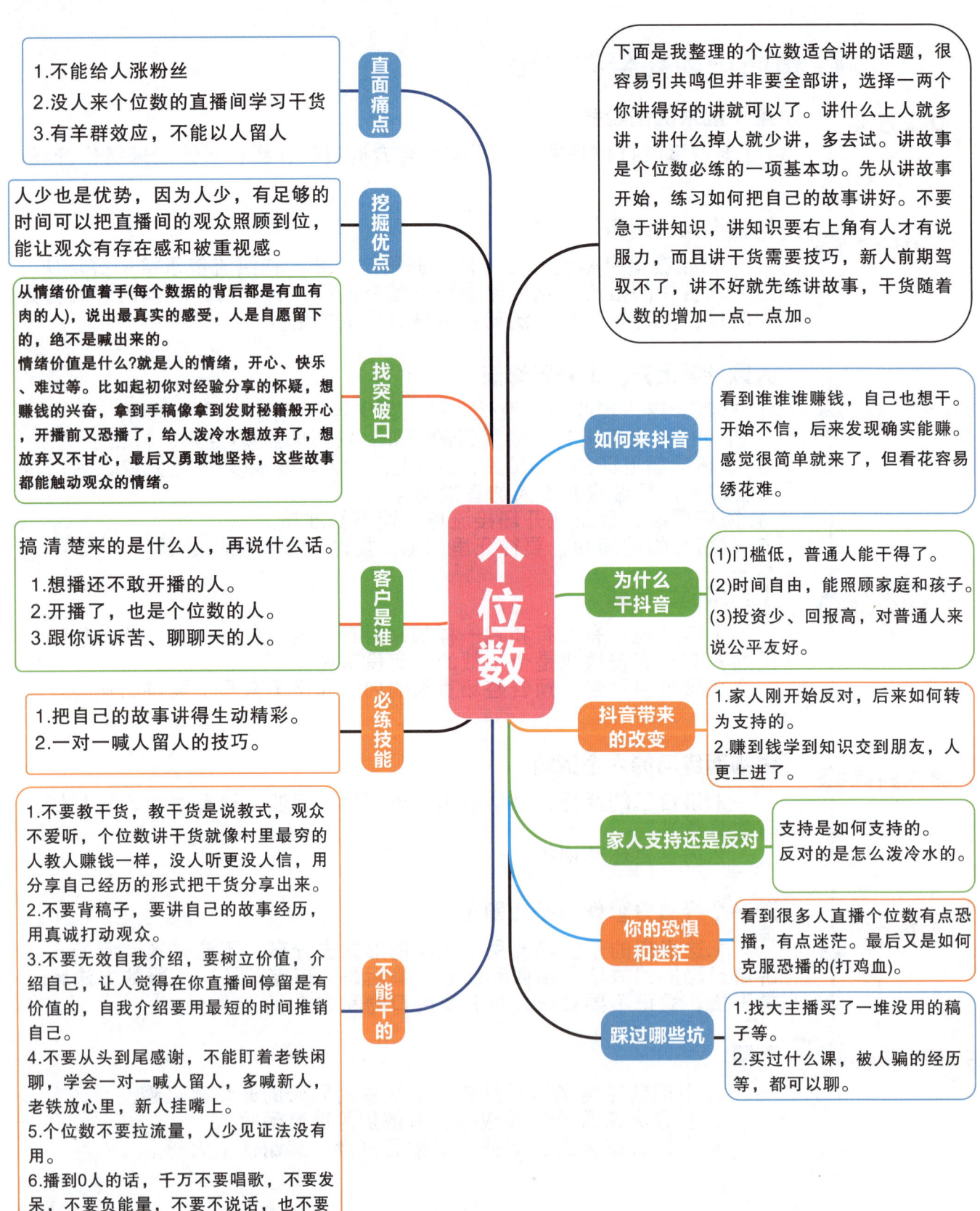

十八、首播认知篇

（一）经验分享的本质和变现逻辑

看清本质，了解底层逻辑，认知将更清晰，方向将更明确，内心不彷徨。

底层逻辑

- **核心本质**
  - (1)赚认知差、信息差的钱：比如，这个东西我懂而你不懂，我可以教你知识赚钱我知道你不知道，我告诉你这东西我有你没有，我卖给你。
  - (2)经验分享的核心本质：拉新留新，替抖音做转化，制造需求。

- **赚钱逻辑**
  - (1)搞流量、搞人气，宣传自己，打造个人IP，提升个人影响力。
  - (2)卖
    - ①卖产品 —— 带货(自有资源、平台资源)。
    - ②卖知识 —— 自己录课，或卖别人的课，也可以讲干货。

- **变现方式**
  - (1)开直播赚音浪 —— 赚音浪，音浪的收益，平台和主播各分成50%，下播可以直接提现。
  - (2)带货达人 —— 做带货达人，开通橱窗，选品广场选品带货。抖音现在0粉丝0作品就可以开通橱窗带货，开通直播带货需要200有效粉丝，视频带货需要500有效粉丝，图文带货需要1000有效粉丝。
  - (3)中视频伙伴计划 —— 需要申请，并通过人工审核，要求：①必须发布至少三条原创横屏拍摄的视频，中视频伙伴计划拍摄的视频，内容必须是一分钟以上。②视频的累计总播放量要达到17000，审核通过后，发布的作品符合要求就会有收益。
  - (4)广告创作者分成 —— 粉丝量达到一万以上的账号，可以申请开通广告创作者计划。
  - (5)星图广告 —— 粉丝数量够1万，可入驻星途，可接广告变现，这个广告费用，可以自主报价，不合适也可以和商家谈价，按单条进行结算。

- **现在干晚不晚**
  - (1)直播是从4G-5G时代才开始，过去是图文时代，5G时代才刚刚开始，不晚。
  - (2)14亿注册、8亿日活，然后抖音上真正的创业者很少，能坚持下来的更少。
  - (3)抖音从娱乐平台—电商平台-创业平台，现在需要更多的普通人入局。
  - (4)抖音的算法机制高度去中心化，内容为王，我认为，任何时候新人都有机会。

- **你的选择** —— 做？不做？

做就全力以赴！

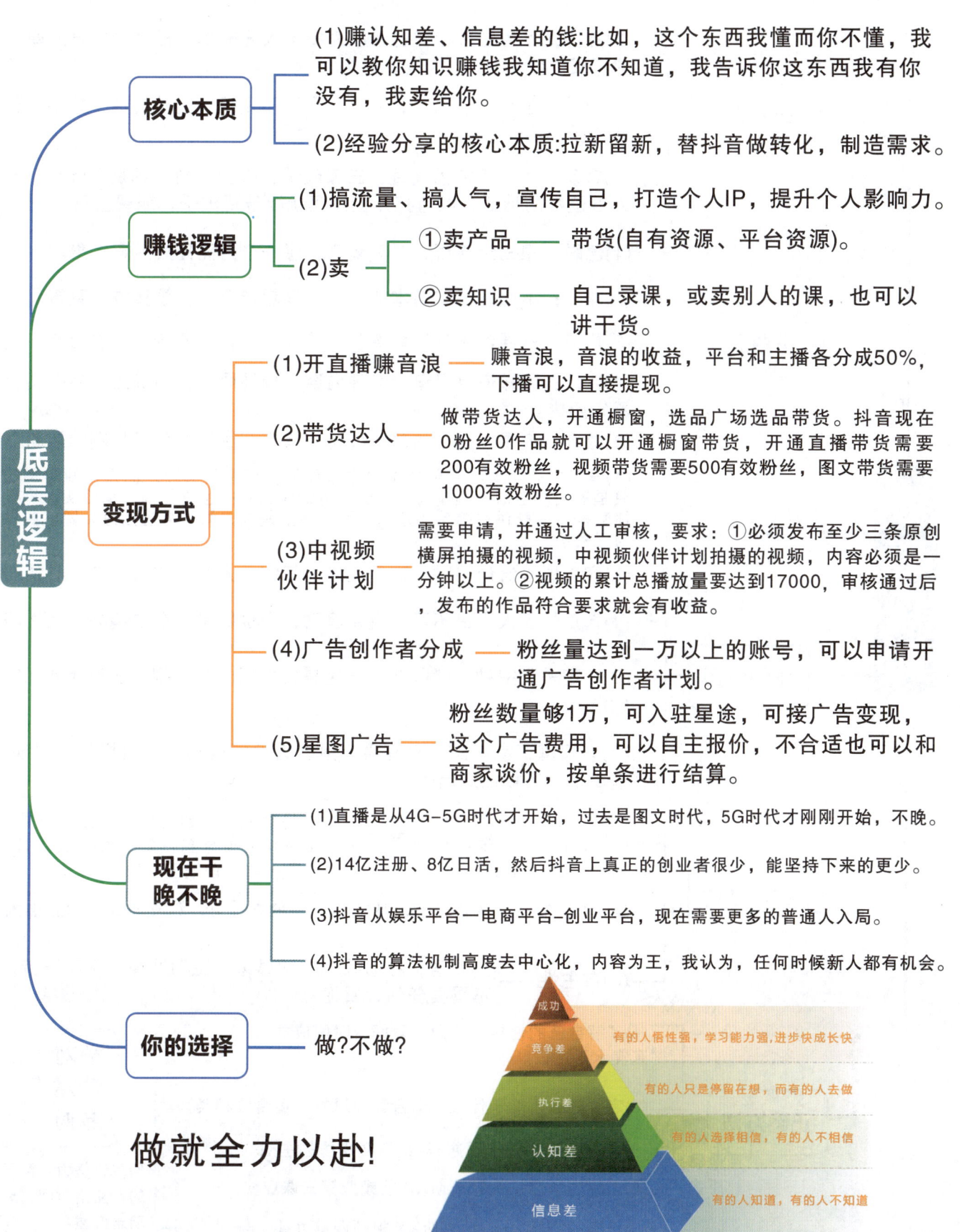

金字塔：成功 / 竞争差（有的人悟性强，学习能力强，进步快成长快）/ 执行差（有的人只是停留在想，而有的人去做）/ 认知差（有的人选择相信，有的人不相信）/ 信息差（有的人知道，有的人不知道）

(二) 如何树立正确的心态和认知

少走弯路就是最大的捷径，快就是快，慢就是慢，不浮躁、不焦虑、不迷茫，稳步前行。

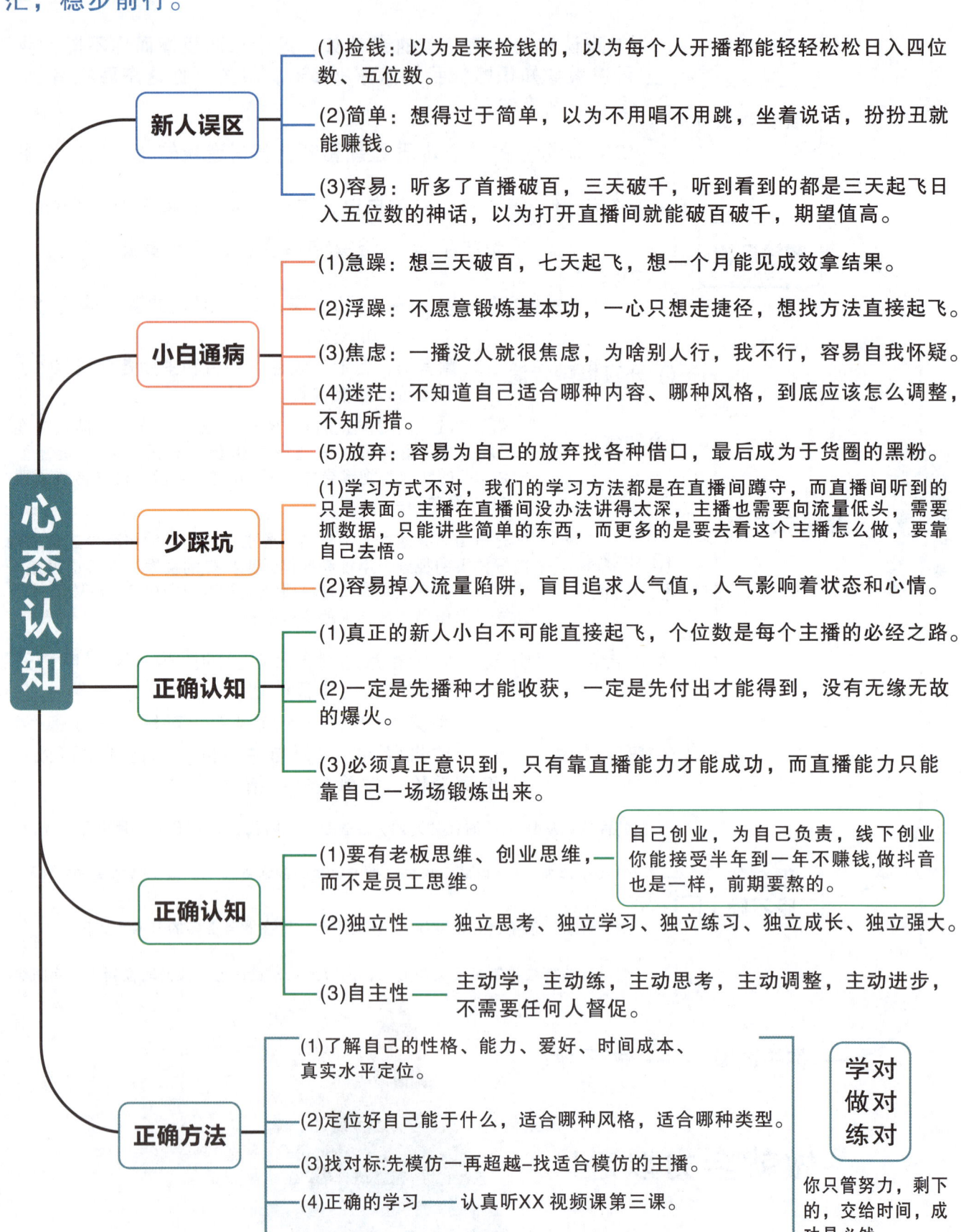

心态认知

- **新人误区**
  - (1)捡钱：以为是来捡钱的，以为每个人开播都能轻轻松松日入四位数、五位数。
  - (2)简单：想得过于简单，以为不用唱不用跳，坐着说话，扮扮丑就能赚钱。
  - (3)容易：听多了首播破百，三天破千，听到看到的都是三天起飞日入五位数的神话，以为打开直播间就能破百破千，期望值高。

- **小白通病**
  - (1)急躁：想三天破百，七天起飞，想一个月能见成效拿结果。
  - (2)浮躁：不愿意锻炼基本功，一心只想走捷径，想找方法直接起飞。
  - (3)焦虑：一播没人就很焦虑，为啥别人行，我不行，容易自我怀疑。
  - (4)迷茫：不知道自己适合哪种内容、哪种风格，到底应该怎么调整，不知所措。
  - (5)放弃：容易为自己的放弃找各种借口，最后成为干货圈的黑粉。

- **少踩坑**
  - (1)学习方式不对，我们的学习方法都是在直播间蹲守，而直播间听到的只是表面。主播在直播间没办法讲得太深，主播也需要向流量低头，需要抓数据，只能讲些简单的东西，而更多的是要去看这个主播怎么做，要靠自己去悟。
  - (2)容易掉入流量陷阱，盲目追求人气值，人气影响着状态和心情。

- **正确认知**
  - (1)真正的新人小白不可能直接起飞，个位数是每个主播的必经之路。
  - (2)一定是先播种才能收获，一定是先付出才能得到，没有无缘无故的爆火。
  - (3)必须真正意识到，只有靠直播能力才能成功，而直播能力只能靠自己一场场锻炼出来。

- **正确认知**
  - (1)要有老板思维、创业思维，而不是员工思维。——自己创业，为自己负责，线下创业你能接受半年到一年不赚钱，做抖音也是一样，前期要熬的。
  - (2)独立性——独立思考、独立学习、独立练习、独立成长、独立强大。
  - (3)自主性——主动学，主动练，主动思考，主动调整，主动进步，不需要任何人督促。

- **正确方法**
  - (1)了解自己的性格、能力、爱好、时间成本、真实水平定位。
  - (2)定位好自己能干什么，适合哪种风格，适合哪种类型。
  - (3)找对标：先模仿—再超越—找适合模仿的主播。
  - (4)正确的学习——认真听XX视频课第三课。
  - (5)正确的练习——认真听XX视频课第九课。

> 学对 做对 练对
>
> 你只管努力，剩下的，交给时间，成功是必然。

（三）如何掌握正确的学习方法

掌握正确的学习方法，磨刀不误砍柴工，节约时间，少走弯路，时间成本是最大的成本

1. 我们每个准备创业的人来到抖音平台，想开播想创业想赚钱第一步就是要学习，给所有看到这份大纲的朋友送的第一句话就是，一定要树立一个正确的认知，干抖音确实不是难，但是也并非那么容易。我们需要学习，多方面的学习，掌握一个正确的学习方法会让我们事半功倍，少走弯路。干抖音没有捷径，只有努力学习和坚持到底才是正道。

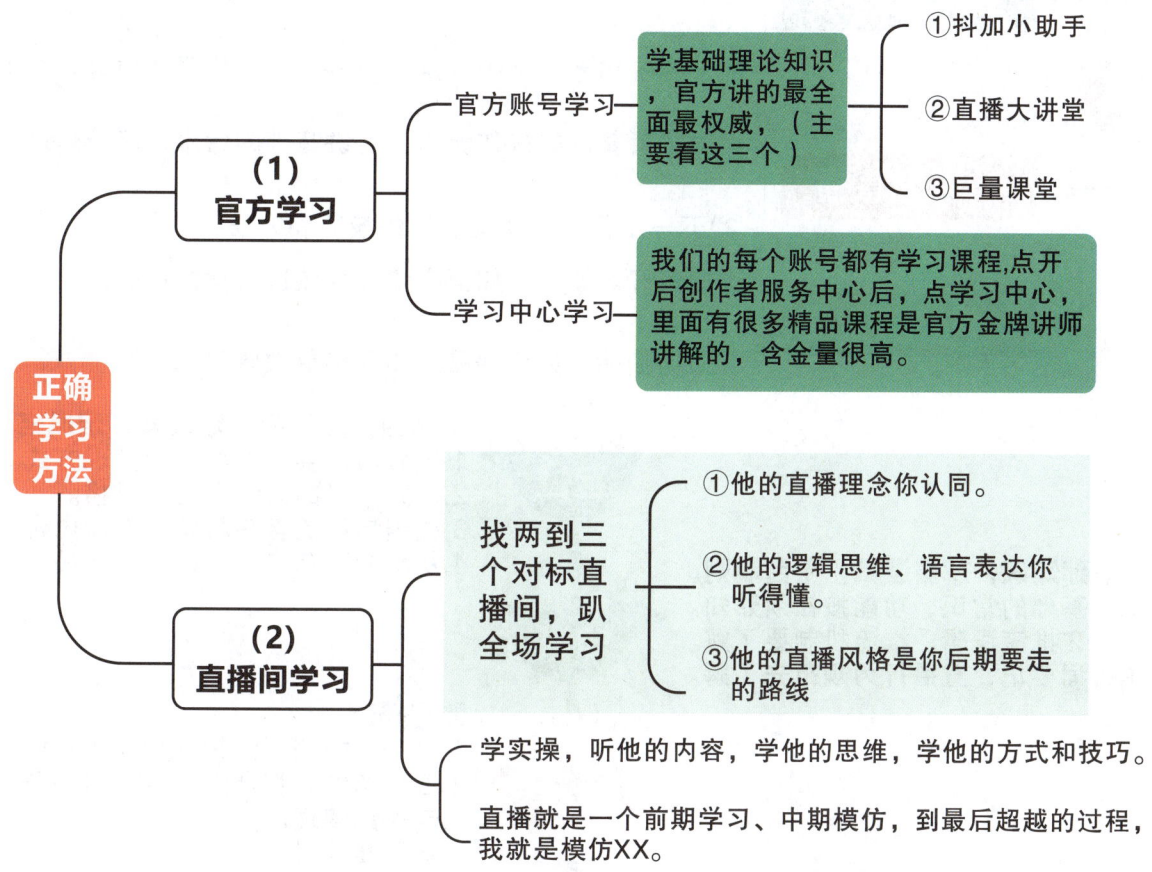

2.下面附十大免费学习的官方账号:

(1)巨量课堂：运营机制分析和基础知识讲解。

(2)电商小助手：带货必看，电商操作流程和系统课程。

(3)企业小助手：蓝V必看，专业帮助企业号。

(4)抖音门店助手：实体商家必看。

(5)抖星情报局：新手必看，有很多抖音运营的基础知识。

(6)直播大讲堂：直播间的运营技巧和规则，主播必看。

(7)抖音推广小助手：创作者必看，常见问题解决方案。

(8)DOU+小助手：创作者必看，上热门的技巧。

(9)抖音创作者学院：短视频的所有运营方法。

(10)抖音安全中心：了解审核机制、账号处罚机制。

3.抖音的搜索"解决问题"

新人前期，咱们都会遇到很多不懂的问题，还得不到解答，这个时候该怎么办呢?打开抖音首页右上角放大镜搜索，直接输入你的问题，比如"商品橱窗怎么开通"，这样省时省力而且高效，现在抖音的搜索功能已经非常强大，我们一定要好好利用起来。

(四) 如何安排正确的学习顺序

学习不是一蹴而就，正确的学习顺序同样重要，从简到难，先从基础再到技巧。学习下面四大核心内容，节约时间少走弯路。

学什么

抖音基础知识
① 抖音的基础知识，平台的直播规则，主播的行为规范。
② 抖音的底层推流逻辑，各项考核数据要基本了解。

如何拍视频
① 先学基础拍摄，基础剪辑功底，能简单拍出一条视频，加文字、音乐、标题、封面，能完整地拍出一条视频。
② 下一步再学技巧：如何上热门，怎样开头，怎么蹭热点，怎样的节奏安排等，视频一定是内容为王，优质的内容才能上热门。

如何开直播
① 先了解基础的操作流程，会讲基础的话术，能清晰地表达出来。
② 下一步再学直播间控场的技巧和方法。

如何带货变现
① 如何开通橱窗、如何在精选联盟选合适的货品？
② 如何拍品、如何朔品、如何憋单做转化变现？

商业定位
定赛道，定产品，定人设，定风格
1. 选好自己要做的赛道和变现方式。
2. 定好自己的人设和直播风格。
3. 根据自己的客户群体定直播内容。
4. 从头像到名字，从简介到作品统一打造。

基础知识
基础知识，底层逻辑，平台规则。
1. 最基础的常识、功能按钮须熟知。
2. 推流逻辑、推流机制要了解。
3. 违禁词要记，直播行为规范先了解。

账号搭建
账号搭建
1. 老号先检测，清理违规作品及僵尸粉。
2. 五件套整理打造(注意和人设匹配)。
3. 老作品整理。
4. 新号要养号。

打标签
基础知识，底层逻辑，平台规则。
1. 喜好标签。
2. 创业标签。
3. 直播间标签。

起号破圈
七天螺旋起号
1. 首播前准备工作做足。
2. 开启首播、二播、三播。
3. 适应镜头，调整心态练基本功。

锻炼成长
锻炼直播能力
1. 讲话术的技巧。
2. 留人的技巧。
3. 互动控场的技巧。

学习卖货
学习带货方法和技巧变现
1. 带货的流程。
2. 带货的技巧。

（五）如何商业定位、人设定位、内容定位

定位定江山，干抖音第一步一定是先定位

- **定位**
  - **商业定位**
    - 确定适合的赛道 —— 抖音有26个大赛道，125个细分赛道，根据自身情况选择适合自己的赛道。
    - 重点经验分享
      - 带货主播 —— 有人设，能转化新人，制造需求才会购买产品，才会产生学习的需求。
      - 干货主播 —— 有人设，有结果，能产生信任，才愿意相信你的分享，才会留下向你学习
      - 揭秘主播 —— 强大的关系网，强大的心理承受能力。
  - **产业定位**
    - 确定自己的变现方式 —— 是收音浪还是卖货，还是做星图广告或者做中视频？先确定自己的变现方式。
    - 确定自己的产品 —— 如果是卖货变现，确定好适合自己卖的产品。
    - 确定自己的客户群体 —— 根据产品分析自己的客户是谁，再去针对客户群体做他们喜欢看的内容吸引他们。
  - **内容定位**
    - 拍段子
      - 优：有内容、有看点，容易上热门，容易出爆款，涨粉快。
      - 劣：需要有人接梗，需要多人参与拍摄，要持续有创意。
    - 做口播
      - 优：可以学习知识，快速提升自己，标签也更精准，能引来精准流量
      - 劣：第一个，前期播放量低，短视频难走量；第二个，受众群体太窄
    - 对口型
      - 优：简单容易上手，不需要什么拍摄和剪辑功底。
      - 劣：招泛粉，所以作品尽量加文案、标题、关键词，但经验分享圈的头部大主播基本都是选对口型，也是这个原因，招泛粉。
  - **人设定位**
    - 卖货人设的重要性
      - ①货带人：大品牌自有IP和流量，换任何人播都可以，粉丝是认品牌不认主播。
      - ②人带货：粉丝是基于对主播的信任，喜爱才下单的。—— 货卖给人
    - 什么是人设
      - 身份可以是：宝妈、负债老板、老师、工地小哥。
      - 性格可以是：疯狂、暴躁、沙雕、幽默、神经病。 —— 性格+身份
      - 记忆点可以是：宠妻、女儿奴、贪吃、花痴或者是某事件走火
    - 如何打造人设
      - 名字 —— 简单接地气，好记，两到五个字
      - 头像 —— 清楚的生活照，背景干净清爽。
      - 简介 —— 简单明了介绍自己，突出价值。
      - 作品风格 —— 带娃，生活日常都行
      - 场景搭建 —— 厨房，户外或于活场景
      - （可以多维度呈现，但是风格要统一（案例：宝妈）。
  - **人、货、场**
    - 主播人设和所销售的产品及整体场景的打造要一致。（分享艾华踩坑经历）
    - 人设的打造是一个漫长的过程，是要通过一次次作品和在直播中慢慢强化，一件件小事情的累积慢慢形成一种观众对主播的印象，急不来，但在日常直播中要有意识地去打造人设。场景的打造要一致。（分享艾华踩坑经历）

（六）如何高质量搭建账号

老号开播前要整理，新号开播前要过风控，起号是基础很关键

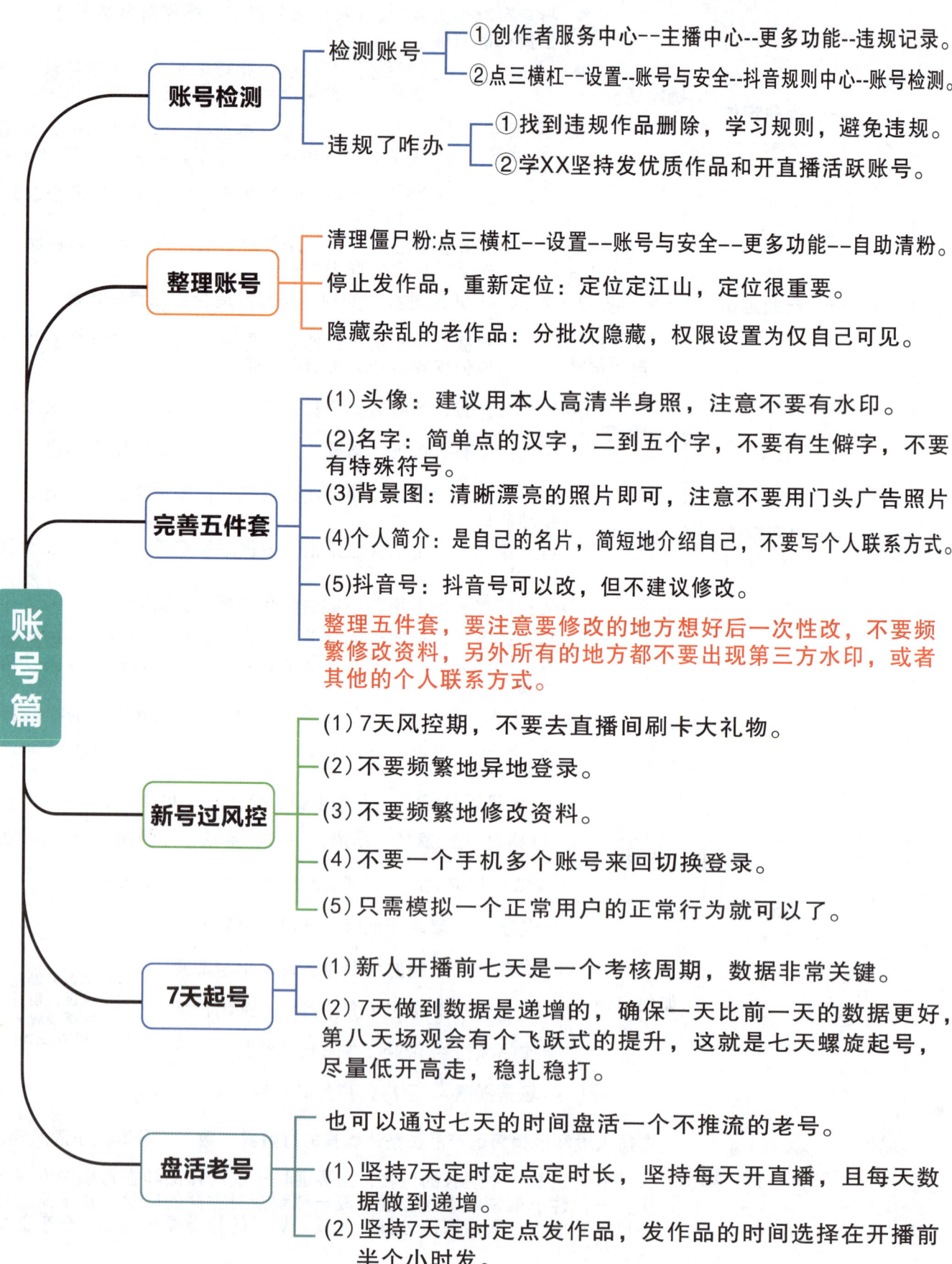

十九、首播拉流量破百话术篇

（一）首播拉流量开场话术

欢迎走进直播间的朋友们，今天是我的首播。人生第一次开直播，刚刚打开直播间，没想到我这么普通的宝妈首播还能进来这么多人，感谢大家愿意为我停留，没有闪进闪退，谢谢你们不嫌弃我是一个新人小白，愿意留下来见证我的首播。做个简单的自我介绍，我是哪里人（省份），是全职带娃的宝妈（宝爸和宝奶奶），以前跟大家一样，每天抱着手机刷抖音，看那些搞笑视频打发时间，一次偶然的机会，刷到很多像我一样普通的宝妈（宝爸和宝奶奶）开直播创业，人家不唱不跳，就聊天分享自己的开播经验，聊到直播间右上角显示有人了就能赚生活费。我心想这挺好呀，抖音平台现在扶持"三农"，扶持老百姓，给咱普通人机会。开直播也不用花钱，所以今天鼓足勇气开启了我的首播。开播前我跟你一样，各种"恐播"，特别迷茫。看到那些优秀的大主播一讲讲好几个小时，口才特别好，再看看自己就感觉挺没自信。

前几天，我刷到好有几个新人小白的首播。他们的直播间没有大喊大叫，也没搞什么新奇，就用了一个小方法做到百人千人。在他们直播间，我学会了空开、转场、拉峰值、人为干预拽8000个精准粉丝来看直播，现在我正在实操这个方法。

所有走进直播间的家人朋友们，你们都开播了吗？已经开播的打上"1"，没有开播的打"2"，大家瞄准公屏打字让我们交个朋友。

（二）如何把直播间外面的人喊进来

拆解开场暖场3段话，为啥说这些就能上人？

01 第一句：把直播间外面的人喊进来

关键词"首播"自带流量

欢迎走进我直播间的朋友们，今天是我人生第一场直播，有点儿紧张，也非常激动，真的没想到像我这种普通宝妈首播第一场，直播间来了这么多人，开播前我都不敢想会是这样的结果。门外的及走进我直播间的家人们，你们都开播了吗？已经开播的打"1"，没有开播的打"2"，你现在看到的是一个新人小白的首播，可以把我的直播间当成你的直播间，把我当成你的一面镜子，与其每天去听大主播们还原首播，不妨今天亲眼见证我这个新人小白的首播，见证我新人新号首播第一天从0到1的过程。天呀，我的直播间又上人了。首播第一天平台给我推了这么多人，你看还在上人，见证的打个"见证"。

拆解：抓住人性的弱点、好奇心，把人从门外吸引进来。

02 新人新号右上角个位数很正常

1. 自信满满的状态； 2. 适当造势； 3. 利用大家的好奇心。

(三) 如何引共鸣拉峰值

第二句：高效的自我介绍

引发共鸣产生停留，拉峰值。

欢迎走进我直播间的家人们，今天是我的首播，非常紧张、特别激动，真的没有想到会有这么多人愿意为我停留，感谢你们不嫌弃我这个新人小白，我是哪儿的人，你是哪里人？打在公屏上咱们认识一下。我是一个全职带娃的二胎宝妈，直播间有没有孩子妈妈，有的打个"1"，我平时跟大家一样每天抱着手机刷抖音，看那些搞笑视频打发时间，偶然刷到很多像我一样的宝妈、宝爸、宝奶奶来抖音开直播创业，有的做到了千人，有的做到了万人。人家不唱歌也不跳舞，就聊聊天，分享自己的开播经验，聊到直播间有人了就能赚个生活费。我一听这事挺好的，就想来尝试一下。开播之前我跟大家一样到处趴、到处学，看到那些优秀的大主播口才好、能力强，我就没自信了。有没有跟我一样越学越迷茫、越学越不敢播的，有的打个"1"。我今天之所以敢坐在这里开播，是因为开播的前几天我刷到很多像我一样的新人小白，直播间没有大喊大叫，也不搞什么新奇，人家就用了一套简单的小方法，首播就突破了百人千人。我在他们直播间学会了空开、转场、拉峰值，人工干预拉8000人来看自己首播，今天我把这个方法分享给你们，如果你是来创业的打个"1"。

(四) 如何拆解话术抛价值叠加流量

拆解：挖新人的痛点，产生共鸣，有共鸣有停留才会有推流。

欢迎大家走进直播间，今天是我的首播，刚打开直播间没想到平台给我推了这么多人，虽然我是新人，但是我有自信首播了第一场就能突破百人在线。因为开播前我做好了充分的准备，今天我是带着方式、方法来开启首播的，所以大主播们说首播并不难，我也见证了很多新人抓住开播前的10分钟把藏量峰值拉上去了，首播破百破千的有很多。这套方法讲解的是"如何空开""如何转场""如何利用人工干预拉来8000个人看自己首播"。不管你是宝妈还是宝奶奶、零基础没经验的，只要你想学打个"想"，我给大家实操一遍。听完我的方法，觉得有用直接拿去复制。今天我就只讲一遍，不会耽误你太长时间，5分钟就能讲完。

拆解：刚开播人少很正常，但是几分钟后我有可能就会突破百人,有自信有方法。

欢迎张××、欢迎李××，我是个新人小白，今天是我首播的第一天，我想用一种简单的方式突破个位数，你开播了吗？如果开播了打"1"，没有开播打"2"，如果你"恐播"，或者开播了一直突破不了个位数，今天可以停留下来听听我的分享，一起来见证我的首播能不能突破，毕竟我是离你最近的直播间。如果你到现在都不敢播不会播，开播了又不知道说什么，打个"666"，我们互相交个朋友认识一下，感谢你今天来支持我。你几点开播呀，我记下来，等你开播我去帮你做数据。如果今天你见证我直播间做起来了，那么未来你开播可以把我的方法跟话术直接拿到你的直播间去用。如果今天我首播"翻车"了，那么以后你开播也能避开这些坑。

（五）新人首播破百三个教程

01 播前如何正确设置账号

三关一开
- （1）同城→关闭（实体店除外）；
- （2）认识的人→关闭；
- （3）私密账号→关闭；
- （4）高光时刻→打开直播间礼物最多、评论最多、在线人数最多的。

02 播前如何找精准流量

五会
- (1) 会检测账号；
- (2) 会建粉丝群；
- (3) 会打标题，设标签；
- (4) 会做直播预告；
- (5) 会转发直播间（提前5分钟）。

03 播中如何设置+留人

五会
- (1) 开播三件事（点赞、评论、自己送礼物）；
- (2) 如何识人、留人（话术和道具留人）；
- (3) 团名、灯牌、免费人气票；
- (4) 红包、福袋留人；
- (5) PK、连麦、背景、音乐……

二十、违禁词自查篇

(一) 直播间违禁词替换

❌ 违禁词：最便宜
✅ 替换词：地板价/冰点价

❌ 违禁词：送
✅ 替换词：安排/赠

❌ 违禁词：名牌
✅ 替换词：品牌/大牌

❌ 违禁词：抽奖
✅ 替换词：抽幸运锦鲤

❌ 违禁词：首选
✅ 替换词：优选

❌ 违禁词：变现
✅ 替换词：收益

❌ 违禁词：万能
✅ 替换词：百搭

❌ 违禁词：免费
✅ 替换词：不要钱

❌ 违禁词：纯棉
✅ 替换词：100棉

❌ 违禁词：顶级
✅ 替换词：天花板级别

❌ 违禁词：永久
✅ 替换词：一直都在

❌ 违禁词：全网
✅ 替换词：各名牌

❌ 违禁词：行业第一
✅ 替换词：头部

❌ 违禁词：首批
✅ 替换词：头一茬

❌ 违禁词：全球
✅ 替换词：世界上

❌ 违禁词：原价
✅ 替换词：日常价/零售价

❌ 违禁词：100%
✅ 替换词：99+1

❌ 违禁词：微信
✅ 替换词：绿泡泡

❌ 违禁词：淘宝
✅ 替换词：某宝

❌ 违禁词：京东
✅ 替换词：某东

❌ 违禁词：快手
✅ 替换词：某手

❌ 违禁词：天猫
✅ 替换词：某猫

❌ 违禁词：拼多多
✅ 替换词：拼夕夕

❌ 违禁词：美团
✅ 替换词：某团

❌ 违禁词：一流
✅ 替换词：远超行业水准

❌ 违禁词：过敏
✅ 替换词：敏感肌可用

❌ 违禁词：秒杀
✅ 替换词：福利

✗ 违禁词:国家第一	✗ 违禁词:加灯牌送
✓ 替换词:在我国认可度特别高	✓ 替换词:加了灯牌运营统计一波福利
✗ 违禁词:最新技术	✗ 违禁词:打已拍，安排运费险
✓ 替换词:非常前卫的技术	✓ 替换词:拍了打自拍运营统一以防漏掉
✗ 违禁词:仅此一次	✗ 违禁词:最低
✓ 替换词:以后都没有	✓ 替换词:截至目前这个价格我还没见过
✗ 违禁词:史上最	✗ 违禁词:提高免疫力
✓ 替换词:已经是顶头了	✓ 替换词:不舒服的朋友推荐这款产品
✗ 违禁词:买一送一	✗ 违禁词:美白
✓ 替换词:买一个安排到手两个	✓ 替换词:你涂上，你第二天就亮了
✗ 违禁词:世界第一	✗ 违禁词:限时限量
✓ 替换词:是我见过的头部了	✓ 替换词:就只有现在有，一会就没了
✗ 违禁词:国际品质	✗ 违禁词:无副作用
✓ 替换词:和很多大牌一样的品质	✓ 替换词:低风险/不要有太多依赖
✗ 违禁词:跳楼价	✗ 违禁词:遥遥领先
✓ 替换词:突破了之前的低价了	✓ 替换词:目前没有人能追上我们的销量
✗ 违禁词:原价	✗ 违禁词:全国首发
✓ 替换词:吊牌价/门店价格	✓ 替换词:别人家还没出，我们家先上了
✗ 违禁词:加急	✗ 违禁词:最新
✓ 替换词:快马加鞭，插单提速	✓ 替换词:本季新款，今天刚到

（二）内容违规类

01 发布违法信息

（1）易燃易爆、管制刀具、违法药品、毒品，捕杀野生动物，恶意曝光他人隐私，未经他人允许偷拍、盗用作品，宣传伪科学等。

（2）非法集资、暴力行为、打架自残、家暴、虐待动物、体罚未成年人等。

（3）内容低俗、色情、不雅着装：透视能见的内衣内裤，特意展示敏感部位的衣服等。男女过分亲密以展示敏感部位，或性暗示的自拍他拍，舔手指、嘴部诱惑、舞蹈故意大幅度抖动胸部等。

02 危险行为

危险驾驶、酒驾、不系安全带等，危险的户外行为，火车轨道，高危险地玩非专业人士表演特技、极限运动。

03 内容禁用词

药品类词汇、金钱词汇、违反社会治安类、占卜类、整形类、烟酒类、涉黄、赌博、违法类、刑拘类等。

04 不良价值观

（1）违反公共秩序、良好民俗的社会价值观内容。

（2）抽烟、酗酒、辱骂他人、虐待恶搞动物的不良行为，恶搞人民币、嘲笑弱势群体、卖惨营销、宣扬不正当男女关系等，违反交通、作弊、恶搞名胜古迹、翻越闸机、乱涂乱画等。

05 危害未成年人身心健康的内容

未成年人穿着成人化、早恋、纹身、校园暴力、炫富攀比、成人化演绎、整蛊恶搞惊吓未成人，无保护和儿童拍摄危险动作等。

06 危害未成年人身心健康的内容

（1）未经允许上传他人作品。

（2）无授权转载平台的内容。

（3）无任何加工的电视、电影内容。

(三) 禁止使用极限用语

1. 严禁使用"国家级""世界级""最高级""第一""唯一""首个""首选""顶级""国家一级产品""填补国内空白""独家""首家""最新""最先进""第一品牌""金牌""名牌""优秀""顶级""独家""全网销量第一""全球首发""全国首家""全网首发""世界领先""顶级工艺""王牌""销量冠军""第一(N01/TOP1)""极致永久王牌""掌门人""领袖品牌""独一无二""绝无仅有""史无前例""万能"等。

2. 严禁使用"最高""最低""最具""最便宜""最新""最先进""最大程度""最新技术""最先进科学""最佳""最大""最好""最新科学""最新技术""最先进加工工艺""最时尚""最受欢迎""最先"等含义相同或近似的绝对化用语。

3. 严禁使用"绝对值""绝对""大牌""精确""超赚""领导品牌""领先上市""巨星""著名""奢侈""世界""全国x大品牌之"等无法考证的词语。

4. 严禁使用"100%""国际品质""高档""正品""国家级""世界级""最高级""最佳"等虚假或无法判断真伪的夸张性表述词语。

(四) 禁止使用医疗用语

禁止使用疑似医疗用语(普通商品,不含特殊途化妆品、保健品、医疗器械):

1. 全面调整人体内分泌平衡、增强或提高免疫力、助眠、失眠、滋阴补阳。
2. 消类:可促进新除陈谢、减少红血丝、产生优化细胞结构、修复受损肌肤、治愈、抗炎、活血、解毒、抗敏、脱敏。
3. 减肥、清热解毒、清热祛湿、治疗、除菌、杀菌、灭菌、防菌消毒、排毒。
4. 防敏、柔敏、舒敏、缓敏、脱敏、褪敏、改善敏感肌肤、改善过敏现象、降低肌肤敏感度。
5. 镇定、镇静、理气、行气、活血、生肌肉、补血、安神、养脑、益气、通脉。
6. 胃胀蠕动、利尿、驱寒解毒、调节内分泌、延缓更年期、补肾、祛风、生发。
7. 防癌、抗癌。
8. 祛疤、降血压、防治高血压、治疗。
9. 改善内分泌,平衡荷尔蒙、防止卵巢及子官的功能系乱、去除体内毒素。
10. 除湿、润燥、治疗腋臭、治疗体臭、治疗阴臭。
11. 美容治疗、消除斑点、斑立净、无斑、治疗斑秃、逐层减退多种色斑。
12. 毛发新生、毛发再生、生黑发、止脱、生发止脱、脂溢性脱发、病变性脱发、毛囊激活。
13. 酒槽鼻、伤口愈合清除毒素。
14. 缓解痉挛抽搐、减轻或缓解疾病症状、经例临床观察具有明显效果。
15. 丘疹、脓疮、手癣、甲癣、体癣、头癣、股癣、脚癣、脚气、鹅掌癣、花斑癣、牛皮癣、传染性湿疹。

16. 伤风感冒、经痛、肌痛、头痛、腹痛、便秘、哮喘、支气管炎、消化不良。
17. 刀伤、烧伤、烫伤、毛囊炎、皮肤感染、皮肤面部痉挛等疾病名称。
18. 细菌、真菌、念珠菌、厌氧菌、牙孢菌、座疮、毛囊寄生虫等微生物名称。
19. 雌性激素、雄性激素、荷尔蒙、抗生素、激素。
20. 药物、中草药、中枢神经。
21. 细胞再生、细胞增殖和分化、免疫力、患处、疤痕、关节痛、冻疮、冻伤。
22. 皮肤细胞间的氧气交换、红肿、淋巴液、毛细血管、淋巴毒等。

(五) 禁止使用化妆品虚假宣传用语

1. 特效、高效、全效、强效、速效、速白、一洗白、××天见效、××周期见效。
2. 超强、激活、全方位、全面、安全、无毒、溶脂、吸脂、瘦身、瘦脸、瘦腿、减肥减脂、延年益寿。
3. 提高（保护）记忆力。
4. 提高肌肤抗刺激、消除、清除、化解死细胞、去(祛)除皱纹、平皱、修复断裂弹性(力)纤维。
5. 止脱。
6. 采用新型着色机理永不褪色、迅速修复受紫外线伤害的肌肤、更新肌肤、破坏黑色素细胞、阻断（阻碍）黑色素的形成。
7. 丰乳、丰胸、使乳房丰满、预防乳房松弛下垂（美乳健美类化妆品除外）。
8. 改善（促进）睡眠、舒眠等。

(六) 禁止使用时限权威刺激消费用语

01 禁止使用时限用语

限时须有具体时限，所有团购须标明具体活动日期，严禁使用"随时结束""仅此一次""随时涨价""马上降价""最后一波"等无法确定时限的词语。

02 禁止使用权威性词语

（1）严禁使用"国家××领导人推荐""国家××机关推荐""国家××机关专供""特供"等借国家机关工作人员名称进行宣传的用语。
（2）严禁使用"质量免检""无需国家质量检测""免抽检"等宣称质量无须检测的用语。
（3）严禁使用人民币图样（央行批准的除外）。
（4）严禁使用老字号、中国驰名商标、特供、专供等词语。

03 禁止使用"点击××"词语

严禁使用疑似欺骗消费者的词语，例："恭喜获奖""全民免单""点击试穿领取奖品""点击有惊喜""点击获取""非转基因更安全"等文案元素。

04 禁止使用刺激消费词语

严禁使用激发消费者抢购心理词语，如:"秒杀""抢爆""再不抢就没了""不会再便宜了""错过就没机会了""万人疯抢""抢疯了"等词语。

二十一、拉流量话术篇

（一）直播推流机制

我们在直播过程中说的每一句话，每个动作都要围绕数据来做，没有数据的直播就没有推流，所以我们必须提升自己做数据的能力。抖音推流机制、进入率、停留时长。完成数据指标：

01 5个方法提升直播间的进入率

（1）互动：让门外的人觉得直播间很热闹。

（2）画面：好的画面可以吸引别人的点击和进入，所以大家在开播后尽量不要对着一张大白墙，也不要搞"新奇特"过于夸张博眼球会有封号风险。

（3）状态：一定要保持一个良好的状态，状态决定你做得快不快，心态决定你走得远不远

（4）内容：内容的好坏决定了别人是否愿意点击进入，同时也决定了粉丝在我们直播间停留的时长。

（5）开播界面的设置：封面、标题、定位、直播内容、热度话题、分享直播间、具体操作大家在直播问截图即可，然后再自己打开直播界面操作一遍。

02 停留时长：1-3 分钟

来直播间的人，平均停留时长要达到这个标准，1分钟及格，3分钟优秀，若有停留就有叠加推流。(内容和价值输出完成停留时长)

03 新增3项

（1）新增粉丝的数据（完成观众总数的3%）。
（2）新增付费的数据（完成观众总数的5%）。
（3）新增评论互动的数据（完成观众总数的5%）。

（二）开播中三件事

01 开播找流量

（1）开播前逛直播广场：送灯牌、打字、点赞，蹭热度活跃账号。
（2）开播前发作品：播放量1万人以上（提前半小时发）。
　　　　　　　　　播放量3000左右（提前20分钟发）。
　　　　　　　　　播放量500-1000（提前10分钟发）。
（3）开播前设置标题、话题、封面(提高直播广场进入率)。
右上角三横杠→创作者服务中心→主播中心→去开播(封面标题话题)。

（4）进入直播间找流量：三个动作加热直播间、刺激流量池

      礼物：用小号进直播间给自己飘几十颗小星星。
      评论：给自己打字。
      点赞：自己给自己点赞100+(最好点300+)。

（5）暖场找流量：人多暖场，人少控制好暖场，可以不暖。

暖场万能公式：

①欢迎感谢 +开场自我介绍+欢迎新进直播间的家人们：大家好，我刚刚开播、刚刚上线，今天是我开播第××天，我来自哪里。

②抓痛点：有没有到现在还不知道抖音能赚钱，到现在还把抖音当娱乐工具来消遣的？有没有已经知道抖音能赚钱，想开不敢开、不会开不知道怎么开播的。

③抛话题：我来给大家分享作为一个新手小白，我在开播前做了哪些充分的准备，今天终于鼓起勇气开起了我的首播。

02 直播间留人

（1）画面留人（背景墙、服装道具画面留人，用画面吸引停留）

（2）价值留人 内容留人（适合个位数直播间的八大话题：

①开播前的设置（标题话题封面、美颜、道具、小黄车）；

②直播间功能（红包福袋）；

③如何开通商品橱窗 如何添加商品；

④如何检测作品违规；

⑤如何检测主页五件套有没有违规；

⑥抖音的趋势；

⑦如何搭建账号；

⑧开播前的准备。

03 直播间变现

（1）钻石变现（直播间收礼下播即可提现）

（2）小黄车出单（直播间有价值、有流量、有转化、有叠加）

下播后五件事

①截屏本场数据(平台保留十场数据)；

②复盘总结(和上几场比较不断找问题不断提升)；

③撤管理(每个直播间有30个管理这场没有撤，下场就不够用)；

④充钻石(每天下播看看钻石余额为第二天做准备)；

⑤下播后去感谢大哥大姐（人少直播间去老铁作品感谢，直播间做数据,人多直播间下播去榜上大哥，大姐作品留言）。

(三) 如何突破百人在线

你要学会留下初始流量才会有源源不断的叠加流量，见以下方法：

1. **首播这两个字自带流量**，第一天要重复讲不下100遍，因为很多人对首播有好奇心，同时对首播的人也有包容心，一定要不断重复讲！

2. 打开直播间第一件事：发福袋

（1）设置好福袋口令：例如：关注了主播、主播优秀、想学直播、加油等。而且不要随意设置口令，例如："哈哈""主播真漂亮""主播后面有只猫"当很多人参与后，评论区的这些口令文字会滚动起来，时间长了会打乱自己的标签，避免以后来人不精准，当有人参与后，你的评论数据就产生了。

（2）发5分钟的全民福袋(不用加入粉丝团)。

（3）发10钻石5个人参与或者10个人参与就可以，总共50-100钻石，新人直播间不用发太多。

（4）5分钟之后再发一个，开播后连续发3个就可以，看你直播间人数情况而定，一直上人建议连着发3个，因为人都有占便宜的心理。

配合"福袋"话术留人：

欢迎来到我直播间的家人朋友，你们好，我是××我来自××，我是一个新人主播，今天是我的首播，是我人生中第一场直播，我刚刚打开直播间，抖音现在正在给我推人，我正在接流量，给大家发了一个"福袋"，大家记得去参与一下，咱们现在直播间人少，基本都能领到，再次欢迎大家一起来见证我的首播。

给大家再次介绍一下，我是一个新主播，今天是我第一场直播，我是一名"知识分享型的主播"大家可能之前没有听说过，什么是知识分享型主播，你们是不是跟我一样，我们之前只听说过有"带货主播""娱乐主播""PK主播"，但"知识分享型"的主播我们好像没有听说过，那我来给大家讲下，我们这种类型的主播，只需要一张年满18岁的身份证+一个手机+一个支架+一张会说话的嘴，就可以了。

(四) 3句话1个动作实操演示

三句话、一个动作，万能留人话术火遍全网，你听到过吗？你能听懂里面的玄机吗？

感谢所有走进直播间的朋友们。我刚刚开播，刚上线，今天是我的首播，此时此刻我非常紧张，非常激动。在我开播之前，我问我的"老铁"，首播应该说什么呢？

"老铁"说你在直播间说这三句话就行了："什么时候说什么时候上人，不停地说，就不停地上人；重复地说，就重复地上人，所以说今天在直播间，我会毫无保留地分享给大家。

如果你准备开播，但在直播间不知道说什么，或直播间迟迟突破不了个位数，你们都留下来；觉得好用，你们直接拿回去用。

感谢所有的家人走进我的直播间，直播间的家人们可不可以帮我见证下，现在已经上到××人了，接下来主播再跟大家分享一下我是怎么快速突破个位数直播间的。

接下来我分享给你们，如果你们准备开播但不知道在直播间讲啥，或者直播间突破不了个位数，哇！快200人了，大家帮我看看右上角是不是又进人了，前面进来的家人能帮我见证一下吗？有见证的打个"见证"是不是从××人上到200人在线了，我再跟大家分享一遍，好不好？

有很多家人朋友们，咱们已经听明白了，听明白的打"明白"，不明白的打"不明白"，刚刚来的打"刚来"，就是这样三句话，一个动作，把我的直播间做到200人在线。家人们，你们想不想知道啊？我再跟大家分享一遍好不好？讲到这里，是不是大家都已经听明白里面的玄机，就是直播间不断重复的三句话和一个看在线人数的动作。

(五) 撕开直播间流量入口的方法

01 口才不行画面来凑

眼睛是长在耳朵前面的：画面在前，声音在后。
开播画面要有：看点、亮点、槽点。
满足以上3点中的任何一点，你的流量都不会低。

02 炒起来直播间的热度

直播间有停留、互动，才会有源源不断的流量，哪怕别人骂你，只要打字就是有热度。

撕开直播间流量入口的方法

首播刚开始时直播间是没人互动没热度的，偶尔进来几个人，发现你的直播出奇的安静，他们是不会停留的！

（1）想象制造热度：

自言自语，自导自演，让进来的人感觉你的直播间好像有很多人，直播间有停留、互动，才会有源源不断的流量，就比如皇帝的新装，明明皇帝没穿衣服，群众却说衣服好看，然而你的直播间实际并没有人，有人就会好奇你到底在跟谁说话，忍不住打字问你，无形中就给你的直播间增加了热度！

（2）用这个方法拉几十人或100人在线，流量破千人后再拉精准度，让直播间80%的人都想创业直播，做知识分享和带货主播的人。

（3）流量池打开后输出价值。

（六）十位数直播间流量突破技巧

01 学会控场

（1）有人问问题，会的尽量回答，会增加互动率，有停留就有推流。

（2）观察直播间的情况：人数上来作自我介绍；人数下降讲故事(在抖音的)；人数不动继续讲。

02 学会做数据学会转化

（1）新增不断，提醒关注(来一个、关一个)；
（2）评论问他问题(一句话即可，不够聊继续聊别人)；
（3）付费点灯牌(点灯牌的好处，贴标签)；
（4）点赞(活跃账号)；
（5）出单(有价值，才能出单)。

03 学会抛话题（留人做公屏互动）

（1）暖场时候抛话题；
（2）讲内容之前抛话题；
（3）当直播间上人时；
（4）有人问问题时。

二十二、留人稳人篇

(一) 慢流量如何喊人留人贴标签

欢迎××来见证我的首播，我把你带回家了，你是我创业道路上的第一个贵人，我刚开播，您就来了，证明咱们之间非常有缘分。

欢迎××来见证我的首播，我把你抱回去了，你是我第二个贵人，两个灯牌了。

哇，感谢我的××给我贴了第××个标签，感谢我的××，家人们去认识一下××，你们有没有看到我的直播间标签越来越精准了，来的都是同频对标的家人，你们可以稍作停留，等一下，人多一点，我再帮你们喊，让你们今天在我的直播间好好的交一波"老铁"，好不好？

哇，我现在已经有××个灯牌了，我看需要多久完成30个标签，人家说我们新人首播当天不需要去做其他事，就是喊人、留人、做数据，给我们的直播间贴标签，这样的话抖音会识别到我们是做经验分享主播，会给我们推流精准。直播间所有的家人，感谢今天你们来见证我的首播，没有认识我的话，也可以认识一下把我带回家，虽说我不是一个特别优秀的主播，但我也是一个很优秀的"老铁"，你们把我带回家，到时候你们开播需要"老铁"去做数据、去助力的话，给我私信，或者在作品下留言，我也去帮你们做一套完美的数据，我这个人不差事。

几十人叠加流量：欢迎走进我直播间的家人们，大家好，有没有刚来的朋友，刚来的打个"刚来"，咱们老朋友把打"刚来"的新朋友带一带，今天来到我直播间你交的都是"老铁"，我们不像那些大主播，她的脸自带流量，上人快，我们新人需要"老铁"助力和扶持，今天每人在我的直播间挖一波"老铁"再走，感谢你们的陪伴和支持。

（二）如何接急速流量

01　引好奇，抛话题，见证法

　　欢迎大家来到我的直播间，刚刚开播，哇！今天咋上这么多人呀！今天是我的首播，我只做对了一件事，我完成了抖音的三大考核，我的直播推荐就打开了，今天要上到多少人呀！我很激动呀！家人们，你们激动吗？还在上人呀！等一下你们帮我截个图，好不好，我从来没见过这么多人，家人们一起见证一下，这个福袋结束，咱们就能突破多少人在线。

02　自我介绍

　　家人们给我1分钟的时间来介绍自己，好吗？刚来的可能还不认识我，我是来自广西的一个普普通通的宝妈，有没有我的老乡，有老乡打个"老乡"，好不好？你们是来自哪里的，咱们打在公屏上面，咱们互相交个朋友。家人们，你们还有没有每天抖音消遣，抖音娱乐的，不知道我们普通老百姓可以来抖音开直播挣钱的，有没有第一次刷到我这种类型的主播呀，听不懂我在讲啥的。有的话，打个有。我这种类型的主播不唱歌、不跳舞、不表演，我们这种主播叫"经验分享主播"，就是在直播间里面讲讲话就可以啦，我们这个领域的大多是宝爸、宝妈、宝爷爷、宝奶奶，因为啥呀？因为我们这种类型的主播只要你年满18周岁，一部手机、一个抖音号就可以来开直播。

03　宣传抖音好处鼓励来开播

　　朋友们，你们知道吗？抖音扶持我们老百姓创业，拿出来840亿来扶持我们，开直播也不是只有那些网红明星做的事了，我们普通人也可以来开直播带货了，并且开直播是免费的，学直播也是免费的，他不看颜值、不看背景、不看学历、不限时长、不限地点，重要的一点是下播直接提到银行卡上面，秒到账。你只要年满18岁，有一个抖音账号，一部手机，一个支架就可以来开直播变现了。我的账号是2021年搭建的，我之前也是记录美好生活，拍视频、刷短剧、购物等。现在我让它成为一个挣钱的工具，所以大家你如果和我一样是宝妈带孩子的、上班的、实体店生意不太好的……可以稍作停留给我一个机会，也给你自己一个机会，咱们利用业余时间来直播。

04 抓痛点抛主题（恐播的、首播的、个位数的）

今天来到我直播间的朋友们，有没有放不下面子、脸皮薄的、恐播迷茫的、首播筹备中、打开直播间不知道说什么讲什么的，有的话打个"有"！个位数留不住人、闪进闪出的，越喊跑得越快的，开播后同城占比高的直播推荐打不开流量口撬不开的，每天推几十个、几百个人的，有没有？有的话，今天你留在我的直播间，我利用3个小时时间免费给你解决问题，我是免费学的，也免费给你们分享一下。

稳人铺垫话术

朋友们，我正在接我的急速流量，接完这一波急速流量，马上就给你们分享：

（1）克服恐怖首播；

（2）怎么贴标签，如何打开直播推荐；

（3）个位数怎么突破；

（4）急速流怎么接。

(三) 直播间留人的3个小技巧

01 画面留人

走到直播间，第一眼看到的就是直播间的画面，这是人的直观感受，所以我们开直播首先要设计自己的直播画面，能在外面播；就别在家里播；能站着播；就别坐着播。

02 状态留人

主播的状态会感染直播间的所有朋友，就像春节联欢晚会一样。那些主持人也好，唱歌跳舞的表演家艺术家也好，大家都会拿出最好的精神状态来面对电视机前的观众及舞台下的观众，所以我们也要把直播当作很认真的一件事，拿出自己最好的状态。

03 话术留人

我们经验分享主播靠的就是一张嘴，我们靠嘴吃饭，每说一句话都会感染直播间的所有人，包括直播间怎么留人、稳人，怎么叠加流量，都是话术起的作用，所以我们要学会使用好的开场暖场拉流量的话术及稳人、留人的话术。

（四）直播间留人稳人四大话题

任务就是搭建好场景进人才快，开播状态拉满不要垂头丧气，可以慢慢讲话。

打开直播间没人先预热：开始啦，欢迎谁谁谁开始啦开始啦，这么快，大家都吃饭没有？刚打开直播间，从哪里刷到我的哈哈哈（类似自言自语先让自己进入状态）开播挣钱啦让别人产生好奇，直播间开始进人一边保持状态讲四句话。

中间多问答互动。

01 介绍自己

你是谁？多少岁？哪里人？什么学历？线下是干什么的？以前是做什么工作？现在直播间是干什么的？

话术：天呐，感谢大家不嫌弃，我不是一个专业主播哈，我是一个二胎宝妈，我不是来当网红的也不是来玩的。我是看别人这样开直播挣好多钱我睡不着，他们说每个人的抖音号都能免费开播嘛，我叫XXX名字XX岁了，在安徽农村带娃6年没收入，看他们洗衣服洗碗种地都兼职开直播挣生活费，特别羡慕，我今天是我首播第一天，以前是干服务员的，没干过主播，所以你们不要笑话我，她们说开播直播间有人就能挣，不用唱歌跳舞在直播间聊聊天，不知道聊啥就讲新人开播四句话，每天都播一样的，把抖音号转型成直播号打开直播间就有人，我在别人直播间偷偷学四天了，就是提前练习了四句话，就来开直播了，因为我学历低也内向没有口才，就讲这四句话，刚打开直播间人都不多，没想到才讲了两遍直播间这么多人了，欢迎大家，没想到这么快就完成了抖音的新人任务，直播间就上热门了。等会儿人来得差不多了我给大家看下我今天挣了多少吧，但是我刚开始做不多啊，大家别嫌弃就行。

02　宣传抖音（抖音有哪些好处）

为什么来开播？肯定是知道抖音好啊，如何知道的？家里人的反对？

刷到谁才知道的？别人是怎么说的？你是怎么想的？你是怎么做的？现在是什么样的？

说实话，我以前从来不知道普通人能免费开直播，我的抖音就是的玩，无意中刷到了谁谁谁开直播，他说开直播不花钱，学直播也免费，在直播间免费听嘛。正好我现在带着孩子又找不到合适的工作，老公一个人挣钱养家还要还贷款，我每天焦虑睡不着，然后又看到很多宝爸宝妈们，五六十岁的清洁工阿姨，农村人跑出租车外卖的都在兼职直播，看他们学历低的有一二年级的都干起来了，所以我就把他们直播间天天讲的话写下来练习了几天，在试播间试播了三天会了直播按钮，今天就是我正式来开直播的第一天。我就是听他们讲现在抖音缺主播，扶持普通人，每个人的抖音号都能开播，不看颜值学历满18岁就可以，不耽误工作和孩子，新账号还有14天流量扶持，大家抖音号开过直播吗？开过打开过，没开过打没有。对他们说每天兼职1-2小时，可以挣2份，我就想来试试，我老公骂我上当了，他们说人家能挣钱的事情能告诉你？开直播1小时能挣几千，这么容易人人都来干直播了，没人干工地了说我干直播丢人现眼，你们觉得我丢人吗？丢人打丢人？我不偷不抢不扭腰扭屁股对吧？反正现在带孩子出不去上班，打开直播间又不花钱，抽空每天播一播有人就挣点，挣不到也没啥损失。而且抖音又不给打工资，主要是看人气，人多了商家老板来送礼物，礼物抖音要分一半，没人没挣到抖音又不扣钱。人多还能开通小黄车带货，抖音负责发货我们负责卖，不囤货嘛，反正明星网红也是带的抖音后台的货，抖音也要扣百分之十的手续费，抖音扶持普通人开播我觉得很正常，现在刷抖音的人多，做直播的人少所以我不觉得有啥丢人的，现在很多人花几千块钱去学直播，都不知道抖音0粉丝0作品就可以免费开通带货。所以我觉得闲得没事不花钱就花点时间可以试试，大家觉得对不对？

03　鼓励开播（讲自己的学习经历）

大家可以点个关注观察我几天，她们说3-7天能播到百人在线一天能有百八十，我比较笨我想着一天搞二三十补贴家用就行了，大家过几天可以来看看我，我也是新人刚起步，没有老师团队，自己一个人兼职干的，如果我能播到百人挣点补贴家用，到时候大家如果在家闲得没事你就用你的抖音号去播，反正业余时间刷抖音玩也是玩，现在我自己还没挣多少你们先观察，也可以进我的粉丝群咱们相互探讨，我哪里做得不好的也帮我纠正，谢谢大家！

04 吊胃口留人（分享自己克服恐播）

不会讲话没口才就讲新人开播四句话，我把我写的给大家发到粉丝群你们自己看，每天都重复的不换内容，我就是看这种直播简单，你在家洗衣服洗完没工资，种地喂猪没工资，但是干活的时候开直播聊天直播间有人就有钱挣，没钱反正也没花钱，也没啥损失。

他们说怕直播间没人的，刷着玩的抖音号不能直接开播，要转型成为直播号先给抖音报个名，抖音免费给推人。直播间有人才能挣钱嘛。

直播间不知道在哪里打开的有没有？有的打个有，我马上拿手机给大家演示一下抖音的试播间如何去练习，大家可以去试试开直播就是免费的。不会点歌的我也是免费学来的，大家可以看我演示一遍挺简单的，他们四十多岁的都能学会，在直播间跳广场舞挣钱，都不去广场跳了。练习几次熟练了就不害怕了。

怕亲戚朋友笑话也可以开播前把熟人老乡屏蔽。

那咱先别着急哈，直播很简单的，就是三个步骤：

第一跟抖音报个名把生活号转型成为直播号。

第二熟悉直播间功能按钮 免费开通小黄车步骤。

第三就可以打开直播间讲新人开播四句话完成抖音的任务就可以了，也可以开播前给自己直播间找人气，反正就是为了直播间人气，大家准备好了吗？那我就几分钟时间分享一遍，感谢大家不嫌弃我，没啥报答大家的，我也不会唱歌跳舞，就跟大家分享下我怎么播起来的，大家可以找找灵感找找启发哈。

(五) 直播间留人的核心与套路

自古套路得人心 做直播就做人性

一本正经成功概率0.00001%

1. **直播间流量核心**
   - （1）如何把外面的人引进来；
   - （2）如何把引进来的人留在直播间。

2. **定位**（很多做不起来直播没人设、没风格）
   - 人设定位：宝妈/企业家/实体店老板
   - 性格特点：活泼开朗/温柔/沉稳
   - 内容定位：讲与直播相关的事/唱歌/跳舞/打PK
   - 粉丝定位：你到底要吸引谁来你的直播间 互刷人/大哥大姐/宝妈/小白

其实直播就相当于面试，粉丝就是面试官

3. **套路：**
   - （1）没人：自导自演。
   - （2）人少：价值输出、共鸣话题。
   - （3）人多：讲故事、讲废话。
   - （4）掉人：抛话题、讲重点。

4. **想让直播间有人：有趣、有特点、有情感。**

二十三、新人提升创意篇

（一）新人首播第一天播多久

1. 不能听别人说，每个账号不同。
2. 一直进人，不下播。
3. 没有人、不进人–转场，换时间开。
4. 边播边看数据，拉场观适合新人开播的时段。

适合新人开播的时段

（1）早晨：05:00-09:00　　　（2）中午:11:00-13:30

（3）下午：13:00-18:00　　　（4）晚上:22:00-01:00

（二）播后复盘看数据

新功能抖音灵机

1. 实时数据；　　　2. 活跃观众动态（下播1小时内）；
3. 违规封禁提醒；　4. 是否被举报。

查找路径：

首页→放大镜（搜索）→抖音灵机→查看复盘每场前10分钟推流，占据整场直播90%以上。

1. 前10分钟有人（场观>200），不要低于2小时下播，每天卡点播，前7天不断播。
2. 前10分钟没人（场观<100）直播推荐没打开换时间播（转场）

空开：顶掉上一场的垃圾数据

老号回流：空开5-6场

新号起号：空开3-5场

(三) 抖音赛马机制规则

大家来看这张图：

你的直播间是哪个？这张图就代表了你的直播间。第一个是个位数直播间。你是个位数就打"1"。中间的这个是两位数直播间，是这种情况的打"2"。最右边的是一个百人千人直播间，是的打"3"。

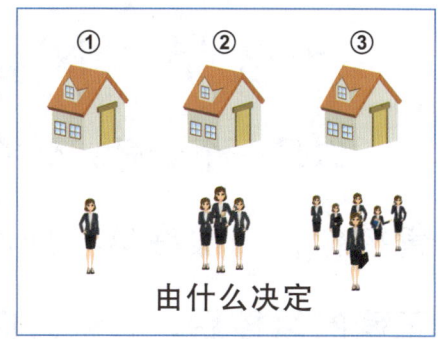
由什么决定

那为什么有些人开了播是个位数，有些人能够做到百人千人直播间呢？由什么决定呢？

我们来看这一张图：

家人们，现在看到的这张图，就代表了你的直播间。这匹马决定了你的直播间能有多少人。所有的直播间只要一开播，这匹马就开始赛跑，你的马跑得快，你的直播间人就多；你的马跑得慢，你的直播间人就少。

赛马机制
马儿跑得越快
直播间人就多

那这匹马跑得快慢是由什么决定的呢？

第一条腿叫作"停留时间"，第二条腿叫作"新增关注"，第三条腿叫作"新增付费"，第四条腿叫作"新增互动"。

（四）新人如何过风控

什么是"风控"？风控就是风险控制的意思。

你是一个新号，你将来在抖音做什么，它还不清楚。它会用一段时间管控你，一般在这一期间直播间的流量不高，或直播推荐为0，当你做了正确的风控后，它认为你不是有害平台的用户，那么你会有源源不断的流量进入。

那么如何过风控，一共有以下6点：

（1）坚持开播→固定时间时长；

（2）发优质作品切忌不敏感、不违规；

（3）在我们刚开播时标签不精准，官方会让机器人来检测我们的内容有无违规，同时也是帮助我们有一定在线人气，所以内容要优质；

（4）心态一定要好。因为风控时，我们流量很少，一定要有耐心；

（5）做好转化+留存；

（6）降同城。

① 开播冷启动的可以直接关闭；

②话术降同城；

③ 画面、道具、场景；

④发"福袋"，写"同城老乡留步，有惊喜"。

(五) 六大雷区(新人注意)

01 主页雷区

（1）背景图：不能用公司、店面图。
（2）头像：不要用模糊照片，最好是个人，有利于打造个人IP。
（3）昵称：拒绝用地址+店名。
（4）抖音号：不要用手机号或字母。
（5）主页个人简介：不要留联系方式，尤其新号。

02 朋友圈误区

（1）有很多朋友把抖音玩成了朋友圈，这是非常错误的。
（2）抖音是向外的，朋友圈是向内的，机制不同。
（3）抖音是公域流量，朋友圈是私域流量。

03 搬运雷区

拒绝搬运，抖音有查重机制，任何一个上传到抖音平台的作品，第一时间要进行画面消重处理。一旦发现违(搬运)就会清除视频或封禁账号。

04 频繁操作

在抖音平台，只要频次明显超出正常用户，就容易识别为异常，影响本账号的推荐。

05 敏感词

抖音是一个正能量平台，作品在播放中出现违禁词、敏感词，都会影响作品及直播间的推荐，流量上热门也会受影响（具体敏感词参考抖音安全中心社区规定）。

06 内容不适

凡是涉及政治与时事、违法违纪、不合公序良俗的行为，如抽烟、穿着暴露、危险行为等都不会被推荐。

（六）视频三大考核直播间五大数据

01 视频三大考核

（1）完播率-吸人眼球的开头，精彩的结尾。

（2）互动率-注意抛下话题引导评论互动。

（3）转粉率-提醒关注，有更多价值。

02 直播间五大数据

（1）进入率

①提高清晰度　②直播画面有看点　③主播的状态

（2）互动率

①5%及格，10%优秀

②多用提问式互动话术

③互动话术形成口头禅多引导

（3）转粉率

①3%合格，5%优秀　②有利它思维，有价值提供给粉丝

（4）付费率

①5%合格，10%优秀　②有利他思维，学会讲灯牌的好处

（5）停留时长

①1分钟有效3分钟及格10分钟优秀

②有价值有内容

③学习抛话题下钩子

二十四、夸人感谢篇

(一) 夸大哥话术

练口才、感谢、祝福、娱乐、PK、交友、夸人、电商通用

抖音大哥千千万，我家大哥最好看。抖音大哥万万千，拥有大哥乐翻天。
大哥文武两双全，荣华富贵万万年。大哥能文又能武，天天开的是路虎。
大哥有财也不飘，天下美女任你挑。大哥帅气有才华，大哥带我闯天涯。
大哥有爱又有钱，英俊潇洒美少年。大哥潇洒又很酷，天天住着大别墅。
我家大哥就是帅，咋看都像富二代。抖音不知大哥帅，播得再好也失败。
大哥举头望明月，月宫嫦娥下来见。只要大哥心放宽，让你不缺金银山。
今天喜鹊喳喳叫，原来大哥已驾到。欢迎大哥来我家，我的大哥我来夸。
夸得好呀夸得妙，大哥天天赚钞票。今年发了明年发，大哥年年把财发。
开豪车住大高楼，年年花钱不发愁。吃不愁呀穿不愁，年年都买一栋楼。

(二) 夸大姐话术

练口才、感谢、祝福、娱乐、PK、交友、夸人、电商通用

抖音寻找意中人，看看我家的女神。我家女神长得靓，穿衣打扮都时尚。
樱桃小嘴水蛇腰，前凸后翘没得挑。姐姐人美嘴巴甜，一看就是不差钱。
姐姐人美个子高，姐姐样样都达标。姐姐人美能吃苦，将来肯定开路虎。
姐姐人美又努力，将来肯定开宾利。大眼睛，双眼皮，一看就是万人迷。
游过山，玩过水，就属姐姐你最美。前面看着像貂蝉，背影又像花木兰。
细眉凤眼樱桃嘴，谁不抱走谁后悔。你若早生三百年，乾隆何必下江南。
你若早生一千年，唐皇何必恋玉环。你若早生三千年，吕布何必戏貂蝉。
姐姐人美头发长，咋看都像老板娘。姐姐人美个子高，未来老公随便挑。
姐姐人美口才好，打着灯笼都难找。走过南，闯过北，认识美女不后悔。

（三）点关点赞亮灯牌话术、礼物感谢话术

练口才、感谢、祝福、娱乐、PK、交友、夸人、电商通用

我在直播你在看,双击屏幕点点赞,你不赞我不赞,大家都是小坏蛋。

点点我的嘴,祝你顺风又顺水,点点我的大眼睛,祝你升职又加薪。

点点我的小酒窝,祝你快乐一波接一波,赞赞冲一冲,我的直播为你疯。

赞赞上一上,心甘情愿为你唱,一盏灯牌高高戴,愿您升职加薪快。

点灯牌不迷路,保持你我亲密度,我家姐姐真爽快,一来就把灯牌晒。

姐姐长得真漂亮,一来就把灯牌上,开怀开怀真开怀,姐姐一来点灯牌。

祝你今天开怀、明天开怀、天天都开怀。

你的灯牌为我飘,祝你实现人生的目标。

你的灯牌为我上,祝你实现所有的愿望。

感谢大哥送红心,两只眼睛亮晶晶,飘个红心飘个你,记得自己爱自己。

颗颗红心眼前过,大哥待我真不错,手持红心一颗颗,见到大哥乐呵呵。

玫瑰花屏上飞,帅气的哥哥万人追,玫瑰花铺满屏,美丽的姐姐很热情。

玫瑰花送给我,表白的对象就是我,玫瑰花放着光,感谢哥哥姐姐把妹帮。

大哥酷,大哥帅,大哥给我墨镜戴,戴上墨镜看着你,海誓山盟为你许。

墨镜墨镜发着光,不带墨镜心好慌,一个墨镜两个圈,姐姐容貌赛天仙。

有钱能使鬼推磨,对着大哥送祝贺,大哥出手是大墨镜,走哪都有桃花运。

一个墨镜两个框,戴上墨镜好风光。

(四) 新人初学读开播上人

练口才、感谢、祝福、娱乐、PK、交友、夸人、电商通用

刚开播、刚上线，　　刚刚打开+号键。
抖音大舞台，　　　　有梦你就来。
谁说宝妈不如男，　　个个都是花木兰。
又能说、又能干，　　实力超过男子汉。
走的走、来的来，　　留下来的是人才。
山外青山楼外楼，　　她们有才又温柔。
不要攀、不要比，　　不要自己气自己。
不怨天、不怨地，　　努力赚取人民币。
天灵灵、地灵灵，　　大家为我停一停。
万水千山总是情，　　亮个灯牌行不行。
万里长城永不倒，　　来个灯牌好不好。
不服山、不服水，　　就服主播这张嘴。
现实美女千千万，　　咱家美女最好看。
天若有情天亦老，　　我家大哥你最好。
玩归玩、笑归笑，　　别拿朋友开玩笑。
茫茫人海遇见你，　　茫茫人海遇见你。
凤凰台上凤凰游，　　不交朋友眼泪流。

（五）新人起步顺口溜

练口才、感谢、祝福、娱乐、PK、交友、夸人、电商通用

主播今天刚起步，　　感谢大家来帮助。
交个朋友不迷路，　　主播绝对没套路。
知心朋友走一走，　　交个朋友有没有。
想要关注的朋友，　　挥动勤劳的小手。
点个关注不迷路，　　开启创业第一步。
独在异乡为异客，　　欢迎大家来做客。
人生得意二两酒，　　欢乐还得靠朋友。
今朝有酒今朝醉，　　管他明天累不累。
只要朋友交的多，　　何愁欢乐不够多。
朋友多了路好走，　　相互温暖到永久。
上点关注下点赞，　　年底都能挣百万。
带走雅座走一波，　　钞票那是多又多。
雅一雅二最给力，　　早晚开上法拉利。
雅一雅二带雅三，　　一看就是不简单。
想要抖音玩的欢，　　带走雅一到雅三。
玩归玩 闹归闹，　　发财小手很重要。
关注主播不迷路，　　家里长着发财树。
点点关注不迷路，　　开启缘分第一步。

（六）催单顺口溜

练口才、感谢、祝福、娱乐、PK、交友、夸人、电商通用

欢迎进来的朋友，　　　不要着急就刷走。
万水千山总是情，　　　交个朋友行不行。
月落乌啼霜满天，　　　今天的话题很新鲜。
我来唱　你来听，　　　等你给我飘星星。
公屏老铁最活跃，　　　抱他回家没意见。
借酒消愁愁更愁，　　　刷刷抖音解忧愁。
日照香炉生紫烟，　　　感谢来到直播间。
主播今天刚起步，　　　感谢你们来帮助。
交个朋友不迷路，　　　帅哥绝对没套路。
十年修得同床度，　　　咱们一起戳屏幕。
百年修得共枕眠，　　　认识大家都是缘。
山外青山楼外楼，　　　我们粉丝就是牛。
咱家哥哥都很帅，　　　咱家美女都可爱。
万水千山总是情，　　　咱家老铁最热情。
一号链接不算多，　　　旅游到不了新加坡。
一号链接不算贵，　　　还不够给人家当小费。
一号链接不白花，　　　直播就能用上它。

二十五、口播赛道篇

(一) 什么是口播赛道

1. 什么是口播？

口播顾名思义是真人出镜，面对镜头，用口述的形式传达你要表达的信息，分享技术、分享商品、分享经验等。

2. 为什么要选择做口播？

因为做口播拍摄剪辑简单，每天不要花费大量的时间去拍摄去剪辑，省下的时间可以去学习提升自己。成本低，不管有没有文化都可以做，不需要团队，一个人一部手机，找一个你喜欢的环境，想好拍什么样的内容就可以。

3. 做口播为什么要真人出镜？

因为要通过作品来树立我们的人设，做自媒体我们都知道"人设"有多重要，大家对你产生信任了，后期才会变现，很多人就是转不过来这个弯，现在自媒体竞争这么大，你不露脸，大家怎么在这么多作品中来认识你，关注你。

4. 口播能参加中视频计划吗？

可以的，把手机横屏拍摄，视频比例为 16:9，视频时间大于1分钟。

(二) 口播怎么找文案

方法一

打开抖音→主页点放大镜→搜索你相关的行业，比如《知识分享干货》。如果你是做情感类口播的搜索《情感》，选择你喜欢的视频，用笔记录同行文案，可自行修改文案。

方法二

某些音乐软件里面的歌曲，有很多评论的，这里的大神很多，可以借鉴，如你做的是情感类的，搜索比较伤感的歌曲。

方法三

去小红书搜索情感文案，里面有很多，根据自己的类目去借鉴方法有很多的，不要全部去抄袭别人的，可以自己加一些想法进去，做出一条属于你自己的爆款文案。

（三）如何用轻抖悬浮文案拍口播

第一步
放大镜搜索下载轻抖

第二步
点击悬浮提词器

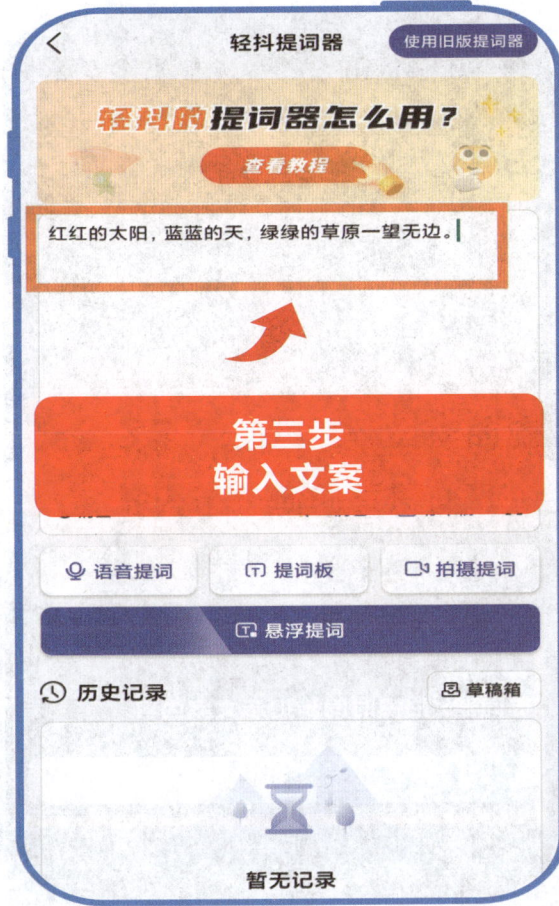

第三步
输入文案

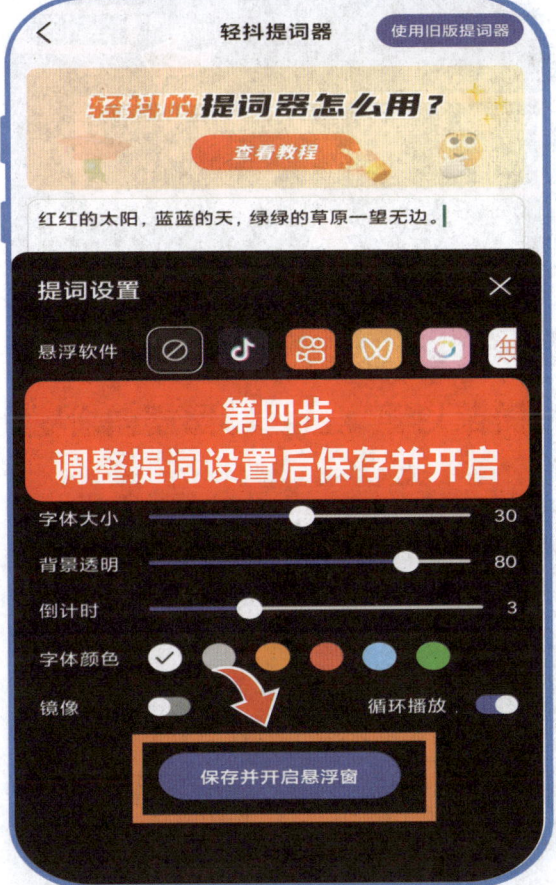

第四步
调整提词设置后保存并开启

（四）如何用剪映悬浮提词器拍口播

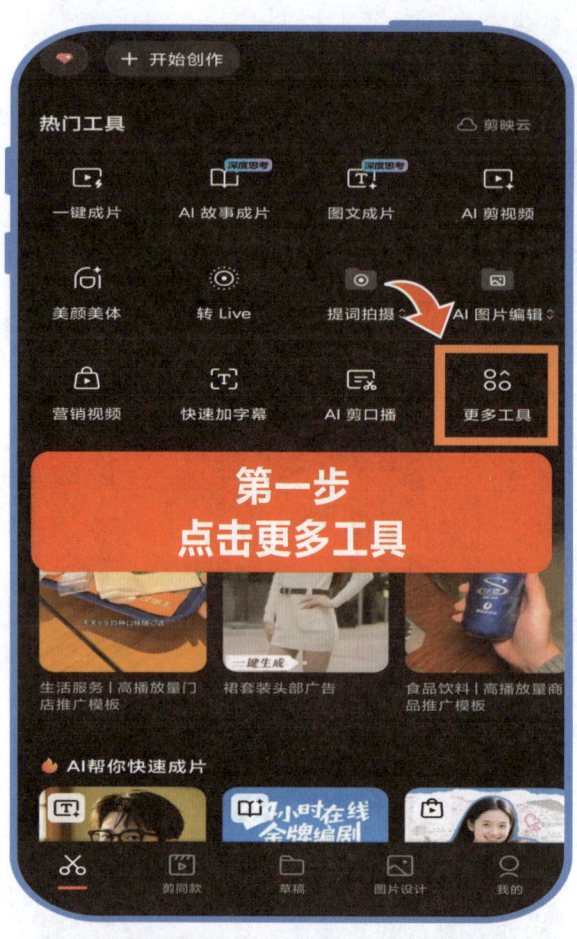

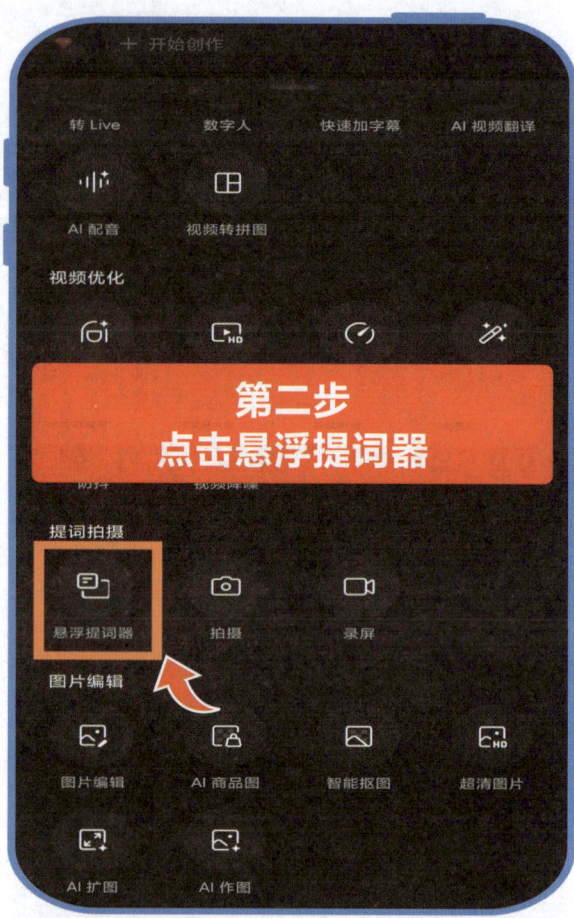

（五）怎么找到适合自己的选题

没有文案，不知道自己适合拍什么，去抖音刷视频，拆解他们的文案为什么他们的作品流量这么好？哪些是我可以模仿的，只要能激发我灵感的，我就会立刻记在自己的备忘录里。在刷推荐页作品的时候，我们一定要带上十万个为什么去看他们的视频，只有自己用心看了，用心分析了，我们才会成长得更快，每天用两三个小时去互动，这期间至少可以刷一二百条作品，难道就没有一条是我们可以模仿的吗？收藏或者记在自己的备忘录里，一定要养成随时随地积累自己的选题库，这样你才不会为文案发愁。大家一定要打开自己的思维我们互动想要的结果是提升自己即提高自己作品的质量，积累文案素材。

（六）口播怎么拍比较自然

刚开始拍视频的时候是不是这样子，脚本都写好了，老是忘词，老记不住，用题词器吧，就坐那儿，整个人很尴尬，很呆板。这个方法，不管是在室内还是在室外，都特别特别管用，你拍视频的时候，就像这样，你录一句话，你就换一个场景，每次你就只用记住一句台词，一句台词一个场景说个几十遍，然后用剪映合成一个完整视频。拍视频不要板板正正，人家不感兴趣，直接一秒就划走了，正确的方法就是咱一定要动起来的，不断要切换场景，你哪怕是走着拍，坐着拍，站着拍，但一定要动起来，要让观众获得更多的信息。就咱们表情夸张一点儿，说话夸张一点儿，手势夸张一点。

（七）拍口播视频横屏好还是竖屏好

口播视频选择横屏拍还是竖屏拍，本质上取决于你想呈现的内容，如果你是一位实体店老板，想告诉观众你的店很大，装修很上档次，产品很丰富，或者店里的顾客有很多，像你拍口播的时候，当然是选择横屏了，屏的画幅比较宽，会更大程度地展示出画面的信息，比如说周围的环境、场景、质感等等。另外横屏的视频，上下有两处空白，知识博主可以放一个极具吸引力的标题和注解，有了这个具有吸引力的标题和注解，能够大大提高你的完播率。表现力不好的同学，建议您采用横屏拍摄，因为人物在横屏的画面里，会显得比较小再配合你上下的这个字幕，会分散观众对你表现力的一个注意。还有参加中视频计划的一定要用横屏拍摄，如果你的表现力还不错，那就推荐竖屏来拍，因为观众在刷短视频的时，手机都是竖着拿的，刷到你的时候，就感觉你就在眼前，瞬间拉近了距离，你在口播分享的时候，观众会不自觉的有一种看自己朋友，看身边的人这种亲切感，注意力也会更加的集中，更有沉浸感。

二十六、促单话术篇

(一) 卖书话术

1. 家人们，你看这么多朋友都是因为这个资料停留在我直播间的，那同样的，你们花一个69米把这个资料带回家，把它拿到你的直播间去用，今天你们因为它留在了我的直播间，同样的别人也会因为它留在你的直播间。

2. 拍了的朋友们去点个关注，不然你们就找不到我了，你们拍了要来我直播间学的，看一下我是怎么用这个话术的，两天就学会了。你也可以像我这样去开播，好不好？你们看我的直播间还有多少人在线，你们是因为我这个照读剧本的画面而停留在我直播间的，对不对？这个就叫作"画面留人"。朋友们，它不仅是我直播间的内容，还是我小车里的产品，感谢抖音平台给咱们普通人这么好的机会，朋友们，如果说你们是一个宝妈或是一个上班族，若平时时间比较多，一定要来开直播，好不好？我鼓励大家来开播，我当时就是想说是试一下，也没想到能成功。

3. 之前我也不敢面对镜头，在直播间也不知道说些什么。来我直播间的朋友们有没有做实体店的，如果说有做实体店的，是不是要投资几万甚至几十万，尤其现在实体也不是很好做的，对不对？但是在抖音平台开直播，做一个带货主播就不用投资那么大，你只需要一份资料、一个支架、一个补光灯、天气热再用一个散热器，就可以了，声卡都可以不用，我也是没有用声卡，朋友们给自己一个机会，我当时也是抱着试一试的态度，反正也不贵，我就来试一下。如果说拿到结果就逆袭了，拿不到结果也没啥损失，就当学习抖音了。有没有跟我同样想法的朋友们，有的可以打个"有"。

4. 这本书是合订版，300来页，很厚的一本，知识分享主播教材书也叫抖音说明书，里面是关于如果做好抖音直播的一整套资料，可人手必备一本，里面有首播照读剧本，都可以拿来照着读的，可以帮助新人开播练口才、练话术，特别是恐播不敢出镜，怕开播不知道说什么讲什么、尴尬冷场的人，可以拿来摆在直播间，不出镜不露脸照着读、照着念，迈开第一步去开播，给自己一个开播的勇气，还有首播策划方案首播第一句、第二句，怎么说，直播间违规不能踩的坑都有做抖音的全套基础知识都在里面，这本书既是直播内容的大纲，又是样品，还能补贴生活费。

5. 这是"知识分享主播教材"，开播的时候都能用得上，合订版300来页……有没有"恐播"的，如果大家有"恐播"的，有不愿意露脸出镜的，就可以拍一本回去，摆在直播间是我们的画面看点，也是我们的直播内容，今天我就是通过这个画面的内容把你们留下的，那么未来你也可以用同样的方式方法留住别人，可用下面的小黄车一号链接直接去拍。

(二) 云台话术

给家人们看看这款云台，它外形精致小巧，方便携带，360°形跟踪识别，是一种用于安装或固定手机、相机、摄像机的支撑设备，云台走路直播让主播能够自由移动，探索不同的地点和场景，为观众带来更加动态和多样的视角。观众可以通过弹幕、评论等方式与主播进行实时互动，主播也可以根据观众的反馈调整直播内容或路线，增加直播的趣味性和参与感。无论是个人主播还是商业机构，都可以通过云台走路直播来展示特色内容、吸引粉丝、推广产品等，实现商业价值和社会价值的双重提升。

（三）广角镜的介绍

广角镜头是一种焦距短于标准镜头、视角大于标准镜头、焦距长于鱼眼镜头、视角小于鱼眼镜头的摄影镜头。

广角镜头的主要特点包括：

1. **视野更广**：广角镜头能够让照片的视角更广，不需要向后移动便可以拍摄到更多的景物，特别适合在狭窄的环境下使用；

2. **夸张拉长效果**：广角镜头天生具有镜头扭曲的特性，边缘的东西会被拉长或放大，这种效果可以用在短视频拍摄中；

3. **减少震动影响**：广角镜头对相机的移动不敏感，适合在夜间或暗光环境下手持拍摄；

4. **带出空间感**：广角镜头能够表现出照片中景物有远有近，令人仿佛置身其中，特别适合拍摄大场景和需要表现纵深感的场景。

（四）补光灯支架的介绍

补光灯支架在直播中的应用非常重要，它能够显著提升直播效果，确保画面质量。

1.补光灯支架的用途和功能：

①**固定补光灯**：补光灯支架可以将补光灯固定在适当的位置确保灯光稳定不晃动，从而提供均匀、稳定的照明效果。

②**调节灯光角度和亮度**：大多数补光灯支架具备高度调节和角度调节功能，可以根据拍摄或直播的需要，灵活调整灯光的位置和角度，以达到最佳的照明效果。

③**多种场景适用**：补光灯支架适用于直播、拍摄、视频制作等多种场景，能够满足不同场景下的照明需求。

2.补光灯支架的种类和品牌

①**多功能补光灯支架**：这类支架通常具备高度调节、角度调节和色温调节等功能，适合专业直播和拍摄使用。

②**手机补光灯支架**：专为手机设计，可以夹持手机并提供稳定的光源。这类支架通常还具备美颜功能，适合室内直播和视频通话使用。

（五）卖领夹麦话术

现在你们听到的声音就是我用小黄车里××号链接领夹麦的效果，我的音量和音质你们听着还行吗？这个东西很关键，有噪音是留不住人的，领夹麦起着收音降噪、保护嗓子的作用，比如咱们家里空调的噪音、风扇的声音、孩子的哭闹声、开门关门的声音及户外开播时的风声、雨声、车流声等，把这些噪音过滤掉了，只把我们说话的声音收进来，而且还给我们提高了音量和音质，拍了领夹麦也可以跟着我学习，也可以拿到我的话术资料和陪跑。

领夹麦的这一头插在手机上，另一头夹在领子上，一插一夹直接用就可以了，不用设置，也不用调试，特别简单、特别方便，可以一边直播，一边给手机充电。朋友们，这款本来是没有耳机的，如果今天在我直播间拍了，给大家申请了一个耳机，相当于一个耳返，是可以听到我们自己说话的，这个耳机买也要40多块钱，今天能拍的都有配耳机，数量不多，拼手速，我们下播，只需要给这个盒子充满电就行，这个盒子就是充电仓，从盒子到领夹麦全部是磨砂质感的，很漂亮，还有一个混响模式（演示一下），可以唱歌用，这是其他领夹麦没有的，现在价格很实惠，大家拼手速去拍，平常在直播间一拖一的是178元，一拖二两个麦克风的是238元。

今天给大家一拖一148元的是我的同款，需要两个人去拉流量的可以去拍一拖二的，平常也要238元，今天给大家188元。就实打实便宜几十块钱，我觉得很好了，再添点儿都可以买个散热器了，今天拍的截图保留时间，不是每天都有耳机的，一拖一的配一个耳机，一拖二配两个耳机，够意思了吧，大家认准××品牌。

(六) 散热器话术

你们有没有散热器呀？夏天了，有没有发现直播和打游戏一样，手机高速运转，很容易发热，一发热就会卡顿，一卡顿就会掉人，人掉了再拉起来就会很难。前几天我直播的时候手机卡了，点哪儿都不好使，就连下播都下不了，最后只能强制关机下播，然后再开机，再打开直播间，发现人没了（演示使用方法）。这是新款，两档可调节，室内可用一档，室外可用二档，制冷面积非常大，如果你们自己用，拍一个就可以了，如果想拿到直播间展示就要多拍一个，手机上那个我是不敢动也不敢拿下来，他烫得很快，一烫就卡，拍了散热器的也可以跟着主播学习，也可以拿到我的话术资料和陪跑。

(七) 声卡话术

声卡和领夹麦二选一就可以了，这两种都可以有降噪收声的效果，但是我觉得领夹麦的降噪效果比声卡更好一些，但声卡多了音效可以在直播间互动，大笑的声音可以塑造直播间的氛围，还可以放伴奏音乐；我喜欢安静，我不喜欢太吵，所以我用的是领夹麦，你们喜欢活泼氛围的也可以选择声卡，根据自己的喜好选择就行。

(八) 充电宝话术

家里离插座比较远、充电不方便的，可以去拍个充电宝，2w毫安的，可以带上飞机或高铁的，生活和工作中都可以用，看一下它的外观是镜面的，非常有科技感且时尚漂亮，还有10个LED灯，不仅好看，还能作补光灯，它有五个输出孔，三个输入孔，还新加了一个新款苹果的小孔，很多都没有的，还有两个红色的是快充孔，户外直播的一些大主播都在用这一款，因为它容量大、比较耐用，拍了充电宝也可以跟着我学习，也可以拿着我全部的话术、资料和陪跑，平常这种怎么也要168元或178元！今天给大家申请了几单，就几单，138元拼手速去拍，拍完它就会变成168元了。

(九) 支架话术

家里桌子够大的话，就去拍××号链接××号这款桌面支架，跟我的是同款，因为我家桌子就比较大，如果说你们家里桌子小，就去拍××号链接里的××号，落地款的支架，放在地上的，根据自己家桌子选适合自己的就行，拍了支架也可以跟着主播学习，也可以拿到我的话术资料，课程和陪跑。

(十) 无线WiFi话术

给大家说一说网络的问题，如果你们家的WiFi在客厅，那么你在卧室直播是不可以的，如果说你家WiFi在客厅，那么你正好在客厅直播，那就没问题，咱们来开直播，一定要保证家里的网络信号好，不然的话直播问就会卡，一卡就留不住人，人都留不住还怎么播呀？对不对呀？我给大家看一下我自己正在用的这个无线WiFi，小小的彩屏，上面显示电量，信号强弱，用了多少G的流量，还剩多少G，每个月1500G的流量，我每个月根本就用不完，家里的电视、电脑、音响，只要是能联网的家电都可以用上，背面有账号和密码，连上直接用就可以了，非常方便，出门在外也可以用，直接放在兜里，走到哪带到哪就可以，户外直播也可以用，就算是在出租屋，不用再去迁网线，也不用再去买路由器、光猫呀，都不需要了，也不用弄得家里一堆堆的网线，看着就烦，是不是呀？一个小小的的它就够用了，拍了无线WiFi的也可以跟着我学习，也可以拿到我的话术资料。

(十一) 数据线话术

今天给大家介绍的这款三拖一的数据快充线，安卓苹果通用，它的充电速度非常快，能够满足你的各种需求。我给大家详细介绍如何正确使用这款数据线，讲这些：包括如何连接手机、如何充电，另外要避免过度弯曲。今天人比较多，我来给大家上一波福利，把数据线挂在小黄车××号链接有个一块钱的数据线，有需要的家人们可以拼手速去拍哦！

二十七、带货违规知识篇

（一）常见违规行为

1. 暴力演绎售卖

为获取流量和关注，采用辱骂、殴打等博眼球元素进行剧情演绎。

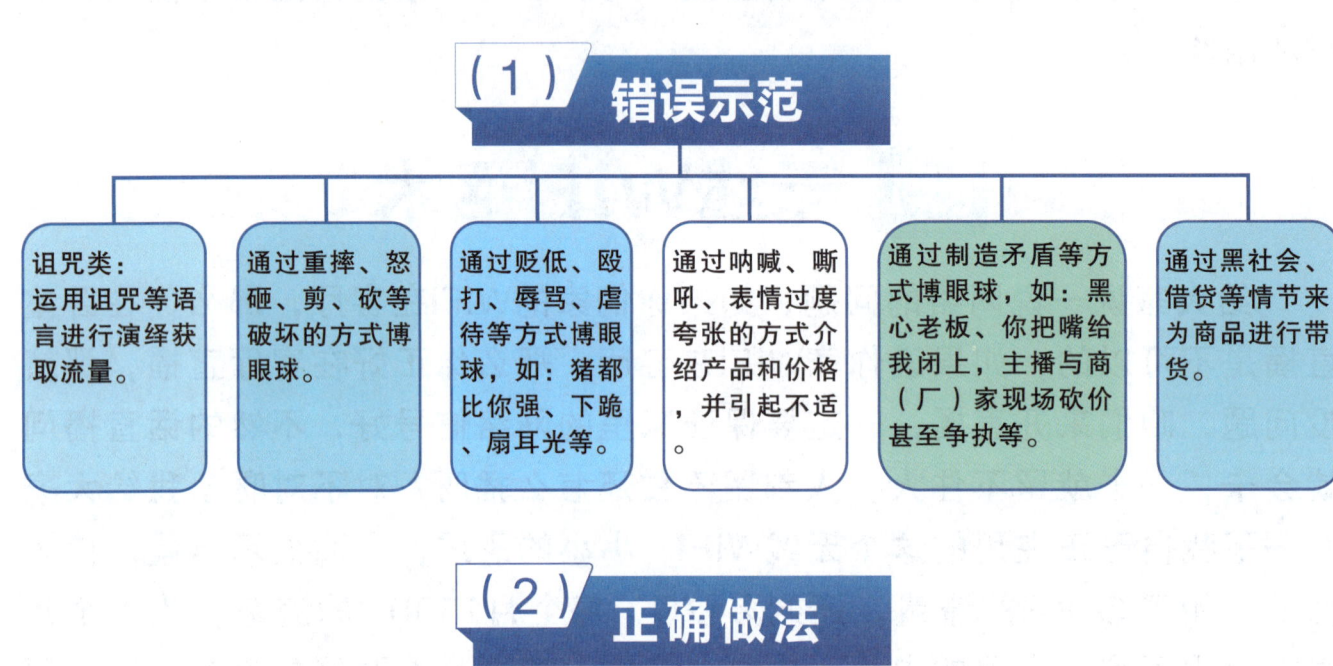

（1）错误示范

- 诅咒类：运用诅咒等语言进行演绎获取流量。
- 通过重摔、怒砸、剪、砍等破坏的方式博眼球。
- 通过贬低、殴打、辱骂、虐待等方式博眼球，如：猪都比你强、下跪、扇耳光等。
- 通过呐喊、嘶吼、表情过度夸张的方式介绍产品和价格，并引起不适。
- 通过制造矛盾等方式博眼球，如：黑心老板、你把嘴给我闭上，主播与商（厂）家现场砍价甚至争执等。
- 通过黑社会、借贷等情节来为商品进行带货。

（2）正确做法

用文明且合规的方式传达商品信息和价值，避免使用夸大、引人不适或不符合社会良好风尚的演绎方式和手段，进行带货。

2. 卖惨演绎售卖

为吸引观众注意，通过哭喊叫卖，夸张剧情卖惨等博眼球的方式进行演绎，博取观众同情。

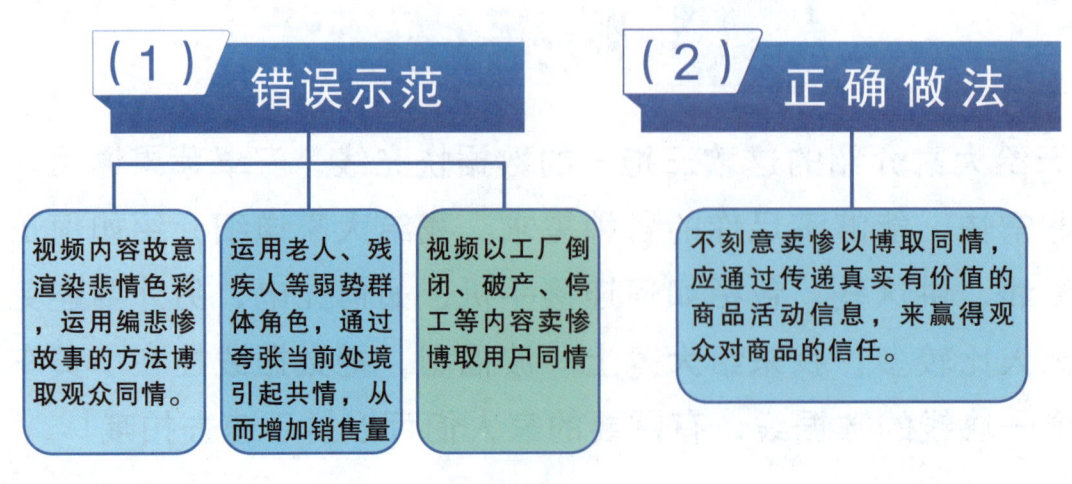

（1）错误示范

- 视频内容故意渲染悲情色彩，运用编悲惨故事的方法博取观众同情。
- 运用老人、残疾人等弱势群体角色，通过夸张当前处境引起共情，从而增加销售量。
- 视频以工厂倒闭、破产、停工等内容卖惨博取用户同情。

（2）正确做法

不刻意卖惨以博取同情，应通过传递真实有价值的商品活动信息，来赢得观众对商品的信任。

3. 炒作演绎售卖

通过以超出普通用户认知或违背正确价值观的夸张演绎形式展示商品效果。

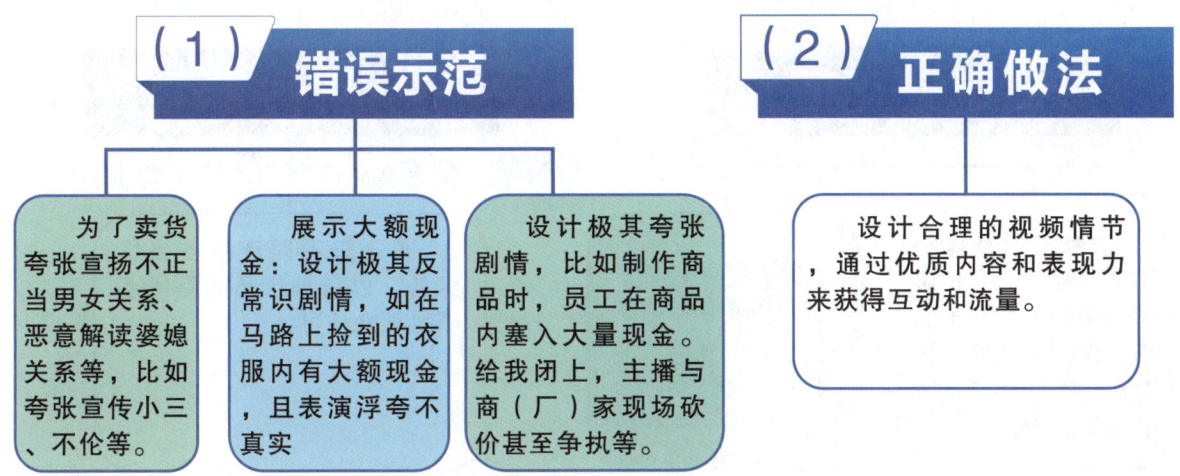

（1）错误示范
- 为了卖货夸张宣扬不正当男女关系、恶意解读婆媳关系等，比如夸张宣传小三、不伦等。
- 展示大额现金：设计极其反常识剧情，如在马路上捡到的衣服内有大额现金，且表演浮夸不真实。
- 设计极其夸张剧情，比如制作商品时，员工在商品内塞入大量现金。给我闭上，主播与商（厂）家现场砍价甚至争执等。

（2）正确做法
- 设计合理的视频情节，通过优质内容和表现力来获得互动和流量。

4. 错误表达爱国行为

打民意牌，招摇撞骗，利用民粹主义刺激消费者心理进行营销。

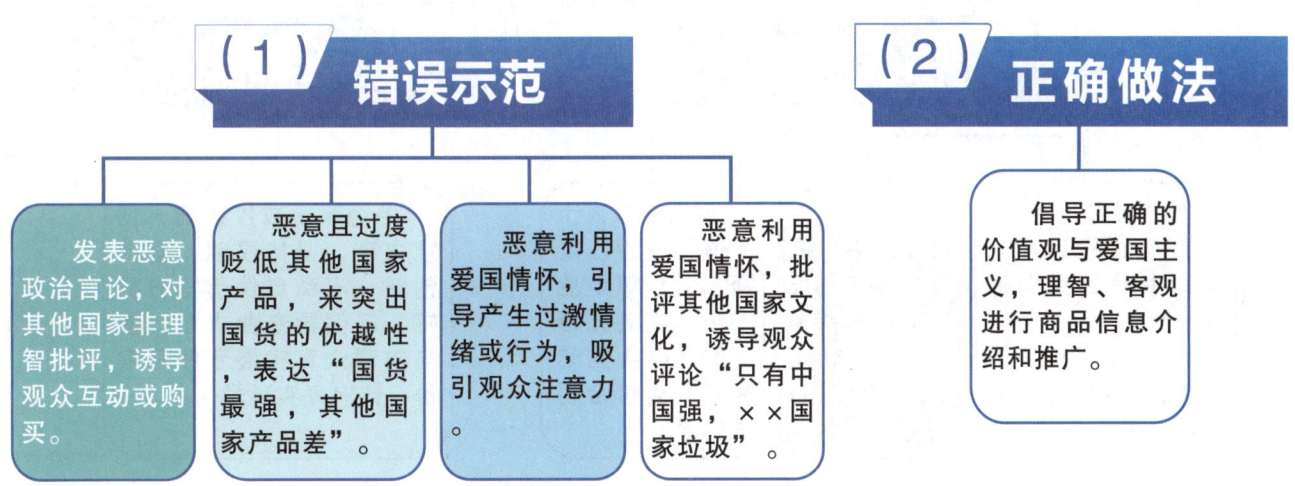

（1）错误示范
- 发表恶意政治言论，对其他国家非理智批评，诱导观众互动或购买。
- 恶意且过度贬低其他国家产品，来突出国货的优越性，表达"国货最强，其他国家产品差"。
- 恶意利用爱国情怀，引导产生过激情绪或行为，吸引观众注意力。
- 恶意利用爱国情怀，批评其他国家文化，诱导观众评论"只有中国强，××国家垃圾"。

（2）正确做法
- 倡导正确的价值观与爱国主义，理智、客观进行商品信息介绍和推广。

5. 危险行为博眼球

不顾安全问题，通过高难度、高风险、高危害性行为来博眼球，刺激、吸引观众的猎奇心和注意力。

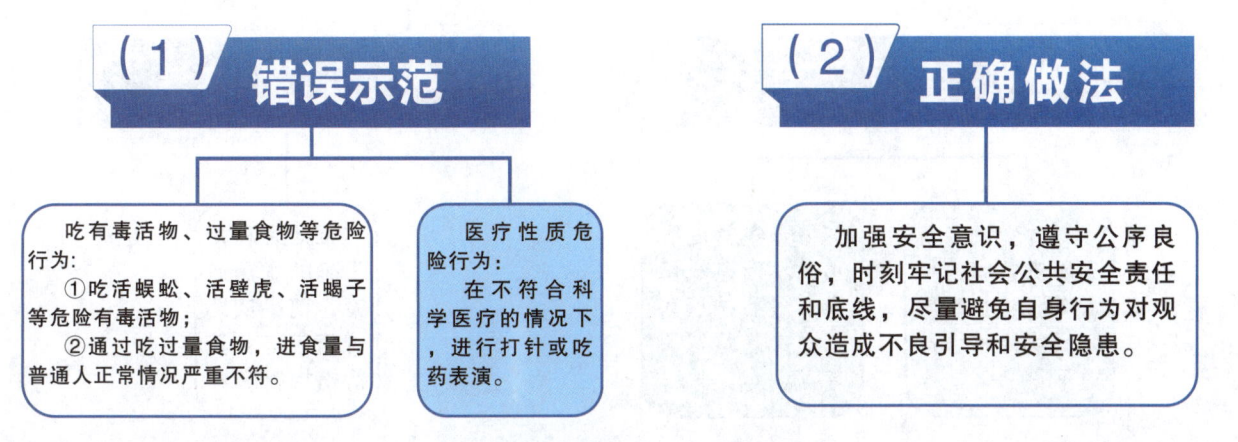

（1）错误示范
- 吃有毒活物、过量食物等危险行为：
  ① 吃活蜈蚣、活壁虎、活蝎子等危险有毒活物；
  ② 通过吃过量食物，进食量与普通人正常情况严重不符。
- 医疗性质危险行为：
  在不符合科学医疗的情况下，进行打针或吃药表演。

（2）正确做法
- 加强安全意识，遵守公序良俗，时刻牢记社会公共安全责任和底线，尽量避免自身行为对观众造成不良引导和安全隐患。

6. 踩一捧一售卖

为了抬高宣传自家商品，进行恶意对比，贬低拉踩其他方商品。

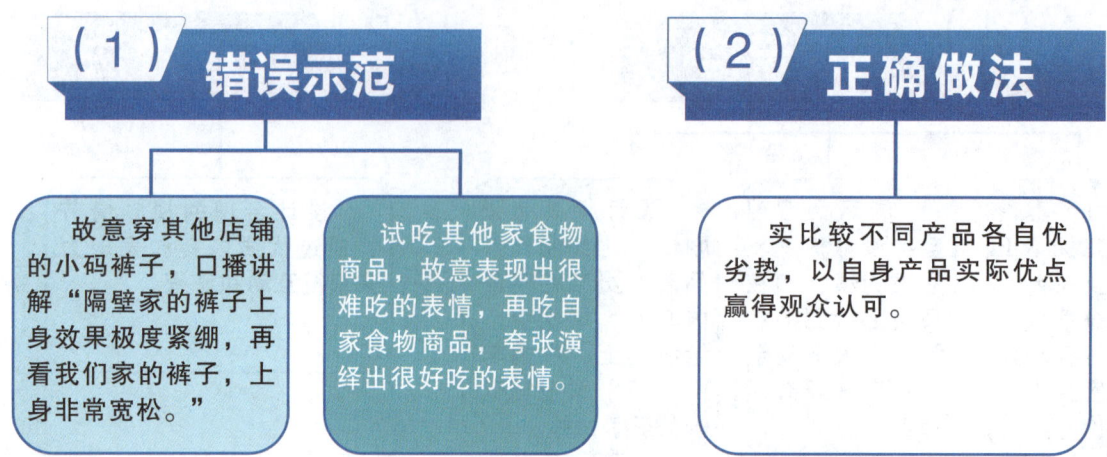

（1）**错误示范**
- 故意穿其他店铺的小码裤子，口播讲解"隔壁家的裤子上身效果极度紧绷，再看我们家的裤子，上身非常宽松。"
- 试吃其他家食物商品，故意表现出很难吃的表情，再吃自家食物商品，夸张演绎出很好吃的表情。

（2）**正确做法**
- 实比较不同产品各自优劣势，以自身产品实际优点赢得观众认可。

7. 侵权、假冒行为

疑似抄袭、盗用他人内容的侵权行为及假冒官方标签或假冒专业人士，骗取观众。

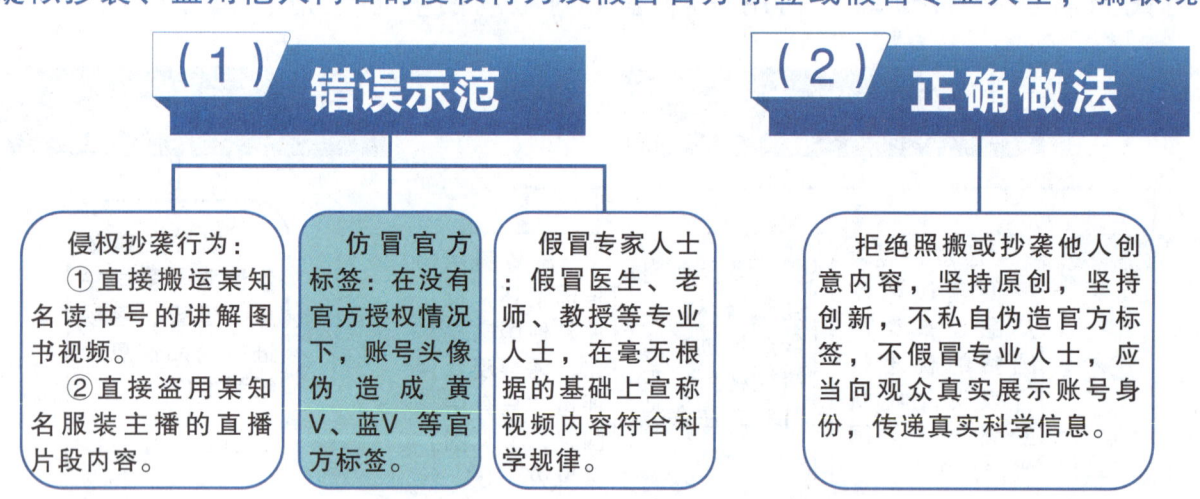

（1）**错误示范**
- 侵权抄袭行为：①直接搬运某知名读书号的讲解图书视频。②直接盗用某知名服装主播的直播片段内容。
- 仿冒官方标签：在没有官方授权情况下，账号头像伪造成黄V、蓝V等官方标签。
- 假冒专家人士：假冒医生、老师、教授等专业人士，在毫无根据的基础上宣称视频内容符合科学规律。

（2）**正确做法**
- 拒绝照搬或抄袭他人创意内容，坚持原创，坚持创新，不私自伪造官方标签，不假冒专业人士，应当向观众真实展示账号身份，传递真实科学信息。

8. 恶性降价吆喝

为博人眼球，通过夸张表演进行恶性降价，或以任何原因虚构商品价格和降价原因，使商品价格与降价后的价格差距过大，与商品实际价值严重不符。

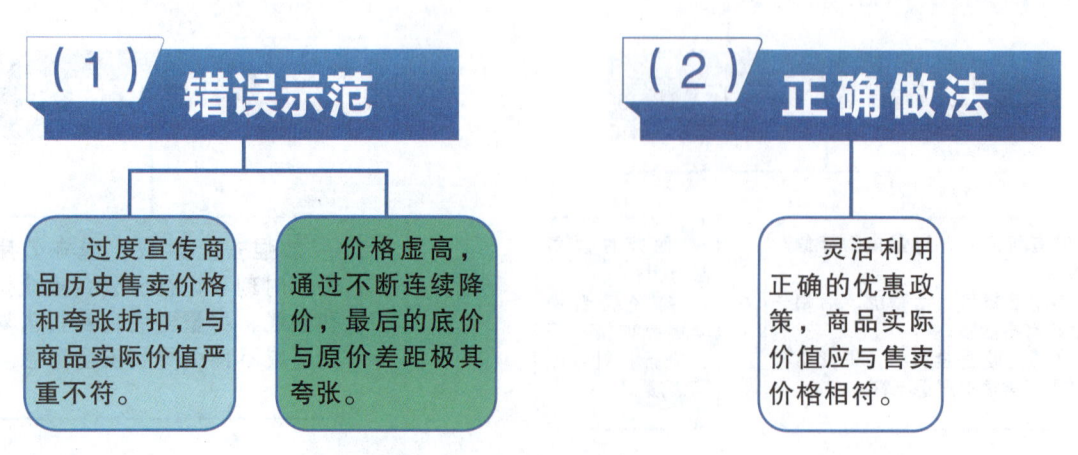

（1）**错误示范**
- 过度宣传商品历史售卖价格和夸张折扣，与商品实际价值严重不符。
- 价格虚高，通过不断连续降价，最后的底价与原价差距极其夸张。

（2）**正确做法**
- 灵活利用正确的优惠政策，商品实际价值应与售卖价格相符。

9. 招募主播

在平台内发布招聘、招募、招商、招合伙人等具有较高欺诈风险的营销内容。

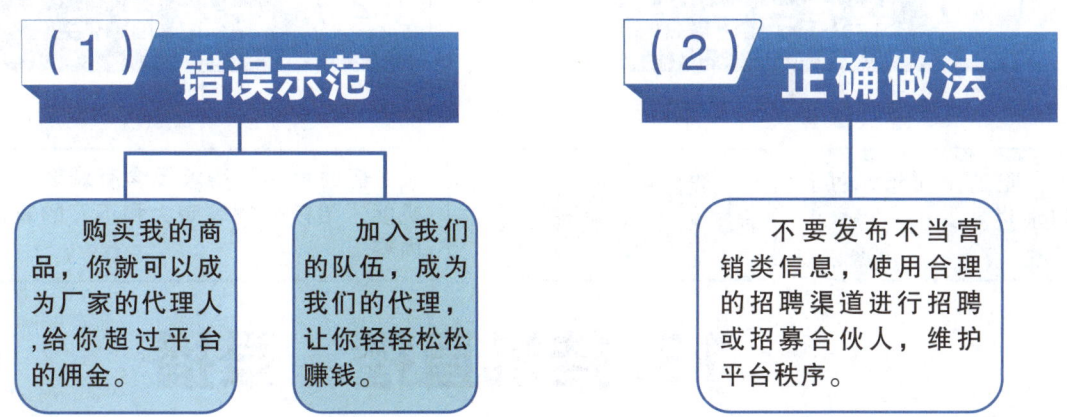

（1）**错误示范**
- 购买我的商品，你就可以成为厂家的代理人，给你超过平台的佣金。
- 加入我们的队伍，成为我们的代理，让你轻轻松松赚钱。

（2）**正确做法**
- 不要发布不当营销类信息，使用合理的招聘渠道进行招聘或招募合伙人，维护平台秩序。

10. 虚假宠粉

为谋取自身利益，如提升自己直播间的热度向粉丝作出虚假承诺。

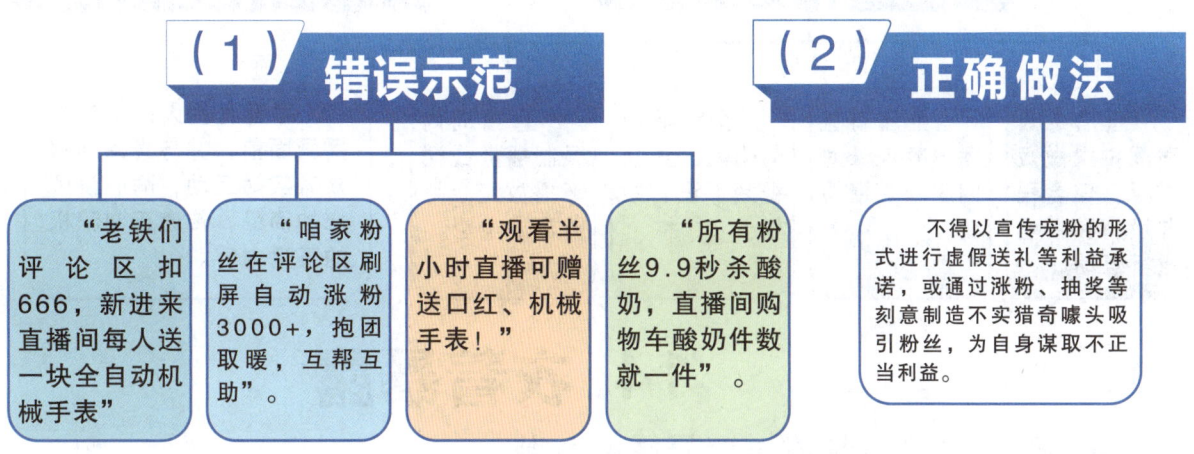

（1）**错误示范**
- "老铁们评论区扣666，新进来直播间每人送一块全自动机械手表"
- "咱家粉丝在评论区刷屏自动涨粉3000+，抱团取暖，互帮互助"。
- "观看半小时直播可赠送口红、机械手表！"
- "所有粉丝9.9秒杀酸奶，直播间购物车酸奶件数就一件"。

（2）**正确做法**
- 不得以宣传宠粉的形式进行虚假送礼等利益承诺，或通过涨粉、抽奖等刻意制造不实猎奇噱头吸引粉丝，为自身谋取不正当利益。

11. 危险行为博眼球

将用户引导至其他渠道进行私下交易。

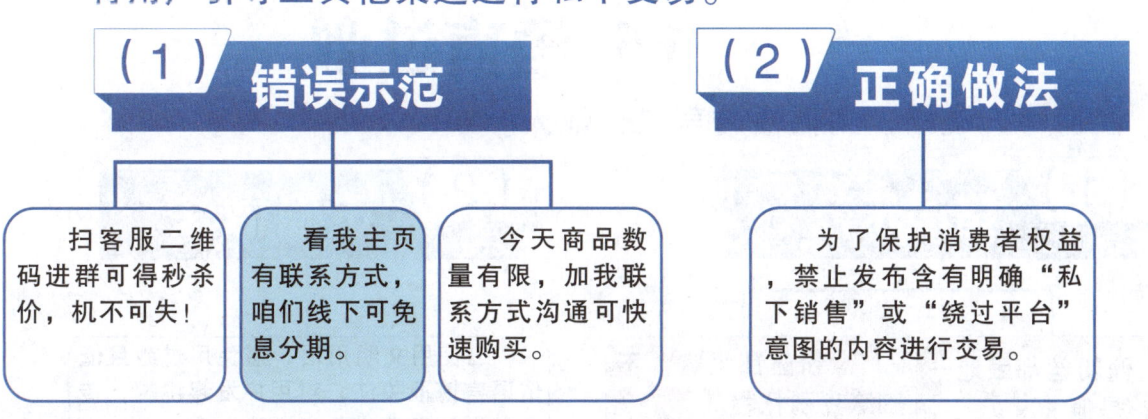

（1）**错误示范**
- 扫客服二维码进群可得秒杀价，机不可失！
- 看我主页有联系方式，咱们线下可免息分期。
- 今天商品数量有限，加我联系方式沟通可快速购买。

（2）**正确做法**
- 为了保护消费者权益，禁止发布含有明确"私下销售"或"绕过平台"意图的内容进行交易。

12. 医疗描述

刻意夸大医疗保健功效。

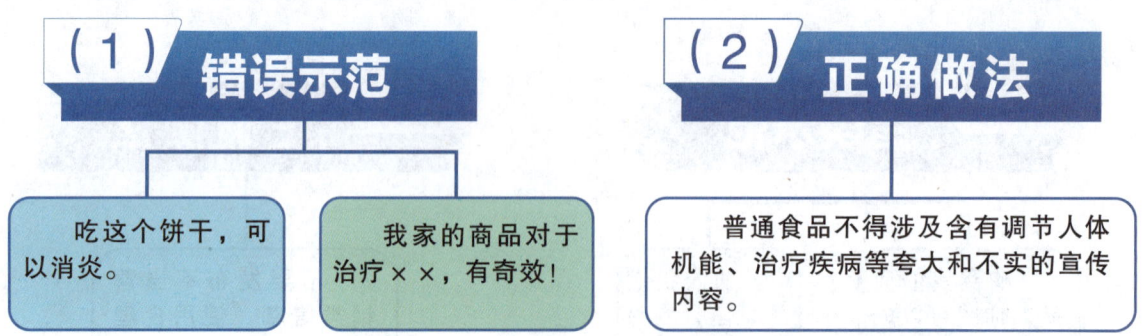

（1）错误示范
- 吃这个饼干，可以消炎。
- 我家的商品对于治疗××，有奇效！

（2）正确做法
- 普通食品不得涉及含有调节人体机能、治疗疾病等夸大和不实的宣传内容。

13. 挂机直播、录播

直播过程中拍摄单一画面且主播全程无交流无互动，或在直播间内播放其他录制好的视频内容。

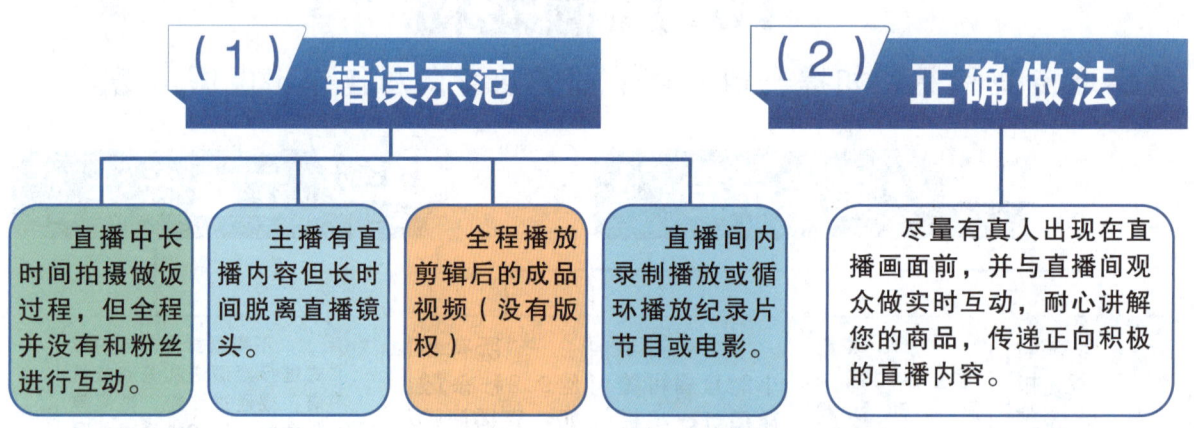

（1）错误示范
- 直播中长时间拍摄做饭过程，但全程并没有和粉丝进行互动。
- 主播有直播内容但长时间脱离直播镜头。
- 全程播放剪辑后的成品视频（没有版权）。
- 直播间内录制播放或循环播放纪录片节目或电影。

（2）正确做法
- 尽量有真人出现在直播画面前，并与直播间观众做实时互动，耐心讲解您的商品，传递正向积极的直播内容。

14. 衣着暴露

直播过程中穿低领或过度暴露的着装。

（1）错误示范
领口过低，露出"事业线"。

（2）正确做法
请穿着适宜的衣服进行直播，避免过于暴露。

15. 语言过激

侮辱、谩骂、用低俗语言攻击他人。

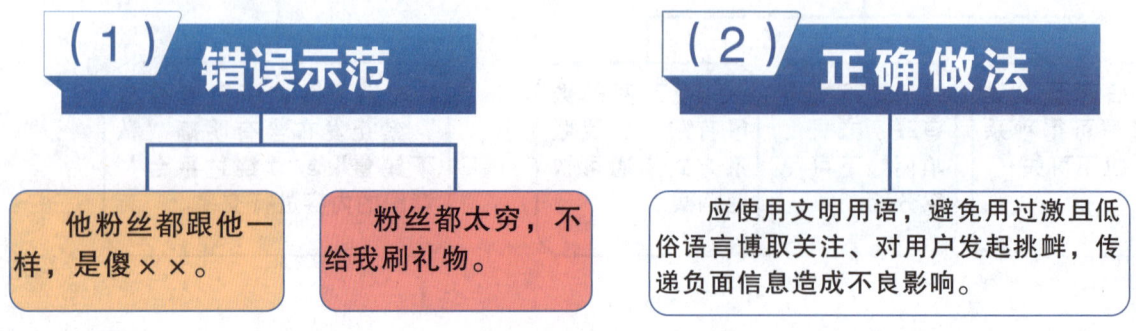

（1）错误示范
- 他粉丝都跟他一样，是傻××。
- 粉丝都太穷，不给我刷礼物。

（2）正确做法
- 应使用文明用语，避免用过激且低俗语言博取关注、对用户发起挑衅，传递负面信息造成不良影响。

16. 吸烟、饮酒

在直播过程中吸烟、饮酒造成不良影响。

（1）错误示范
- 直播过程中吸烟、饮酒。
- 吸烟不在直播过程中体现，但直播间内可看到烟雾或听到打火机点火、吸烟声音等；在直播间内拍摄到酒瓶或直播过程饮酒。

（2）正确做法
- 切勿在直播过程中吸烟饮酒传递负面内容，始终注意保持直播间内容、元素、氛围等积极健康向上。

17. 言语低俗

在直播过程中说低俗类擦边球的话语。

（1）错误示范
- 直播间内谈论低俗话题；
- 将正常歌词改编为低俗类语言；
- 低俗暗示或模拟低俗声音。

（2）正确做法
- 请传导绿色健康的直播内容，凭实力"带货"。

18. 封建迷信

传播无事实依据的民间迷信说法。

（1）错误示范
- 此物放家中保你辟邪，化解小人。
- 人会六大轮回，让我给你算一卦看看如来那边给你的备案是什么命。
- 带上这个项链，一定会镇宅消灾。

（2）正确做法
- 相信科学，切勿宣传封建迷信。

19. 谋取利益

禁止通过以自称导师/专家卖课教学的形式牟利。

（1）错误示范
- 这个课程教你上热门助你获得大波流量，买不了吃亏买不了上当，月入六位数。
- 只要课程费998手把手教你做互联网电商，在家就能赚钱！

（2）正确做法
- 平台禁止以自称导师卖课、帮上热门、教学开通电商的名义牟利。

20. 未成年人单独直播/带货

禁止未成年人单独出现在直播间内进行直播以及带货行为。

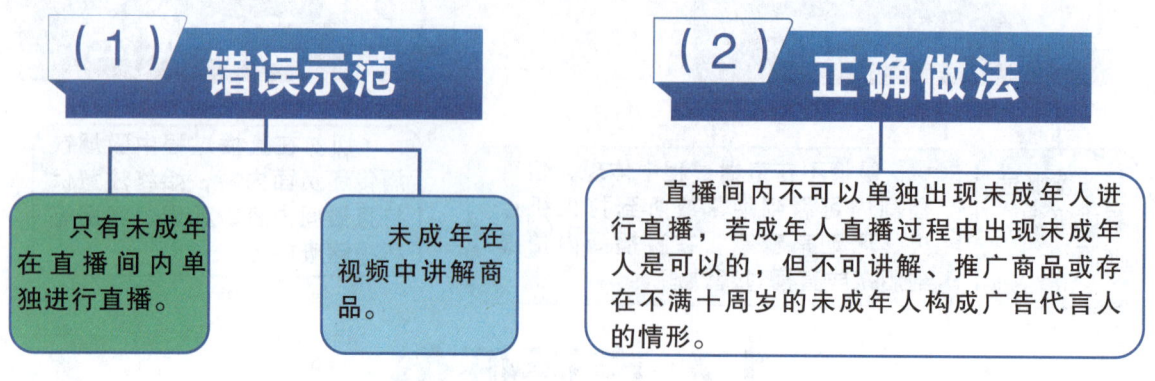

21. 低俗意味宣传商品

穿着过度暴露或做出低俗动作博眼球售卖商品。

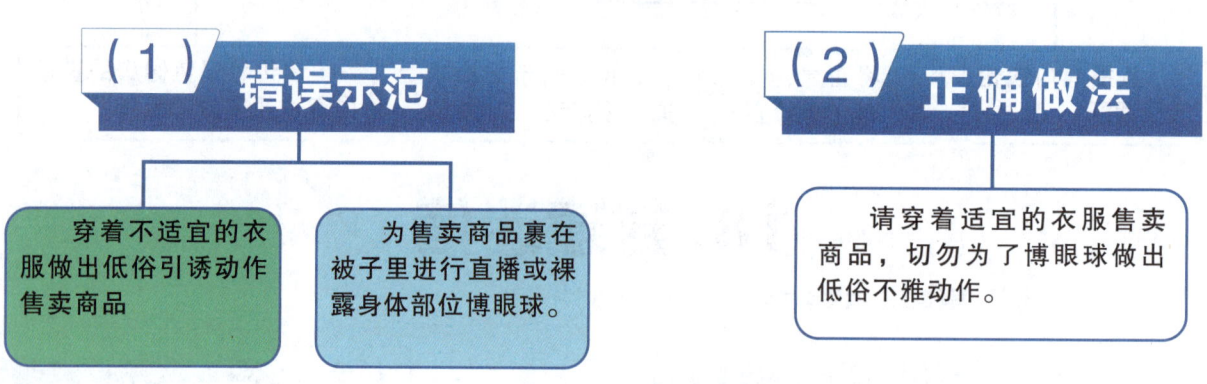

22. 视频无相关性

商品在分享内容视频中出现的部分，与购物车展示信息需具有关联性。

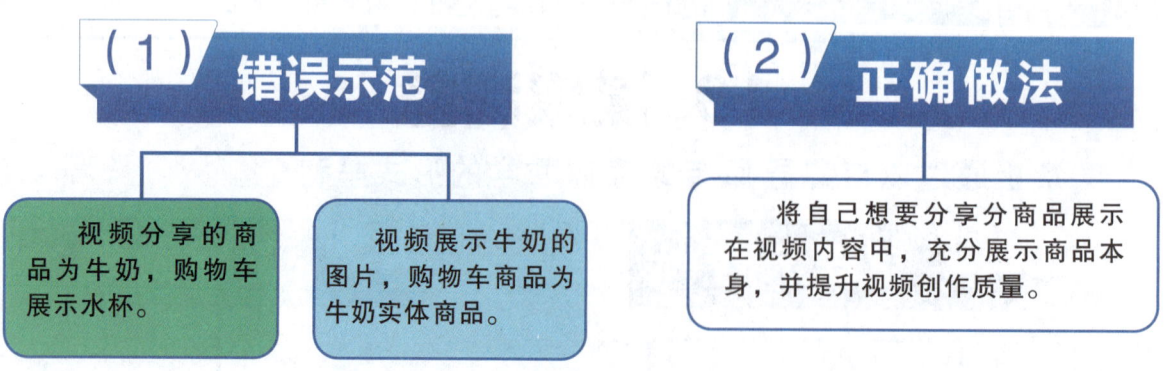

（二）低质短视频常见特征重点

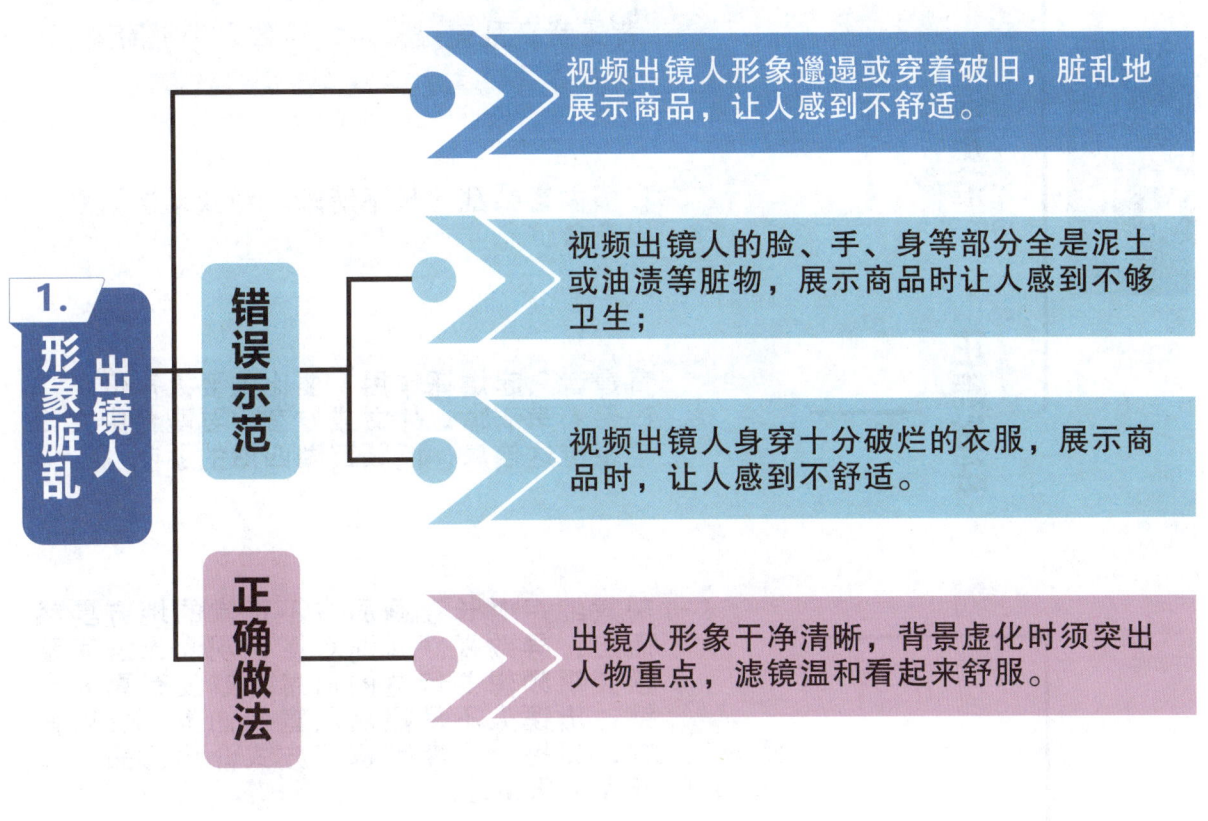

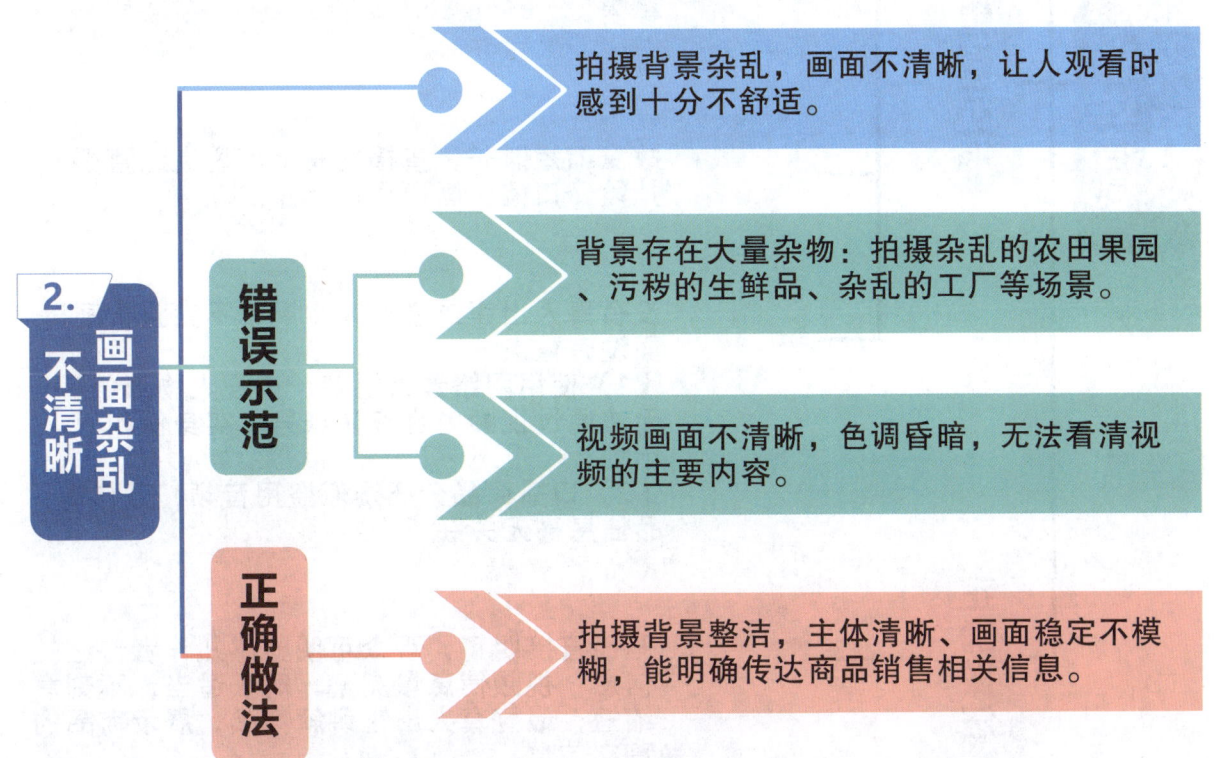

3. 视频声音不清晰

错误示范
- 视频的口播声和背景音都无法听清或无法让人听懂。
- 背景音杂乱盖过人声，导致人声不清晰。
- 口播内容杂乱冗长不清晰，观众无法识别出有效信息。

正确做法
- 背景音只起烘托作用，要比主要人声低，确保人声清晰；外文或方言，要配合中文字幕传达信息，照顾五湖四海的朋友。

4. 表达信息不完整

错误示范
- 刻意缩短时长让画面在不正常的地方戛然而止，导致视频晦涩难懂，观众无法完整领会视频想要传达的信息，或没有真人出镜、出镜人不承担商品宣传任务，仅以音频、口播、后期字幕等方式介绍商品，缺乏人格化特征。
- 强行制造悬念，设置问题但视频内无明确结果。
- 故意缩短时长，直接发布话不说完的直播片段，口播、画面戛然而止。
- 没有真人出镜或主要人物展示不完整，画面没有重点：
  （1）使用网络素材拼凑、虚设人物形象，无法通过视频内容确认账号真实身份和原创性；
  （2）口播商品介绍疑似盗用音频，且与商品信息毫无关联

正确做法
- 画面直接明了，观众可明显感知作者传达的信息；视频信息量完整，时长适当，不刻意缩短；最好真人出镜讲解商品，展示商品的真实信息。

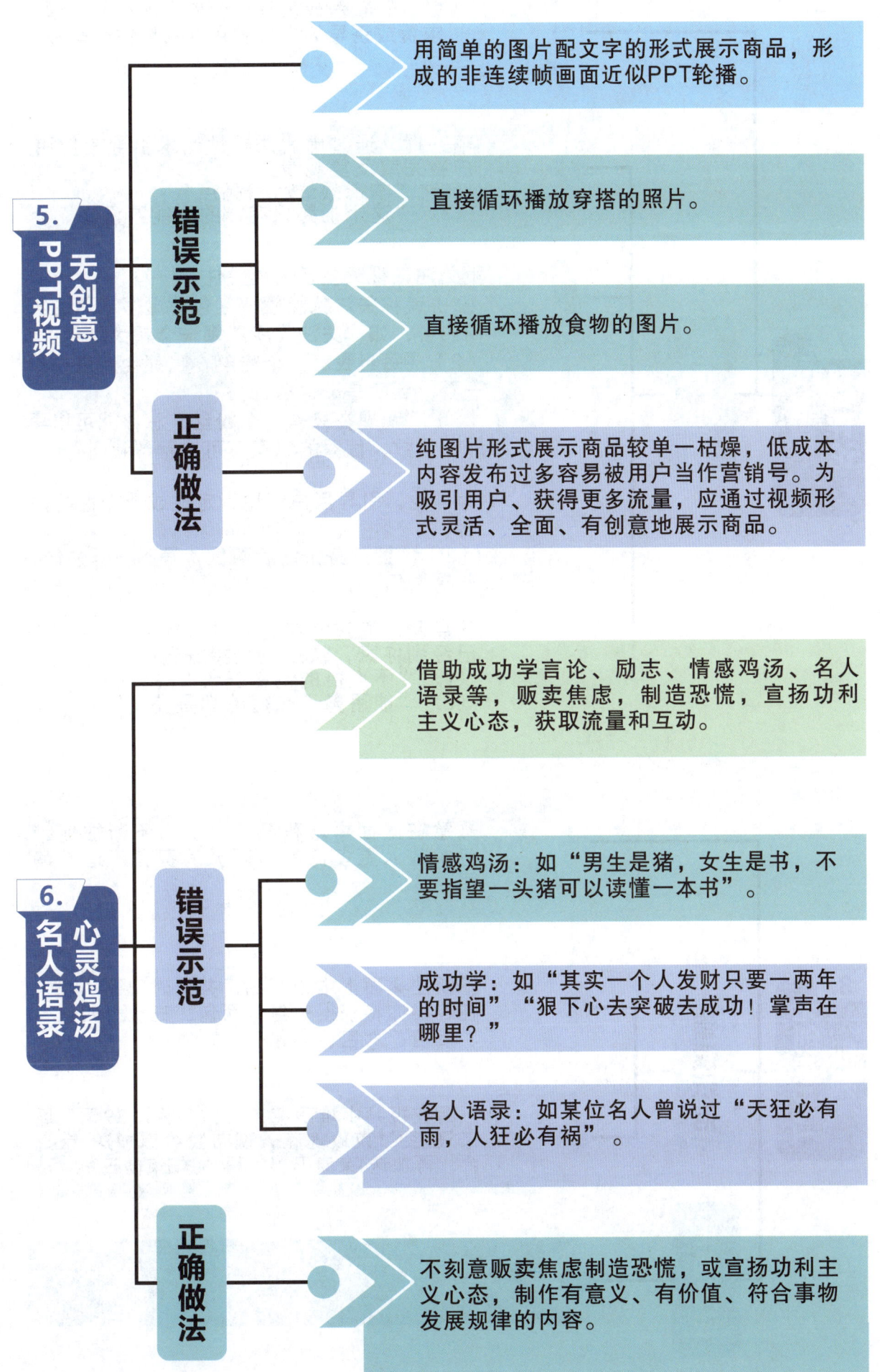

7. 骗赞骗评论

错误示范

- 视频内容较差或没有核心内容的视频,通过求赞或诱导的方式利用观众同情心骗取互动。

- 骗完播,通过虚假诱导性话术引导其他用户看完或反复观看:
  (1)"本视频最后有亮点";
  (2)"这个视频只有1%的人能看懂哦"。

- 骗关注,视频主旨为要关注:
  (1)谎称关注就能领取红包等虚假或恶意导向内容,如"关注我就能领一个超大红包"
  (2)"每当我涨一个粉丝,我都会点进去看一看,到底是谁这么优秀"
  (3)"我现在只差一个粉丝,总数就可以再涨一位数,优秀的你可不可以帮帮我呀"

- 骗评论,引导用户评论指定性或选择性的内容:
  (1)"留下身份证后两位,号码一样的做一周情侣"。

- 骗点赞,通过诱导的方式获得点赞"福星已经到你家,快点点赞接好运吧":
  (1)"不点赞的倒霉三天";
  (2)"能用鼻子点赞的都是美女"。

8. 无创意PPT视频

错误示范

- 恶意在画面中堆积商品个数,不断往促销包中放入更多商品,刺激消费者不理性购买。

- 不断往桌面上堆积商品,并同时口播"现在购买你将获得一包、两包、三包、四包、五包、六包、七包……"

- 不断在视频中堆积花束,并口播"39元,原来只能买1束玫瑰花,现在我给你加送2束百合,再加送4束康乃馨,再加送5束向日葵。

正确做法

- 用正确方式传达优惠信息,强调自身商品优势。

（三）重点行业带货规范
化妆品行业

1. 不得涉及效果保证或承诺

（1） 不得通过产品使用前后效果对比，夸大展现商品效果。
错误示范：使用前是皮肤是偏黑色的，使用我们产品一洗就变白。
正确做法：可宣传清洁、补水保湿、镇定肌肤的效果。

（2） 不得使用绝对化用语宣传，不得进行效果承诺，明示或暗示商品效果。
错误示范：使用了我们的贵妇膏绝对能美白，坑坑洼洼的皮肤绝对变成煮鸡蛋似的。
正确做法：我们的贵妇膏含有的烟酰胺成分该成分具有美白功效，不过使用效果是因人而异。

（3） 不得使用可能对其他用户产生视觉和心理上不适感的元素，进行效果暗示或保证，扩大宣传产品功效。
错误示范：展示大量皮肤黑头、清理脚后跟厚重的角质等易引起用户观感不适宜的内容。
正确做法：充分展示视觉效果上明亮、干净、整洁的内容。

2. 不得超范围宣传

（1） 非特殊用途化妆品不得宣传特殊功效
（1）特殊用途化妆品是指用于染发、烫发、祛斑美白、防晒、防脱发的化妆品。
（2）特殊化妆品包括但不限于：
祛斑美白化妆品：淡化皮肤表皮色素沉着、淡化各种色斑（包括但不限于老年斑、老人斑、妊娠斑、黄褐斑）、抑制/阻断黑色素、美白；
防晒化妆品：吸收紫外线、减轻因日晒引起皮肤损伤功能、防晒黑(不可直接宣传美白效果)。

（2） 明确商品是否为特殊用途化妆品
一般可以在「商品详情页-商品参数模块」看到对应参数（如图），在确认商品为特殊用途化妆品后才可以宣传特化效果。

3. 不得贬低第三方及第三方商品

通过吹捧一方贬低另一方的方式进行商品分享，包括但不限于：

（1）对另一方品牌（商品）的贬低、负面感触或对该品牌及该品牌的商品作出负面行为。例如：将另一方品牌商标进行涂抹，并将其扔进垃圾桶。明确指出当前用户所分享的商品，要优于"X品牌的商品"。

（2）其他以任何形式涉嫌恶意对比贬低第三方的情形。

这里的"品牌"指：以任何形式传达或展示商品品牌logo、名称、俗称，或展示商品标志性外包装，让其他用户可直观知晓商品品牌的情形。

4. 不得涉及无法核实的数据和信息

（1）生产研发及效果相关：

①不得在研发团队、生产线、销售渠道或其他非成分相关的维度上，进行宣传两个商品/品牌之间存在某种替代关系。

例如："我们跟那个大牌神仙水用的是同一条生产线，同一个团队研发出来的"。

②不得借用其他知名度相对较高、品牌影响力相对较大的商品/品牌，与当前所分享商品的市场地位、或商品效果进行混淆，致使其他用户对当前所分享商品的效果产生不实认知。

③若存在介绍两款及以上商品成分相同或差异的情形，不得将产品的功能归集到对比产品相同的成分的一种或几种。

④其他容易误导消费者用户的宣传/暗示平替大牌商品的情形。

（2）专利及具体数据相关：

宣传涉及专利、荣誉、销量、效果指数等内容时，需同时明确相应的专利号、专利种类、数据来源、质检资质报告等，或以上数据在第三方商品详情页公开可查。

食品行业

01

不得涉及食品安全隐患。

非初级农产品不得涉及"自家产"相关表述。

不得分享过期/变质食品，或其他危害人体健康的商品。。

02 不得包含虚假及暂无法核实的信息

商品的价格、产地、数量、质量、品种、品牌,及其展现的商品信息均需与所售卖的商品属性、参数一致。

03 **不得超范围宣传**

(1)普通食品不得宣传"含有新资源食品中的成份"或者"特殊营养成份"。

(2)不得明示或暗示食品可以替代母乳。

(3)普通食品不得宣传保健或医疗功效,不得借助宣传某些成分的作用,明示或暗示食品具有保健或医疗功效,包括但不限于:

未将「普通食品」与「保健食品」「药物」作出明确区分,混淆商品功效。

涉及医疗机构、医生(护士)、专家推荐或保证效果。

涉及医疗效果、治疗作用、保健作用、疾病预防、医学、药用以及其他医疗保健相关内容。

不得出现以保健功效或其他常见违规表述。

酒水行业

(1)不得在售卖时诱导、怂恿饮酒或者宣传无节制饮酒;

(2)不得在镜头内外出现任何饮酒行为;

(3)不得使用未成年人的形象(包括卡通形象)进行商品传播,以及不得诱导未成年人购买;

(4)不得含有诸如可以"消除紧张和焦虑、增加体力、强身健体、延年益寿、解除疲劳"等不科学的明示或者暗示;

(5)不得含有把个人、商业、社会、体育或其他方面的成功归因于饮酒的明示或者暗示,如"壮阳、补肾、事业有成、企业家、成功人士、重振雄风"等;

(6)不得在直播中表达出该商品为"自家产"及相似信息(包括但不限于口播、标题等),除非该商品符合国家法律法规要求的可自行生产的类目,符合平台要求,并已向平台提供相关承诺及材料证明相关商品确实由其生产的除外;

(7)不得"挂羊头卖狗肉",借用合规商品进行售卖假冒伪劣的酒类产品;

(8)不得虚构原价、划线价及历史售卖价格欺骗用户;

玉石行业

01 **不得出现违规内容展示**

(1)不得在直播过程中出现人民币或其他国家货币等画面;

(2)不得售卖无法出具指定检测机构出具的权威证书的产品;

(3)不得在直播间使用不正常颜色的灯光或滤镜等手段误导用户;

(4)不得使用"免税""缅甸直供"等不符合海关进口规定的宣传卖点;

(5)不得虚构原价、划线价及历史售卖价格欺骗用户;

(6)不得为逃避平台管控售卖野生动植物制品;例如为售卖禁售商品红珊瑚,直播间口播为红珊珊。

02 不得对产品的功效做出不实宣传

（1）增高、排毒、延年益寿、降三高等治疗性宣传；例如带上这个手镯就能促进排毒；

（2）改善睡眠、增强免疫力、促进消化等保健类宣传；例如：带上这个金项链就能改善睡眠；

（3）虚假宣传"玻璃种""正阳绿"等不实描述；

（4）未如实告知"有棉""有裂"等瑕疵情况；

（5）对"种水""厚度""大小"等做出不实描述，建议在直播间采用1元道具硬币，直观展示。

03 不得赠送不合规的赠品

（1）不符合中华人民共和国法律法规、平台禁售的商品《禁止发布信息及管理规则》；

（2）以任何形式赠送通过填充、染色、覆膜、表面扩散等方法处理的以假充真、以次充好的珠宝玉石；售卖以人工（合成、拼合、再造等）冒充的珠宝玉石；

（3）赠送食品药品、母婴、化妆品、农资绿植、图书音像类等商品；

（4）赠送市场价值大于5万元的赠品（含使用权）。

04 不得以任何手段向用户索要额外费用

不得以任何手段向用户索要额外费用（包括但不限于：好处费、证书费等）。

05 不得出现违背平台规则的霸王条款

不得出现违背平台规则的霸王条款，如"代购商品不退不换""超出24小时品鉴期概不退换"等；如为定制类商品需告知客户非质量问题不退不换的规则。

06 宣传售卖建议

（1）商品需展示在屏幕中央，方便客户查看货物；

（2）每件货品需要通过卡尺测量尺寸厚度；

（3）每件货品需通过手电查看瑕疵并通报客户；

（4）直播桌面需干净整洁，方便用户关注货品。

（四）常见违规用词指南

1 与"最"有关

不能使用以上词语对商品的【功效、成分、品质、价格、市场地位等商品本身元素】进行描述。

常见宣传违规词如下，包括但不限于：

全网最低价、全网最高级、最佳、最具性价比、最爱、最赚、最优、最优秀、最好的、最大、最大程度、最高、最高级、最高档、最奢侈、最低、最低级、最低价、最便宜、最流行、最受欢迎、最符合、最舒适、最先、最先进、最先享受、最新、最新科技、最新科学。

豁免场景：

如果宣传对比的范围是自己的店铺内的，如这是我店铺内最便宜、最高级是可以的。

2 与"绝对"有关

形容商品的功效、商品质量、或商品价格。

常见宣传违规词如下，包括但不限于：

绝对有效、绝对变白……

豁免场景：

形容商品使用后给外观带来的效果，如衣服穿上后"绝对好看"或"绝对靓丽"；用在特定场景下可使用，如浅色衣服绝对不掉色、皮裤/皮衣绝对不起球、面料摩擦力大，不跑被。

3 与"一"有关

常见宣传违规词如下，包括但不限于：

中国第一、全网第一、排名第一、第一品牌、行业第一、NO.1、TOP.1、一流、全国××大品牌之一……

4 与"级/极"有关

常见宣传违规词如下，包括但不限于：

国家级产品、全球级、宇宙级、世界级、金奖、顶级（顶尖/尖端）、顶级工艺、顶级享受、极品、终极、极致……

5 与"首"有关

形容商品的功效、商品质量、或商品价格。

常见宣传违规词如下，包括但不限于：

首个、首选、独家、独家配方、全国首发、首款、全国销量冠军、国家级产品、国家(国家免检)、填补国内空白……

6 与品牌有关

常见宣传违规词如下，包括但不限于：

王牌、领袖品牌、世界领先、行业领先、领导者、缔造者、创领品牌、领先上市、至尊、巅峰、领袖、之王、王者、冠军……

7 与虚假有关

常见宣传违规词如下，包括但不限于：

史无前例、前无古人、永久、万能、祖传、特效、无敌……

8 严禁使用极限用语

常见宣传违规词如下，包括但不限于：

世界级、唯一、首个、首选、国家级产品、填补国内空白、首家、金牌、名牌、全网销量第一、问鼎……

全球首发、全国首家、全网首发、世界领先、掌门人、绝无仅有、史无前例、领导品牌、领先上市、世界 全国××大品牌之一等无法考证的词语。

9 违禁权威性词语

常见宣传违规词如下，包括但不限于：

特供、专供、国家××领导人推荐、国家××机关推荐、国家××机关专供、特供等借国家、国家机关工作人员名称进行宣传的用语，"国宴专用、政协用酒、人民大会堂、全国人大、军队"及相应缩写。

10 质量免检相关

常见宣传违规词如下，包括但不限于：
质量免检、无需国家质量检测、免抽检等宣称质量无需检测的用语等。

11 老字号相关

老字号需要提供证书资质。

12 中国驰名商标、特供、专供等词语

常见宣传违规词如下，包括但不限于：
驰名商标、特供、专供是广告禁用词。军政法警专供或特供也属于违规词汇。
豁免场景： 电商平台专供除外。

13 迷信用语

常见宣传违规词如下，包括但不限于：
冥器、带来好运气，增强第六感、化解小人、护身、平衡正负能量、消除精神压力、调和气压、逢凶化吉、镇宅、消灾、挡灾、助吉避凶、辟邪、转富招福等。

14 投资类词汇

常见宣传违规词如下，包括但不限于：
保值、升值、升值回报、立马升值、投资价值、投资回报。
豁免场景： 宣传黄金保值除外。

15 教育、培训不得宣传内容

常见宣传违规词如下，包括但不限于：
包过、一本书学会、一套题学会、一次通过、一次通关、保过等。

(五) 常见问题解答

1 如何正确的宣传价格？

平台不鼓励作者使用原价。若要使用"原价"进行宣传，需提供符合法律法规要求的相应证明或依据，确保其宣传内容真实无误。若作者存在宣传"商品曾经售价"的需求，平台建议可在符合事实的前提下使用"划线价"代替"原价"宣传，以避免对其他消费者造成误导，真实体现商品的价值和价格。"划线价"可能是专柜价、吊牌价、建议零售价、厂商指导价或曾经展示过的销售价等。

2 专利、实验效果指数如何做到正确宣传？

宣传成分、技术专利作为商品的卖点宣传时，需要在直播间或商品详情页清晰的展示真实的专利证明，证明包括国家颁发的专利证书或专利号。且相关实验数据需要具有CMA/CNS官方鉴定机构的鉴定报告作为依据。

需提供专利证明的宣传场景：（仅供参考）

例1：精准抗老，淡纹！由第三方实验室实验数据证明，每日使用两次，连续使用××天，皱纹减少××！

例2：微囊缓释技术：利用仅××微米的微脂囊小球，将活性成分包裹在内，分子量足够小，能穿透肌肤表层，完整注入肌底，在肌肤各个层次缓慢释放活性成分，被肌肤快速吸收，发挥精华的功效。

例3：食品的外包装是采用了××技术，能够提高食品的保鲜时长及保鲜效果。

涉及以上宣传的同时也须提供相应的专利证明或实验室检测报告。

3 美妆成分效果如何正确宣传？

在宣传化妆品成分时，可按照含有成分的真实功效对应宣传，成分不具有的对应功效不能宣传，其次不能进行过度承诺。

避免使用"祛除""修复""瓦解""彻底解决"等词汇来形容商品效果。结合语境，可以将上述词汇修改为"淡化""改善""促进""有助于""缓解""维稳"等。

（注：结合具体场景"修复干燥发梢、晒后修复"可宣传）

宣传示例：（仅供参考）

例1：如商品确实含有相应的烟酰胺成分，可宣传烟酰胺具有美白的效果；

例2：这瓶乳液含有3%二裂酵母发酵产物溶胞物，协助改善细胞呼吸，辅助抗老；

例3：含有抗糖基化卫士-肌肽，肌肽具有抗老抗氧化，清除自由基，均匀肤色的效果。

4 售后服务如何正确宣传？

根据《消费者权益保障法》等法律法规，除定制类、鲜活易腐等特殊商品外其他商品应支持7天无理由退货，如构成欺诈，则需对消费者进行假一赔三。商品实际支持假一赔三，但内容宣传支持假一赔十、假一赔万，则为虚假宣传；如商家为提升消费者体验，对相应商品承诺支持30天无理由退货服务及假一赔十的，则需要在商品详情页内展示说明。

5 商品材质如何正确宣传？

宣传商品材质、成分含量等商品参数数值时，应注意与商品标签、商详页等处所展示的商品参数情况相符，对商品参数情况的宣传应有合理来源和依据。

二十八、照读话术篇

（一）首播照读剧本

开场暖场

音乐：（演员/薛之谦）

欢迎新进来的家人们来到我的直播间，主播刚刚开播，进来的家人可以在我的直播间稍作停留，主播正在加热直播间。每一个主播在刚开播的时候都要第一时间加热自己的直播间，这样咱们的直播热度才能打开，直播间才会源源不断地进人。(可以先引导大家加热直播间，让大家帮忙点点关注点点赞)欢迎某某进入我的直播间，进来的家人稍作停留，家人们，你们能听到我说话的声音吗？如果能听到，大家打一个"能"，好不好？感谢家人们的回复。

(引共鸣)欢迎走进我直播间的家人们，有没有想在抖音上创业，想在抖音上赚钱，但是不知道如何迈出第一步的？有的打个"有"。知道抖音是块大蛋糕，但是不知道怎么去切的，迷茫没有方向的有没有？想开播不敢开播，开了播不知道说什么的，一开播就会紧张尴尬冷场的有没有？有的咱们在公屏上打个"有"。看到很多不如你的主播在抖音上都能日入3位数或4位数，但自己却迟迟做不起来，越学越迷，越学越纠结，心中十分焦虑的有没有？有的家人公屏上打个"有"，我们给公屏上打"有"的家人们都相互抱一抱。

(整场穿插)欢迎新进来的家人们，主播是一个新人主播，今天是我首播的第2天，在我首播当天就是用了现在这样的一个方式方法。就是这样一个不出镜的形式，让我首播当天就突破了35人在线，并且变现300元。（晒数据）家人们，如果到现在你依然还没有开启直播，恐播的，不敢迈出第一步的，或者你的直播间还在个位数苦苦挣扎，还在亏播，今天都可以停留在我的直播间听一听我的分享，我相信这一定是最适合咱们新人的方式方法，一定可以让咱们的个位数直播间有所突破，为什么？因为我就是离大家最近的，就是你们身边千千万万个平凡的新人主播当中的一个，我的起点，我的基础和你们都一样。家人们，我和你们都是一样的。家人们，如果你的直播间到现在还没有做起来，没有赚到钱的，或者你开播了不知道该说什么的，今天留下来，在我的直播间听一听，看看我的直播间是怎么做的，看看我们今天是否能够再次突破35人或者50人的直播间，看看我是怎么样一天赚3位数的，好不好？

新进来的家人们，咱们没给主播点关注的，左上角先点个关注，没有亮灯牌的，咱们去亮一个灯牌。

（戳痛点）家人们，如果你们不知道怎么喊人，不知道怎么留人，不知道怎么开场暖场，不知道如何突破个位数直播间的，一定要在我的直播间稍作停留，如果你和我以前一样趴过大大小小的直播间，笔记做了一本又一本，学习资料买了一堆又一堆，声卡买了一个又一个，高佣链接拍了一个又一个，然后想开播又不敢播，不开播心里又痒痒的。

那么今天一定要停留在我的直播间，因为我是离你们最近的主播。（重复之前的抛结果）昨天是我的首播，我就是用了这个照读剧本的话术将我的直播间突破到35人在线的，如果你不相信的话，可以停留在我的直播间，我们耳听为虚眼见为实，因为我是一个新人新号，如果说你今天亲眼见证我做起来了，那么未来，你也可以把我这个剧本运用到你的直播间，看看能不能把你的直播间也做起来好不好？觉得好的家人们，咱们在公屏上打个"好"！

(整场穿插)家人们，如果你想在抖音创业，想在抖音赚钱，不知道如何迈出第一步的，迷茫没有方向的，你可以在我的直播间停留下来，如果你想开播不敢开播，恐播的，开播了不知道该说什么的，一开播就会紧张尴尬冷场的。家人们，一定要在我的直播间听听我的分享，今天我会给大家解决三个问题：

第一，解决咱们恐播不敢播没有解决咱们个位数直播间留不住人内容可播的问题。第二，解决咱们个位数直播间留不住人的问题。第三，解决如何把留下的人转化赚钱的问题。家人们想不想听？想听的家人们公屏上打个"想"。

（如果突破30人在线，开始问）直播间的家人们，有没有人是因为看到我面前这个剧本而停留下来的？有的家人们咱们打个"有"。没有人想要我这个剧本的?有的咱们打个"有"。我看看有多少家人们。

喜欢我这个剧本。如果喜欢的家人比较多的话，我可以给大家截图，好不好？家人们看到没有，这么多人都是因为我面前这个剧本而停留下来的，如果在你的直播间里也放上这个剧本，你还会害怕你的直播间里没有人吗？会的打个"会"，不会的打个"不会"如果觉得主播讲得还不错，那咱们搬个板凳坐一坐，万水千山总是情，送个灯牌给我行不行。家人们，想不想知道我们的流量从哪里来？来，想知道的打个"想"，我来告诉大家。咱们在刚开播刚上线的时候，每一场开播的前半个小时，我们都要去承接抖爸爸给我们推的第一波流量。如果说你第一波流量接的好，抖爸爸就会给我们继续推第二波流量，明白吗?为什么我能在首播当天就突破35人在线，第2天就突破百人直播间，进入万人流量池，就是因为我把抖爸爸推的流量接住了，大家想不想知道我是怎么做到的？想的公屏打个"想"，等下我会给大家还原我的首播现场，并告诉大家，我直播的精髓在哪里。你们来到我的直播间，不但可以把我的剧本截图带走，我还会详细教大家怎么把这个剧本用好，大家觉得好不好？

（整场穿插）家人们，你们想不想知道我本场直播的精髓是什么？这样开播的好处是什么？想知道的打个"想"。你们想不想知道我就是一个读剧本读话术的，为什么我首播就突破了个位数直播间，并且变现了300元。我给大家看一下（结果展示）。如果你们想和我一样，开播就能赚钱，想和我一样，开播就能把第一波流量接住的，想和我一样每天都能突破百人直播间的，在我的直播间停留下来，我来跟大家讲一讲，我是怎么做到的，好不好？

咱们直播间里的家人们，开过播的打"1"，没有开过播的并且恐播的打"2"。我看到好多打"2"的家人，这些都是还没有开启直播的或者不敢开直播的家人们吗？大家不敢开播的原因是不是因为不知道该说什么吗？是的在公屏上打"是"。如果我给你一套开播就能照着读的剧本，你敢不敢开播？敢的打个"敢"。

很多家人之所以不敢开播，一是因为没有内容可讲，二是心理作用。家人们，你们是不是有人还没有开播，心里就想着，万一我开播了，没有人怎么办呢？万一我开播了，只有我自己怎么办？万一我开播了，只有大头娃娃陪着我怎么办？有这种想法的家人们，咱们在公屏上打个有。

好，那我想问下各位家人们，咱们直播间里到底是先有内容还是先有人？觉得是先有内容的打个"内容"，觉得是先有人的打个"人"。我看到好多家人都打了内容，也有家人觉得是先有人，是不是觉得没有人我们的内容讲给谁听？是不是，家人们？咱们直播间里一定是有先后顺序的，而且一定是先有内容再有人的！我给大家举个例子，比如我们出门逛街，看到路边有个表演杂技的，或者看到路边有人打架，是不是就有人过去围观？为什么？因为人都是有好奇心的，都爱凑热闹，而这个表演杂技的或者这个打架的就属于内容！我们凑过去看我们就是流量，有了好的内容，自然而然会吸引人停留，对不对，家人们？能不能理解？来，能理解的打个"能"。

接下来，我要跟大家讲一个核心的重点，如何去做一场优秀的直播，专如何成为一个优秀的主播，我给大家总结了三个关键点，下面我就把它分享给家人们。

我们的第一个关键点一定是心态。如果你的关注点一直都在右上角的人数上，那么一旦看到没有人停留，你的信心就会大减，从而你的状态也会变差，越没状态就越不会有人，越没人就越没信心，到最后只能停播学习，对不对，家人们？所以，我们一定要把关注点放在如何把我们的内容讲好上面，当你的内容更有价值，当你的直播能力提升上来的时候，自然而然就会有人为你停留了，对不对？认同的家人们打个"认同"。那我们的第二个关键点就是内容。就是我们前面刚刚提到的，要先有好的内容。我们一定不能盲目去开播，要打有准备的仗，越是没有人，我们越要准备好充足的内容，因为刚开始可能没有人跟我们互动，我们只能自己对着自己讲，如果你的内容没有准备好，很有可能就是尴尬和冷场。大家看一下，我眼前这个就是"首播照读剧本"。我为什么选择不出镜不露脸，一是因为我没颜值没口才，出镜会紧张，二是我觉得这个剧本比我的脸更吸引人，比我的脸好用。

　　把这个剧本放在这，一是让我首播时有完整的内容可以讲，即使直播间只有我自己，即使只有大头娃娃陪着我，我也不用担心我会冷场，我也不至于没话可说。三是它可以帮我筛选流量。

　　家人们，大家知不知道直播间也都是有标签的，知道的打个"知道"，不知道的打"不知道"，我看看有多少家人不知道，你们看好多人都打了"不知道"其实，我们的作品有分类，我们的直播间也一样有标签。有的直播间表演才艺，有的直播间打PK，有的直播间卖化妆品卖服装，而我的直播间就是做知识分享加带货，明白了吗？

　　大家千万不要小看我这个剧本，为什么我首播当天就能突破35人在线，就能变现300元，主要就是因为我直播间的流量足够精准。只有你的直播间流量精准了，才能够转化，才能够成交。

　　咱们新人在刚刚开播的时候，抖爸爸并不知道应该给咱们的直播间推什么流量。咱们的直播间要推什么样的流量是按你的数据决定的。所以咱们首播当天，什么样的人来到你的直播间做了数据，什么样的人留在了你的直播间，直接决定了抖爸爸给你直播间推什么样的人，明白了吗，家人们？

　　你们想不想像我一样，每天都能变现300元、500元的，来，想的打一个"想"。我之所以把这个本放在这照着读，就是用来吸引精准粉丝的。只要是干货界的粉丝，只要想在抖音创业的人才看得懂，才会进来，对不对？那些想看美女，想看娱乐的人，压根不会进来!家人们，只要你是想在抖音创业、想在抖音直播的人，遇到的第一个问题是什么？是不是不知道该如何开启首播？是不是不知道开播了该讲些什么？是的咱们在公屏上打个"是"，而我这个首播照读剧本就是来帮大家解决这个问题的。家人们，如果你路过我的直播间，看到这么醒目的6个大字"首播照读剧本"，看到上面密密麻麻的内容，你会不会在我的直播间停留3到5秒？家人们，会不会？会的打"会"。在你停留的3到5秒钟，如果你又听到了我激情满满，这么有状态地在讲我的话术，在练习我的直播能力。家人们，你有没有可能被我的激情感染，有没有可能不知不觉就在我的直播间多停留了1到2分钟？家人们，有没有可能？觉得有可能的咱们打个"有"。这就是我们直播的第三个关键点：状态留人，干货界的家人进来之后，有了评论有了停留，帮我做了数据，帮我做了转化，抖音给我推流就会越来越精准，直播间就会越播越赚钱，明白吗家人们？来明白的打"明白"。

很多人之所以会恐播，就是因为你压根不知道开播说什么，对不对？你没有思路不会讲故事，不会衔接，不会互动，不会要数据，所以你的直播间做不起来，对不对？而我这样的一个开播方式，提前把想讲的内容，完完整整地准备好，放到我的直播间里，开播直接照着读就可以了。整场直播我都是精心策划的，在直播间所讲的每一字每一句也都是提前打出来的。你不用出镜，只需要拿着我这个首播照读剧本在你的直播间表演就可以了，这就叫万事俱备。当你有话可讲了，你还会害怕直播吗？来，我问下家人们，如果我给你准备这套完整的话术，完整的剧本，你敢不敢开播？敢的家人们在公屏打个"敢"字，是不是都敢了？

那么在我看来，目前你的直播间就缺这么一个剧本！大家赶紧把它给带走吧！**（引导下单）**

（再次抛结果引共鸣）欢迎新走进直播间的家人们，如果你也想在抖音上创业，想在抖音上赚钱，但是不知道如何迈出第一步的，迷茫没有方向的，可以在我的直播间停留下来，如果你也是想开播不敢开播的，开了播不知道说什么的，一开播就会紧张，尴尬冷场的家人们，都可以在我的直播间停留下来，看一看我的直播间有没有你想要的，看一看我面前这个"首播照读剧本"是不是你也可以拿到直播间去用。

（互动）来，新进来的家人们，咱们没给主播点关注的左上角先点一个关注，没有亮灯牌的，咱们去亮一个灯牌。

（整场穿插）欢迎新进来的家人们，主播是一个新人主今天是我首播的第2天，在我首播当天就是用了我现在播的方法，就是这样一个不出镜的形式，让我首播当天就突破了35人在线，并且变现300元。

（晒数据）家人们，如果到现在你依然还没有开启直播，恐播的不敢迈出第一步的，或者你的直播间还在个位数苦苦挣扎，还在亏播的，今天都可以停留在我的直播间听一听我的分享，我相信这一定是最适合咱们新人的方式和方法，一定可以让咱们的个位数直播间有所突破，为什么？因为我就是离大家最近的，就是你们身边千千万万个平凡的新人主播当中的一个。我的起点，我的基础和你们都是一样的。家人们，如果你们的直播间到现在还没有做起来的，没有赚到钱的，或者说你开播了不知道该说什么的，今天停留下来，在我的直播间听一听，看看我的直播间是怎么做的，看看我们今天是否能够再次突破一个35人或者50人的直播间，看看我是怎么样一天赚米3位数的，好不好？

我的方法非常适合新人新号，很好落地。我就是靠这个"首播照读剧本"把人留下来的，把我们的3项新增数据给做起来的。在我们的直播间里大家一定要去留人，定要去转化！先留存，再转化，最后是成交，就是这三个步骤。今天在我的直播间里我就是教大家去留存去转化的。什么叫留存？就是这个人进到你的直播间，然后你用你的内容、你的价值把他留下来。什么叫转化？他给你点了个加号，亮了个灯牌，或者在下方评论了一下，这些都叫转化，明白了吗？家人们。大家想不想听一下我的分享，想不想看一下我是怎么读这个剧本的，怎么把你们留下来的？想的咱们在公屏上打个"想"。

家人们，你们有没有个位数直播间留不住人的？你们有没有听过大主播说个位数的直播间不能讲干货，讲干货都没有人听的，留不住人，有没有听过？有的打"有"。告诉我们新人要喊人留人？演示：欢迎××来到我的直播间，你能不能给我点个关注呀，你能不能给我点个加号呀？我是一个新人，今天是我开播的第一天，你能不能支持我一下？话音还没落呢，他已经到隔壁老王家里了，是不是?我们又不是明星大网红，别人为什么要支持你呀？很多新人都听了大主播的话，学着这样去留人，我问问你们，有没有留住人？有没有让你的直播间突破个位数？有的打个"有"，没有的打"没有"。

（二）直播逐字稿升级版

01 全程直播核心

实操还原首播前7天如何拉流量，稳定百人直播间！（全程要以这句话为核心点，去抛出，用来留人)

02 全程直播流程

（1）首播三大步骤：

开场拉流量+三个留人稳人话题+接急速流量三个方法。

（2）首播五个核心要点：

会开场、会打标签、会稳流量、会叠加流量、会接急速流量。

03 首播全流程三大步骤

（1）首播第一大步骤：

开场暖场拉流量四段话实操（如果你的流量还没起来，这个话术要反复说，全程说，这个话术，就是拉流量的实操话术，适合新号首播用）

拉流量话术的详细版本：

① 讲感受（0人的时候讲）

（这个话术自己再编辑一下，记住：你讲得越真实、表演得越真实，留人的效果就越好，真实的感受才能打动人心）。

欢迎走进我直播间的家人们，大家上午好，今天是我首播的第一天，我人生当中的第一场直播。刚刚打开直播间刚刚上线。你们有没有和我一样，是一个新人小白，也想来干直播，但是你今天什么都不会的，有的你们打个"有"，没有想到首播第一天，我直播间来了这么多人，首播的第一天，真的好紧张，好激动，我做梦也没有想到，像我这么普通的一个新人小白，也能来干直播，并且今天还是我首播的第一天。来到我直播间的所有家人们，你们能不能给我这个新人小白一个鼓励，请帮我打一个"加油"！好不好？谢谢大家。

②自我介绍(上到10个人以上讲)

（围绕两个进行，我是谁，我为什么来开直播，要简明扼要不要啰唆，还要和大家互动起来）

我的直播间刚刚开播，刚刚上线，今天呢，是我的首播，首播的第一天，首先跟大家做一个简短的自我介绍，我叫某某，是一个全职在家带娃的普通宝妈，我也是无意间在刷抖音的时候，看到很多普通宝妈宝爸都来开直播了，于是我也想来试一下。

同时呢，我曾经是开实体店的，生意不太好做，亏本了，于是就来到抖音平台来创业。我来自xx，直播间里有没有我们xx老乡，你们都是来自什么地方呢？我们可以打出来互相认识一下。我来抖音上呢，是做一名经验分享型主播的，也就是跟大家去分享，我开直播的所有经验，告诉所有的家人们，我们普通老百姓，普通小草根，普通全职宝妈，现在都可以来抖音开直播，赚生活费了。

你们眼前的这个主播，和大家一样，很普通，我不会唱歌，也不会跳舞，更没有什么才艺。所以你们有没有也想来抖音平台创业，挣生活费的?如果有打个"有"。

③抛价值（上到20人以上讲）

（你要去告诉大家：我是有方式方法的主播，今天大家留在我的直播间，我能满足大家的需求，能给大家带来价值。）

（引共鸣）欢迎走进我直播间的所有朋友们，大家好今天是我首播的第1天，刚刚打开直播间刚刚上线。我做梦也没想到，我首播第1天，直播间已经上到这么多人。你们知道吗？到现在为止我还特别紧张，后背全部都湿透了!朋友们，你们知道吗，我之前啊，一直都不敢开播，我害怕开播，我恐播，害怕自己直播间不进人，害怕我留不住人，我打开直播间不知道说什么，我害怕我的直播间是个位数，我也害怕我的直播间亲朋好友，七大姑八大姨刷到我，然后笑话我。你们有没有跟幸运儿一样的家人，如果有，我们打一个"有"。有没有像我一样，趴了很多直播间，记了很多笔记，录了很多视频，但是你依然不敢开播的家人?如果有的话我们打个"有"字。（抛话题）所以我今天打开直播间，是做了充分准备的我不是盲目来开播的。在开播之前，我都学习了半个月，的时间。我看到越来越多的普通人，都把直播间给干起来了，有的做到了百人，有的做到了千人，甚至有的做到了万人，他们每天都能赚四位数，甚至是五位数。那是因为我们抖爸爸现在扶持我们普通人来抖音平台创业，来干直播。我趴了三个我非常喜欢的大主播的直播间，趴了很久，他们上播我上播，他们下播我下播。现在，我终于找到了方向，不再迷茫，我给自己整理出了一套适合我们新人的直播大纲，一个开场暖场拉流量话术，加上三个留人稳人话题，再加上三个叠加流量的方法，没想到今天我首播的第一天，我的开场暖场还没讲完，直播间已经上到这么多人了，我直播间所有的家人们，你们有没有见证，见证的咱们打一个"见证"。

④（留下来的理由）所以说，今天所有走进我直播间的家人们，如果你和我之前一样，恐播、迷茫，不敢开播的，打开直播间不知道说什么，如果说你也和我一样趴了很多直播间，记了很多的笔记，录了很多视频，但是到现在依旧没有方向，今天不妨给我一个机会，在我直播的直播间停留下来，把我的首播，当成您的首播，我们与其在大主播直播间听人家的结果，不如你今天留在我的直播间，亲眼去见证一个新主播，是如何从0到1的开始的，如果今天我用这个方法把直播间做起来，大家每个人都是我的见证者。家人们，你们觉得今天我的直播间能不能破百人，如果觉得能，打个"能"，如果不能请帮忙给我打个"加油"，谢谢大家。抛结果（上到30个人以上讲，快流量，拿出状态）（首播、时长、人数、收入、方法、见证）欢迎走进我的直播间。所有的朋友们，大家好，今天是我直播的第1天，没想到我刚刚打开直播间，还不到10分钟的时间，已经上到这么多人了。家人们，你们都有没有见证了我的首播？见证了的你们打个"见证"家人们，你们知道吗？刚刚打开直播间的时候，我的直播间没有几个人，只有三五个人。那么我在直播间里面，就讲的这一段开场暖场接流量的四段话，没有想到直播间人气越涨越高，人数越涨越多。

有没有刚刚来到我直播间的新朋友？刚来打"刚来有没有？刚才没听到我是怎么说，我是怎么讲的？需不需要我在直播间再实操演示一遍？如果需要的打个"需要"，我在直播间再演示一遍，看看我们直播间还会不会再上人。

(可以继续从第一段开始重复，主要是接我们的快流量不能只讲一遍，讲20到30分钟，循环反复地去拉流量，做数据。)

(2)首播第二大步骤：

新人首播快速破百，三个留人稳人话题+打标签来精准流量。

适合个位数直播间的留人稳人的5大核心点：

(如果你的直播间人数是个位数，就按照以下几个点去执行，一边给自己的直播间去打标签。一边来留人，重要的核心点是：留人，做数据)

①喊名字：谁谁，我看到你了。

② 简短自我介绍：谁谁谁，你好啊，我看到你了，我是一个新主播，今天是我第一天开直播啊，刚刚上线，刚刚打开直播间。

③ 利他思维先给别人点个关注谁谁谁我看到你了啊，我是一个新主播，今天是我第一天开直播，刚刚上线，刚刚打开直播间，哎，我已经给你点关注了哟，某某我已经关注你了，我们已经是朋友了。

④ 产生互动，抛话题（与他相关的话题）。

第一个话题问他，哎，你也是咱们这个领域的主播吗？你也是一个经验分享型主播吗？

你开播了没有？某某你开了直播给我打一波"1"，如果说你没有开过直播，给我打一波"2"。

那么如果今天某某，给我打了"1"，哎，如果说你也是个新主播，还没有开直播，今天正好是我首播呀，前面呀我通过两句话留着两个老乡，你想知道我怎么去留着我老乡的吗？

如果这个时候此人说啊，我已经开了直播了，哎，某某，你啥时候开直播呀？你把开播时间给我打出来，我去你的直播间，我跟你学习去，我去你直播间，我给你做数据去。

⑤ 完成数据

如果某某主动亮了灯牌，只要感谢一下就可以了，感谢某某的大灯牌，您的大灯牌堪比嘉年华。如果某某是个新人，不太会做数据，可以说，亲爱的朋友如果你方便的话，能不能帮忙给我去点个关注呢？话题一：为什么来抖音开直播？（做解说，留流量）逐字稿话术：我们为什么要来抖音开直播呢？是因为现在实体店生意非常难做，是不是家人们？就比如我做实体让我亏本了，我也是没有办法，所以来抖音试一试。

你们有没有和我一样的是做实体生意的？如果有在公屏上打一个"有"。我呢，也是在一次机缘巧合之下，刷到一个宝妈的直播间，她说她一场直播三个小时，能够挣四位数的收入，她说她欠了100多万，短短几个月的时间，已经还一半了。因为我也是有负债的，就留在她直播间趴了很久。

我每天都看到她的直播间礼物满天飞，简直颠覆了我对抖音直播的认知。在我过去的认知里面，我以为只有长相好看的小哥哥、小姐姐才可以做主播。后来我才知道，原来我们普通人，普通的草根，普通的宝妈宝爸宝奶奶也能做直播，赚钱挣生活费了。

我以前以为直播间必须要唱歌跳舞表演才艺才行，后来我才知道原来在直播间里，简单地讲讲，分享一下自己的经验经历，然后就会有收入。我觉得这件事我也能干，于是就这样我开启了我的首播，我人生当中的第一场直播。

家人们，你们有没有和我的经历一样的，有的话在公屏上打个"有"。

后来我刷到越来越多的普通宝妈、宝爸在抖音上开直播，听到人家说，每天直播间日入三位数，日入四位数的，甚至有的日入五位数，我真的非常羡慕他们。

于是我也想通过自己的努力，把直播间给干起来，赚到钱，来缓解我现在的生活压力。朋友们，你们知道吗，来抖音做直播，我的目标就是每天挣一两百块就很满足了。家人们，你们不要笑话我，我当时就是这么想的。

家人们，你们来到抖音平台做直播，你的目标是挣多少那时候我就在想，如果我一天挣200，一个月就是6000，比我们这个城市白领的工资还高。我还可以兼职，一边上班，一边开播，于是我就鼓足了勇气，来开启了我的首播。

话题二：新人克服恐播的三个方法（留精准，稳流量）。

逐字稿话术：

第二个话题，是克服"恐播"的技巧。前面我说了，咱们是一个新人，来咱们直播间的要么就是新人，要么就是比咱们还要新的新人，她们都存在一个问题，啥问题呢，就是害怕开直播、"恐播"，害怕自己直播间不来人，留不住人，害怕自己开了首播，直播间不知道说什么。朋友们，有没有这样的，如果有，打个"有"字。

那么这个话题就可抛出去聊啊，我首播那天怎么聊的，我说，朋友们你们知道吗？我开播之前特别烈播，迷茫不敢播，怕我直播间不来人，我不知道直播间我说啥，到现在我还紧张呢，不知道大家有没有和我一样的，如果有打个"有"字。我没有说，家人们，我给大家分享"恐播"，而是以一种聊天的方式来聊。等下我讲完这个话题，我跟大家去分享如何去接极速流量，就是你聊着聊着直播间突破了50个人，直播间突破了一百个人，我该怎么把这50人，100人留在我直播间呢？这个很重要，这三个话题，是让你在直播间不尴尬，不冷场，不怯场，有话可说，而且还能把人留在直播间。当我们把人留在直播间后，抖音还会给我们推人，那么给我们推人之后，我们该如何接住这波人，这就要有技巧了。这个技巧你如果能掌握得好，那么你的首播他不会差，不能说做到百人千人，起码突破个位数，做几十人直播间还是可以的。

所以我们得去聊，不去聊，不去说话，直播间就会没人，因为门外有人，他们从门口看到我们不说话，就知道咱们是个位数直播间，更不想进来了。家人们是不是？所以第二个话题就是以聊天的方式去聊。你恐播，但是你克服了恐播，你去跟别人分享一下你是如何克服恐播的，这个话题大家会不会聊，你怎么克服的你就怎么去讲。就这么简单，大家会不会聊，会打个"会"，不会打个"不会"，我克服恐播当时是聊了三个技巧，来，家人们啊，为什么今天我能够站在这个地方，能勇敢地开启首播是因为我通过三个小技巧克服了我自己的恐惧，克服了我的"恐播"。我们想要克服恐播，首先得知道自己为什么恐播，我们找到自己恐播的原因之后，再去了解恐惧，克服恐惧，我们才能战胜恐惧。(下面是实操话术)

（先铺垫话题）

我想请问一下直播间在座的，有没有想要开直播，但是你不敢开播，恐播的，害怕自己直播间不来人不进人留不住人，不知道打开直播间说什么的？然后你迟迟不敢开播。来，有没有？如果有的话，咱们打一个"有"，好不好。

我相信现在很多家人，可能和我是一样的，我曾经也不敢开启我的首播。那么其中一个真正的原因是，我放不下面子，我觉得人家会笑话我。我之前觉得我为了孩子我为了家庭，能放下面子。

那么，我之前不敢开播的真正原因是什么呢?是因为我不知道在直播间里讲什么。

我们打开直播间说啥呀?我感觉太尴尬了，你说一场直播两个小时，三个小时，我真的想开播，我也想通过开直播挣钱。但是我说啥呀？你们有没有跟我一样的？如果有的话，咱们打一个"有"。

那么今天，我为什么能够站在这个地方，勇敢地开直播呢？就是因为我找到了克服恐播的三个小方法，大家想不想听呀?如果想听的话呢，我给大家分享一下，好不好?我跟大家分享一下，新人克服恐播的三个方法，我希望每个人听了这个方法之后呢，你也能勇敢地开启你的首播，好不好?来，听好了家人们。

第一个克服恐播的方法：写出属于自己的直播大纲加脚本。刚才我说了，我恐播的真正原因是，不知道在直播间说什么，后来我通过一个正确的方法，写出了属于自己的直播大纲。

咱们直播间的家人们，你们有没有趴直播间越趴越没有方向，越趴越恐播的，越趴越没有感觉的？有的话，你们打一个"有"。

如果说，你和曾经的我一样，你现在趴直播间趴迷茫了，把给自己趴恐播了，我来告诉家人们如何正确、有效地去趴直播间，让你们找到方向，找到思路，好不好？

为什么我知道大家会有这种情况呢？因为我也是从这样经历过来的。

那么后来我是如何从这种迷茫和困惑中走出来的呢？今天我就告诉大家，咱们直播间啊，千万千万不要趴太多了，明白吗？你趴得越多，越迷茫。

你们最多趴三个直播间就够了，大家每个人把"三"打出来好不好？这些都是我的真心话，是我曾经走过的弯路，明白吗？

我想跟大家说一句你们记住了，直播间的方法没有对错之分，也没有好坏之分，那我们要看什么呢？

你要去看这个直播间的话术，以及它的方式方法，他是不是适合你的，明白吗？

来，大家每个人把"适合"二字打出来，好不好？直播间没有对错好坏之分，只要这个直播的话术风格适合你，你就可以去学习，明白吗？

你记住，大主播直播间里，分享的方式方法，以及他的话术，不一定适合我们新人，你直接拿来用，你会觉得不适合。

所以你去选择适合自己的直播间，最多选三个去趴，不要趴太多了。

首先第一个，这个主播他在直播间里面讲的话，讲的内容，必须是我能听懂的，是我能学的会，是我能够接受的，对不对？

然后第二个呢，他的直播思路是清晰的，是有条理的并且他的一些理念也是我认同的。

然后第三个，就是他的直播风格，是我将来要走的那条路线。比如，这个主播他是安静型的，对不对？他直播间的风格也是我能模仿的。

好，如果满足以上三个点的话，那就是适合我们的直播间，能理解吗，家人们？

咱们去选直播间的时候，怎么去选择呢？满足以下三个条件：第一个，你认同他。第二个他说话你能听得懂，学得会。第三，你觉得他直播的风格，是你能模仿的，他的风格适合你。

好，就选择满足以上三点的主播直播间，那我们要趴多久呢？听好了，趴七天。我们趴一个人的直播间不要超过七天，明白吗？如果说你很聪明，悟性也比较高，趴三天或者四天也行，不需要趴太久，因为每个主播在直播间里的所有话术，每天都是一样的，明白吗？就是一套话术反复说。

那我们该怎么去趴呢？比如，我选了三个主播，这三个主播呢分别去趴，第一个主播早上开直播，就去全场趴这个主播直播间，第二个主播下午开直播趴全场，第三个主播晚上开直播的，去趴全场，而这七天之中，这三个主播的所有内容、所有精华、所有直播流程，你是不是完全学到了，而七天之后，这三个主播的直播内容，我全听完了，那么我听了七天之后，我们要干吗呀？

我们要做总结，明白吗？结合自己的理解，写直播大纲，写直播脚本，然后你就可以把别人的内容，变成你自己的内容了，明白的打个"明白"。

如果你趴了太多的直播间，这个主播这样说，那个主播那样说，我到底要听哪个呀？对不对？你自己都蒙圈了，你觉得谁说得都对，谁说得都好，为啥呢？因为人家把直播干起来了，是不是？

所以说，家人们，还是那句话，直播间的方法没有对错之分，也没有好坏之分，直播间的方法和话术，只有是否适合。所以说，你们去把"适合"两个字打在公屏上。

第二个克服恐播的方法：小号试播

铺垫（讲解之前先铺垫，给别人一个停留的理由）

家人们，如果你们跟我一样，一直恐播迷茫不敢开播的，打开直播间不知道说什么，你学了很久了，然后特别恐播，你就是不敢面对镜头，你也知道开直播能挣钱，但就是不敢面对镜头，家人们，有没有？如果有的，咱们打个"有"字。

听好了家人们，你与其现在每天趴各大主播直播间，去学成功的方法和经验，不如自己拿一个小账号，然后你去播一播，试一试。

大家知不知道抖音有十四天的免费流量扶持啊？我这个账号能播起来，不是因为我讲得多好，是因为我拿到了官方的免费流量扶持。所以大家都已经准备好了。你的直播大纲话术也准备好了。你如果不去试播，首播当天说不好讲不好，那么这个时候呢，我们就有可能错过这十四天的免费流量扶持，错过起飞的机会。我们做好完全的准备再去开首播，才容易起飞呀，明白的打个"明白"。（接下来讲如何试播）

来，家人们，当我们拿家里人的小账号去做试播，我们要带着五个目标：

目标一，熟悉直播间的各项功能按钮，什么地方上播什么地方下播，什么地方发红包福袋，什么地方设管理、拉黑，都要熟悉一下。

目标二，测试硬件设备，声卡有没有声音，网络卡不卡。

目标三，练习直播间的镜头感，我们今天做一个主播眼睛看啥地方呀？这个地方你需要看，屏幕下方需要看，眼睛看着屏幕要非常自信，这样你的自信就能留住人，你说你们镜头感需不需要练习？如果你不去练习，你一来到直播间，一头蒙，那你到底要看哪儿呢，一会儿这个地方瞅瞅，一会儿那个地方瞅瞅，惊慌失措，语无伦次，不停欢迎，不停感谢，就不会说啥了。是不是朋友们，这就是第三个，我们要给自己做有效试播，试播去练习咱们今天直播间说的镜头感。

目标四，练习自己直播间来人，喊人的一个能力。

目标五，首播大纲，首播第一天，我要说啥，首播当天，我要讲啥，我现在试播直播间就当成是我的首播直播间，我这样直接去干、去练习就行了。

那我试播到底需要多久时间呢？反正我是试播了20天，你需要试播多久根据你们自身的情况而言，如果你觉七天行就七天，八天行就八天，半个月行就半个月，好不好？另外我要说一个小细节，小细节是什么呢？比如，我只是试播七天，那么你这七天呢，你的大账号不要断播，不要断播。比如，我这七天试播了之后，我第八天直接用大账号去首播，中间别断播，为啥？就是要维持你的那个播感。本来你是个新人，如果你断播了，那么你的七天的播感就没有了，能听懂的宝宝，咱们打一波"一"。

第三个克服恐播的方法：建立自信心

来宝贝们，我刚刚来到抖音平台的时候，干货界流行一个特别火的文案，我不知道你们有没有刷到。

是这样写的，（互动）当你害怕直播的时候，当你不敢面对镜头的时候，当你觉得自己坚持不下去的时候，就去看看你自己银行卡的余额，看看你的输在起跑线上的孩子以及年迈的父母。

我觉得这个文案写得太好了，所有今天能够停留在我直播间的家人，其实我们的初衷都是一样的，是不是？我们都是想来抖音创业、追梦的，我们都希望通过自己的努力，给自己的孩子、父母提供更好的物质生活，是不是，家人们？

那么接下来，我就问大家一个问题，您觉得，穷跟直播，你选哪一个？如果您怕穷，咱们打一个"穷"，如果您怕直播，就打一个"直播"（互动）。因为你们眼前的这个主播怕穷，所以我在抖音，勇敢地开启了我的首播，我们一起加油！

话题三：做抖音的好处（输出价值，有内容）

（在讲这三个话题的同时，给你的流量去打标签，一边讲解一边打标签，做精准流量，准备迎接极速流量）

抖音好处：（流量大、门槛低、成本低、自由灵活）

流量大：现在抖音平台日活用户6到8亿，身边男女老少都在刷抖音，大家都不看电视都来刷抖音了，但大部分人都是在刷着玩，只有极少数人知道普通人可以开直播创业。现在抖音平台已经从娱乐平台慢慢转向电商平台，即将到来的是一个全民带货的时代、播商的时代。我跟大家一样一直在看热闹，但今天我参与进来了，大家既然看懂了这个风口、这个趋势，就赶紧参与进来。

门槛低：家人们，我们在线下找工作，无论多小的公司单位，都得看我们的学历和工作经验，我这个类型的经验分享主播，不需要颜值，不需要才艺，不需要学历背景，只要你年满18岁，手里有一个抖音号，有一个身份证可以实名认证，就可以来开播挣钱了。

成本低：家人们，我们在线下创业，但凡沾了"创业"两个字，哪怕你要开个小小的奶茶店，或者摆一个美食摊，是不是都得投资店铺摊位租金、进货囤货、人工水电，至少都得投资上万吧？但抖音平台不用，免费学习免费开直播，不用花钱。播起来了我们就翻身逆袭，没播起来大不了接着上班，丝毫不影响我们的正常生活工作，不会让我们血本无归或者负债。

自由灵活：无论你身在何处，无论你身兼何职，不管你是上班的还是开店的，还是跟我一样在家里带孩子的，每天只要能抽出两个小时来开直播就行，抖音24小时不打烊。

三个方法：

① 见证法（这段最好背下来，拿出最佳状态和感染力让大家一起见证。）

天呀，我的直播间又上人了，大家有没有见证，见证的打一个"见证"。

欢迎走进我直播间的所有朋友们，今天呢是我的首播，刚刚打开直播间30分钟，家人们，你们知道吗？我的直播间刚刚上播的时候，其实只有三个人五个人在线，现在直播间已经上到XX个人在线了，大家有没有见证，来见证打一个"见证"刚刚打开直播间的时候呢，我在直播间没有讲干货，我就开始讲我的首播大纲，一个开场暖场加上三个留人话题，我就发现我直播间人数越讲越高，十个人，二十个人，三十个人，大家觉得今天我的首播直播间能不能破五十个人在线？觉得能的打一个"能"，不能的打一个"加油"！（抛首播、抛方法、抛人数、抛结果）。

② 憋停留

家人们，你们知道吗？我在开直播之前特别焦虑，特别迷茫，特别恐播，我没有方向，不知道该怎么走，你们有没有和我一样的？如果有的话，打个"有"。

但是，就在我学会了这个方法之后，突然间让我找到了方向，让我找到了思路，让我首播第一天，直播间就突破了50个人，我是1000个粉丝开直播的，我没有约老铁，我的作品也没有上热门，然后呢，我也没有发红包，我也没有发福袋，也没有投抖加。

做梦也没想到，抖老板这么快就发现了我的账号，会后我在刚一上线的时候，直播间基本没有什么人，就三个人五个人，有老乡，有关注页的老铁，那么在这个时候，我在直播。

我打开直播间，分享了我的开场暖场，加上3个留人话题，没想到我直播间的人气越讲越高，从个位数，突破了10个人，10个人又突破了20个人，30个人，一直到50个人。

真的，家人们，这个方法实在是太好用了。那么我想问问，来到我直播间的朋友们，现在还有没有处于首播筹备中的，恐播的，迷茫的，不敢开播，不知道打开直播间说什么讲什么的，以及现在开了播之后，直播间依然是个位数的？如果有的话，你们打一个"有"。

(引共鸣、塑造价值、戳痛点)

来，今天所有来到我直播间的家人们，你们留下来，听听我的方法，现在我就跟大家分享一下，我在我首播这一天，到底如何利用，我这一个开场暖场加上三个留人稳人话题，把我直播间的人数越讲越高，越讲人越多的。

大家看到没有？直播间现在还在上人，来，见证的我们打一个"见证"，刚来打一个"刚来"'，没有听到，一会儿我在直播间给大家再分享一遍。

再次重复去演练：

首播开场拉流量四句话、首播破百三个留人稳人话题。

（以上两个内容，又返回了首播全流程三大步骤的前两个步骤，可以再次展开给大家去分享，一边稳人，一边再拉流量，直播间就是练习好一套话术，然后反复说。）一个动作：发福袋（极速流量来了发）。

A.100人以下，全民福袋，10抖币3个人（口令：首播第一天这么多人啊）

B.100人以上，全民福袋，10抖币10个人（口令：首播一天这么多人啊）

（三）直播拉流量公式逐字稿

01 拉流量公式：抛结果+讲剧本+做数据

抛痛点，抛结果然后就是讲话术，讲完话术做数据抛痛点–恐播、没有内容、个位数不进人。我问一下你们，你们有没有想要去开播而不敢开播的，打开直播间，不知道说什么的，面对镜头会紧张、尴尬的。来，咱们今天有的打个"有"，好不好？如果说有的话，你们看下我这样的直播方式简不简单，来，觉得简单打个"简单"。你们知道吗？就在昨天我首播第一天，就是用这么一个照读的剧本，把我的直播间做到三十人在线的，并且还成功地变现三百元。你们想不想学我这样的直播，来，想学的，打个"想"字。

02 抛结果(一进人就抛)

欢迎新进来的家人们，你们今天看到了吗？你们知道吗？今天我这个账号就是我的新账号，今天是我首播的第二天，你们知道吗？就在昨天我首播第一天就是用了这么一个不露脸的照读方式，让我的直播间昨天首播当天突破三十人在线，并且成功变现三百元。

03 转换泛流量话术

有没有跟我一样是一个普通在家的带娃宝妈、宝爸、宝爷、宝奶的，是普通上班族，想要给家里面多一份收入，想要跟我一样的。

你们知道吗？我就是一个普通在家带娃的宝妈，就是通过这么一个不露脸的剧本，每天在直播间播两个小时，播三个小时。

你们知道吗？轻轻松松的直播，我每天都能挣个三百挣个五百，我一天挣三百一个月就是九千，我一天挣五百一个月就是一万五。是不是啊，家人们？来，新进来的家人们，你们想不想跟我一样做这样类型的直播间，想的咱们一起来打一波"想"。

讲剧本(照着读照着念)照着读照着念的前提是先抛一个结果。

家人们，你们看我这样的直播方式简不简单？来简单的咱打个"简单"，就是这么轻轻松松地照着读照着讲照着念。有没有想要去开播，不敢开播的，开了直播间，不知道说什么讲什么的。有的打个"有"字，是不是宝宝们？来，欢迎新进来的宝宝们，随便打开一页都是能直接念，宝宝们是不是？

做数据

来，今天听好了，如果你们今天也想要我这个剧本。有没有想要我今天这个剧本的？来，有的打个"有"字好不好？今天咱们来到我的直播间，人人都有份儿，都能带走。为啥？因为今天主播说了，今天就是我首播的第二天。为了感恩大家在我首播第二天来支持我，咱们今天人人都有啊，大家想不想要我这照读剧本纸质版的书，拿到你的直播间，照着读，照着讲？

全套合集纸质版的书，看到了没有？厚厚的三百来页。来看到的打个"看到"宝宝们，咱们做抖音的必备教材，一共三百来页，今天想要的看好了啊！我来告诉大家怎么领取！先给主播点个关注，然后我头像旁边的小黄心给点开了。来，亮一个粉丝大灯牌儿！这里有粉丝群三个字，宝宝们，申请加入粉丝群，等着主播下播之后，今天就会免费送给大家了，好不好？申请进了的回来打个"进"。

二十九、唱歌直播篇

（一）唱歌开播准备

1. 账号准备

（1）先定位准备做哪个类型直播间（比如：唱歌、带货）；

（2）设置主页五件套：

头像：尽量是自己的，如果是唱歌的主播，头图尽量拍自己带耳机的。

名字：两到三个字，好记，好念，好搜。名字后面最好带个麦克风。

抖音号：可以不改。

背景墙：不可以有广告。

简介：模仿同类型主播就可以。

2. 设备的准备

手机、耳机线、支架、充电宝、散热器、镜子、转接头、补光灯、彩灯。

3. 涨粉丝(三个集中)

（1）集中学习(选择和自己风格差不多的至少二个直播间学习)

（2）集中曝光(同上)

（3）集中涨粉(依然是送择和自己风格差不多的至少二个直播间涨粉)

4. 开播前试播

一定要试播：

（1）试播找镜头感；

（2）学习点歌、唱歌。

①试播用家人的抖音号、用家人的身份证认证。

②不用涨粉，也不用修改主页五件套，只是进直播间找感觉，练歌，找直播间功能。

(二) 唱歌开场上人话术

1. 强调首播+介绍

欢迎大家来到我的直播间，今天是我人生中的第一场直播，此时此刻非常紧张和激动，欢迎大家来见证我的首播。我叫××，来自××，是一个全职带娃2年的宝妈，有没有老乡啊？有的打有，直播间的朋友，你们都来自哪里？可以把你们美丽的城市打出来，让我们大家都认识一下。今天是我第一次开播，首播的第一天，我就是用一部手机一根耳机线，没有声卡，没有音响，抖音自带的混响功能非常时尚，简单的开播模式，我是对着一面镜子开启了我的首播，接下来给大家分享我的第一首开场曲！

2. 衔接话术塑造价值

欢迎大家来到我的直播间，我是一个唱歌创业主播直播间，大家有没有刷到过这类型的直播？就是对口型+唱歌，分享一下开播经验，只要直播间有人就有收入。前几天刷到我的一个老乡就是唱了一首××歌，直播间突破300人在线，我亲眼全程见证了她全过程，她一场赚了500块，她把她起飞的核心告诉了我，所以今天我也用这4个简单的方法开启我的首播，大家可以稍作停留见证一下我这个新人主播用这个方法能突破××人，感谢来见证我首播的家人们！

3. 稳人转化

现在唱歌主播非常简单，不需背话术背大纲，不要新奇特，对口型就可以开播，只要一根耳机线、一部手机、一面镜子就可以打开直播间了，抖音自带的混响功能就可以开播，普通人都可以来开直播了。如果你会唱可以真人真唱，如果你五音不全那就可以对口型表演。如果喜欢主播记得关注一下我，我会把我的歌单发在粉丝群，接下来就给大家去表演幅度大的一首歌，大家可以一起见证一下，我再唱一首可以突破××人。（稳人给一个期待感）

(三) 唱歌首播大纲

1. 开场暖场 (向别人介绍自己直播间是干啥的)

（1）打开直播间点100个赞激活直播间+自我介绍，边说边点歌。刚刚开播就上到这么多人了！大家好，我叫××，是一个对口型+经验分享带货主播，今天是我的首播，欢迎走进直播间的家人们，接下来开始我们首播开场曲，看看能突破多少人。

（2）第一首歌：唱一半时，穿插话术，天啊，上人太快了吧！半首歌的时间没想到上了这么多人。我是个远嫁宝妈，在家全职带娃3年，没有工作没有收入，偶然一次刷到个农村宝妈的直播间，随便唱一唱、跳一跳，直播间千人在线，日入四位数，五位数，我在她直播间学了4天，今天也开启了我的首播，也想来试试。有没有刚来的，刚来打刚来，我再给大家来一首。（这句是重点-铺垫）

2. 给歌曲塑造价值 (给别人一个停留的理由)

（1）接下来这首歌，我亲眼见证××首播上人特别快，迎来260人急速流量，上到400人，我的一个个位数老铁抱着试一试的心态，没有想到，居然首播唱到百人在线，我都不敢相信，今天我也来试试看，你们想不想听，想的打想。看看我今天能不能突破××人。

（2）接下来这首歌，是我们用来拉人稳人必唱的歌曲。你们直播间有没有推流慢、人进来留不住的，我们现在用这首歌去试试，看看这首歌能不能接住现在的流量。

（3）第二首歌曲结束，穿插话题（戳痛点，引共鸣，抛话题稳住人）有宝妈过着手心向上的生活吗？有上班族，工资低生活看不到希望的吗？我们可以用业余时间，免费学、免费听，来改变生活现状，我就开播前做了三个准备，搭建了个快流量的账号，今天就做到了这么多人。

（4）第三首歌结束话术：天啊，才唱三首歌就这么多人了，简单不简单？你们知道我现在挣了多少钱吗？（抛结果）一根耳机、一个镜子，对对口型，扭扭腰用用手，就这么简单来赚生活费了!大家想不想学？想学的打想学，如果你们是新人小白的，学3-5天来我直播间趴几天，涨300-500左右的粉丝也就可以了。粉丝不够的打不够，给打不够的家人认识一下。(要数据)

（1）你们现在是不是想开播，不知道从哪开始；

（2）你们开播了是不是没有流量；

（3）你跳的满身大汗，都没有人，就算来了也留不住人。

你们知道问题出在哪里吗？

（5）第四首歌

接下来这首歌，是我们想要留人、稳人，必须会的一首歌。

（6）第五首歌(说之前话术)

今天就唱完五首歌曲(看情况)全程和大家分享我的首播是怎么做的。

3. 开播前四个准备

（1）活跃账号，给账号贴标签（去同频直播间点赞评论亮灯牌）。

（2）粉丝（去同频主播的直播间交精准直播粉）。

（3）大纲。

（4）试播。

4. 首播破百的4个核心

（1）曝光；（2）首播；（3）画面；（4）状态。

（四）唱歌直播步骤演示

(五) 唱歌直播间必备上人歌单

话术：欢迎所有的朋友们来到××的直播间，刚刚打开直播间刚刚上线，今天是我首播的第一天，一部手机、一根耳机线，轻松来抖音上直播创业了！我可以，你们都可以，接下来给大家演示一遍！

《野花香》　　　　　　　　《三月里小雨》

《站在草原望北京》　　　　《火火的姑娘》

《闯天涯》　　　　　　　　《揣着梦想走》

《爱火》　　　　　　　　　《除了你》

《大花轿》　　　　　　　　《西海情歌》

《幸福火辣辣》　　　　　　《红颜知己》

《桃花运》　　　　　　　　《旧梦》

《太想念》　　　　　　　　《姐就是女王》

《夜夜夜漫长》　　　　　　《狂浪》

《干就得了》　　　　　　　《舞女泪》

《老娘驾到》　　　　　　　《一万个舍不得》

《一半疯了一半算了》　　　《原来你也在这里》

《当爱在靠近》　　　　　　《红唇》

（六）唱歌直播+带货逐字稿全流程

第一步：开播唱歌拉流量

开始唱歌表演，眼神，状态，投入感！

第二步：救别人怎么做这种直播

（用另外一个手机展示流程）

1. 点开加号，开直播，镜头选择翻转，开始直播（对着镜子直播，可以穿插卖货镜子）

2. 直播间下面小风车点开，选择K歌，歌词，原唱打开，黄色代表打开。

3. K歌模式，点歌后点击调音按钮，选择演唱会模式，对口型人声音量选择100，伴奏音量90，真唱人声100，伴奏60。讲完操作步骤给大家演示一遍唱歌表演，穿插三段话术铺垫。等下给大家分享三段话，先看我怎么表演，怎么说话的，等下给大家分享下，三段话的思维。

第三步：分享话术

三段话术卡黄线拉流量(歌曲空白，换歌过程也要穿插给大家分享)

第一段：首播

欢迎所有的家人们来到××的直播间，刚刚开播，刚刚上线，今天是我的首播，所有来到直播间的家人们，大家稍作停留一下，今天是我人生中的第一场直播，第一天呀，刚刚打开直播间（和粉丝分享话术：这你一定要多去强调首播，以及呢，刚刚打开直播间，哪怕直播间人气比较少的时候，你开播40分钟也说刚刚打开直播间，每天都是首播，因为首播自带流量，首播能够留住人，直播间有留存就会有推流，你说你刚刚打开直播间说首播，别人可能就会想看你怎么样去接流量，第一天怎么去做的，会引发别人的好奇心，进一步留住别人，做直播就是引发别人的好奇心，留住人就会有推流）。家人们，你们首先要明白，为什么要说首播和刚刚打开直播间，我们做这种类型的直播，第一个就是为了表演留住人，留住人就会有推流，所以咱们在表演的过程中，尽量嘴型要对得要夸张一点，状态投入一点，演绎的精彩一点。第二个就是咱们的话术，等一下我会跟大家分享我的三段话术的第二段、第三段，其次就是咱们直播间的比如说今天我用的这个氛围灯，这个闪光灯，都是直播间的画面留人，直播间是先有画面。眼睛在前，耳朵在后，所以说你们有需要买补光灯的，可以去买，在下方的小黄车几号几号链接，这个时候可以穿插去卖氛围灯。

第二段：收入

所以，来到直播间的家人们，就这么简单，一部手机、一个穿衣镜你们知道吗？我的老乡小学没毕业，就通过这种简单的方式对对口型，每天直播间四五千人，能够赚三到五千块钱，是我一个月的工资了。所以今天我也来开播了。

如果自己赚到钱说自己的结果

家人们，我真的没有想到就这么简单，一部手机，一根耳机线，我就每天在直播间对对口型，你们觉得简单吗？觉得简单的打个简单，我每天都有三到四位数的收入，昨天我第一天开播，我赚了300元钱，第二天赚到500元钱。(把自己的收入说出来就可以了)

去和粉丝分享，为什么要说收入

做抖音就是一场人性的博弈，所有人性的弱点都想赚钱，所以我们呢一定要去穿插的话术，怎么样留住人，就是要多去聊跟钱有关的话题，自己的结果。所以说，你把人性抓住了，留住了人就能够产生叠加推流，直播间人气就会越做越好。

第三段：讲价值

所有来到直播间的家人们，刚刚我跟大家讲到，我这个赛道就一部手机、一根耳机线，就可以来抖音创业了，真的很简单！音效是抖音的自带的效果，所以说咱们人人都可以来做，只要有嘴巴都可以来做，等一下我演唱完歌曲之后呢，我就教会大家怎么做我这种直播，以及咱们要说哪三段话术去拉流量，直播间留人，有人就可以来抖音上来赚钱，一分钟之后，我马上教会大家。我这个直播间就是唱歌+分享的直播间，等一下分享我的全套直播流程，以及普通人来抖音上做我这种类型直播的经验方法，大家可以稍作停留一下。

和粉丝分享为什么进价值

前面，我们讲了首播和刚刚打开直播间如何来留人，又跟别人讲了做这种直播的收入，讲了赚钱的话题，那大家想来赚钱的怎么进一步去留住人，一定要告诉他我能给你带来什么价值，我今天就是一个唱歌+分享怎么做这种类型的主播的直播间，所以咱们一定要把自己的价值传递出去，进一步去稳人，直播间一定是前拉后稳，前面通过表演去拉流量，后面通过分享价值，给别人带来的价值去把人稳住。

三十、图文带货篇

(一) 什么是图文带货

在刷抖音的过程中，大家看到两张以上循环播放且可滑动的图片，可以留意一下，左下角会有一个购物车的按钮，这就是图文带货。用户如果看了你的图片对产品产生兴趣就可以点击购物车，点击购买后即可完成成交！

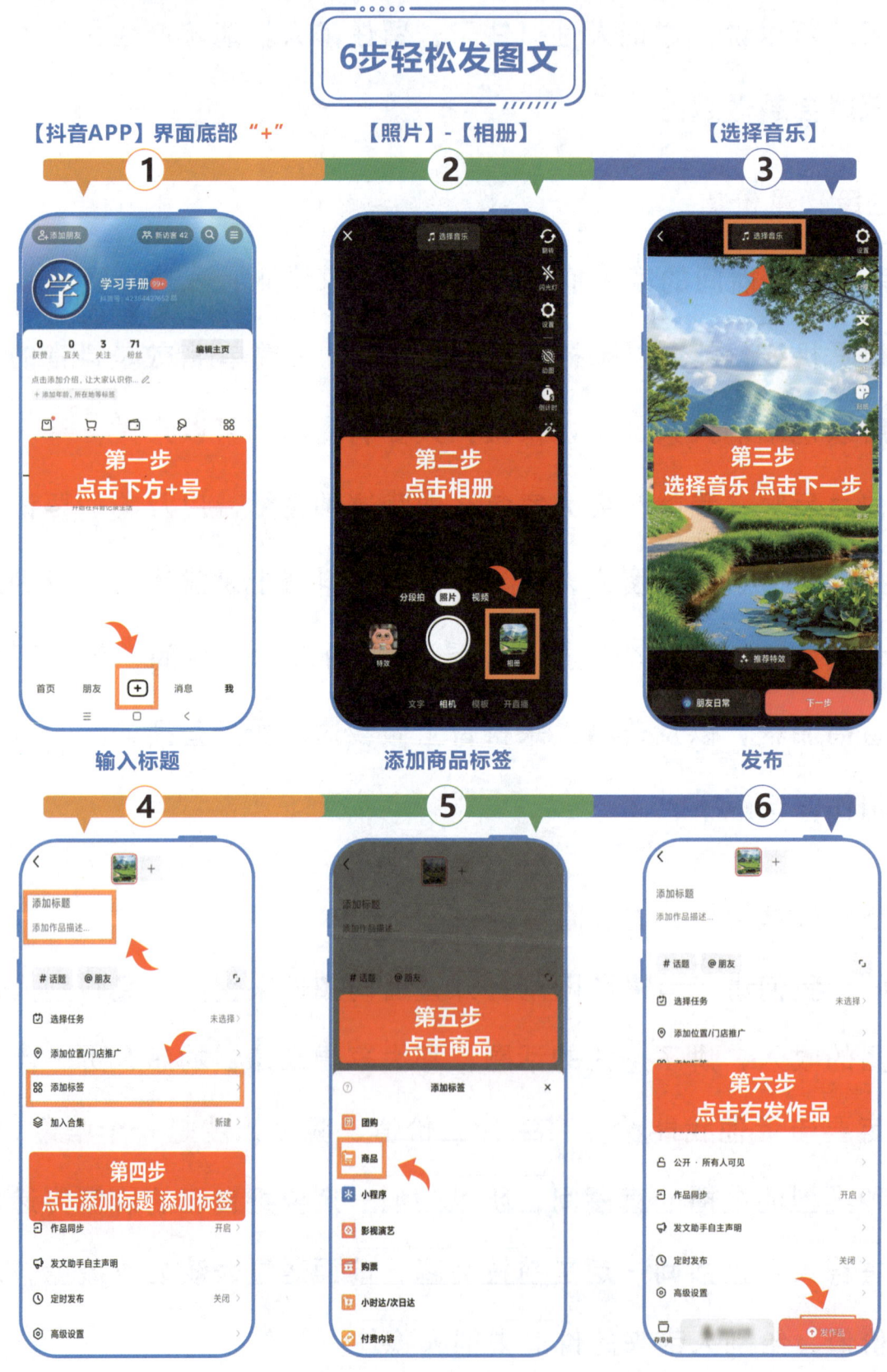

6步轻松发图文

1. 【抖音APP】界面底部"+" — 第一步 点击下方+号
2. 【照片】-【相册】 — 第二步 点击相册
3. 【选择音乐】 — 第三步 选择音乐 点击下一步
4. 输入标题 — 第四步 点击添加标题 添加标签
5. 添加商品标签 — 第五步 点击商品
6. 发布 — 第六步 点击右发作品

（二）图文带货怎么做

图文带货爆单"3步走"

01 选好商品

方向1：选有经验/擅长的类目

根据以往带货合作经验，或者熟悉的内容创作领域，以及粉丝画像，选择自己擅长类目

如宝妈育儿达人，可带货童装商品

方向2：看趋势，选热卖爆款

参考(选品广场)热卖商品选品，并结合商品相关热门视频找内容灵感

选品广场——（短视频热卖）及（爆款榜）

02 做好内容

结合商品设计内容主题

结合卖点设计图文内容，学习相关商品热门内容方向及图文风格

如服饰—穿搭合集、食品—美食分享等

优质内容3要素+5条红线

3要素：图片+文字+声音
图片：原图发布数量>2，高清美观不重复、放大产品细节
文字：详实完整，标题超过20字、字幕花字突出产品卖点
声音：添加高热BGM，根据音乐热门榜和人群定位选择

5条制作红线，不能踩
图片重复、图文商品无关、不符合价值观、站外导流等

03 复盘优化

查看带货效果

登录{抖音电商罗盘}–{短视频}–{视频明细}查看

观看及成交 切记，要关注(退款金额)

做好复盘，勤优化

曝光优化，提升观看次数
重点关注：点赞、关注、完播率

转化优化，提升商品成交转化率
查看（视频评论词云）了解用户反馈

1. 图片要求

基础：图片清晰，使用原图发布；更好呈现商品，图片数量大于等于2张。

尺寸&拼接：图片尺寸比例尽可能保持统一；图片与图片之间不要重复；单张的拼接图片不杂乱。

主体&背景：首张封面图片要精致美观；图片要整洁，背景不要杂乱，主体不要遮挡。

商品信息：能够通过图片完整多角度展示/介绍商品外观与款式，全方位的呈现商品特征，有服装与上身效果、美食制作教程、物品使用过程等展示。

2. 声音要求

音质：配音配乐音质清晰，无杂音、爆音、卡顿。
BGM：背景音乐与图文主题搭配好，能融入整体氛围感。

3. 文字要求

字幕：图上字幕位置排版合理，清晰突出，不要与背景文字重叠，不要遮挡图片内容，图上字幕可以介绍商品有关的食品材料与口味、制作过程与攻略、穿搭主题与风格等内容。

标题：标题文案有信息价值，字数超过20字(不含话题)标题文案能够详实、清晰地介绍商品的材料工艺、用法功能、口味、教程攻略、穿搭主题等，对商品进行详细阐述。

（三）图文带货的雷区

相同图片重复发

图片建议务必原创拍摄。

同个产品建议多角度多场景进行拍摄后进行展示。

图文内容与挂车商品无关

图片质量低

使用"大字报"。

商品拍摄不清晰/弯斜，无商品，或者无清晰商品主体呈现。

图片杂乱差，图片整体美观被破坏。

使用纯商品图、售卖图、消费截图等。

标题文案不符合主流价值观

包括但不限于：

卖惨营销、低俗色情、裸露标题党、博人眼球等情况。

图片如何进行剪辑精修更容易成交？

图片拍摄完成后，建议使用图片精修软件进行二次处理，以达到更好的呈现效果。

推荐使用工具【醒图】，里面有较多的模版可以直接进行使用，比如：

封面模版：适合需要给图片加文字的时候使用。

穿搭模版：适合服饰行业的产品。

美食模版：适合食品行业的产品。

拼图模版：适合一次性展现产品的多个细节或者多个产品的展示。

如果点赞、关注、完播率低，建议参照上面提到优质图文标准进行内容调整，同时可以查看系统推荐的同行高质量素材进行优化调整。

（四）如何开通图文带货权限

打开抖音APP，选择"我"→右上角"三道杠"→【抖音创作者中心】→点击【电商带货】→点击【立即加入抖音电商】

开通权限前需要先实名认证，若未实名，点击【立即加入抖音电商】即跳转实名认证界面。当达人粉丝数量不足1000时，仅获得橱窗带货权限。粉丝数达到1000后的次日，可以进一步开通直播间/短视频带货权限。

如何通过官方工具选择近期热卖爆款？

（1）选品入口：从抖音APP"达人主页"→"商品橱窗"→"选品广场"。

（2）建议可以优先从"短视频热卖""爆款榜"中优先进行选择。

（3）进入"短视频热卖""爆款榜"页面，可以根据擅长的类目来选择查看对应的商品。

特别提醒：爆款榜板块可以根据月、周、日和近2小时的维度来筛选爆款，满足大家多方位的需要。

（4）如果你选中了某个产品，点击进到详情页后还可以看到售卖该产品的热门视频，大家可以从视频中找到一些图文呈现商品的灵感。

（五）如何选爆品

01 趋势品 应季 应节

需要结合时令、节日、活动氛围等查询近期大盘的爆品、趋势类目。比如春夏季防晒产品是趋势品、母亲节礼盒包装的相关商品也是趋势类目。另外，也要注意选品中是否有已经过季的产品，如有，建议不做主推或者剔除。

02 热销品

通过数据进行分析筛选找到销量好、评价优的商品，说明是最近受用户欢迎程度较高的商品，说明用户需求较高，也符合当前的时长需求。

03 热销品

通过数据进行分析筛选找到销量好、评价优的商品，说明是最近受用户欢迎程度较高的商品，说明用户需求较高，也符合当前的时长需求。

04 展示性/体验性

优先选择颜值高，使用方法以及效果比较直观的产品，第一眼能吸引用户的眼球，观众更有代入感，更直观的了解产品的性能。

05 适用性 受众人群广刚需

选品时，尽量根据消费者的生活需求场景选品尤其初期选品要面对广泛人群，避免流量的浪费。

06 易消耗 复购高

日常易消耗的商品，复购率高，且是大多数人都有需求的产品，更易转化。

07 粉丝画像

包含粉丝的性别、消费能力、年龄段、需求、喜好等。

例如：

18-24岁的大学生群体更偏好性价比高的产品。如果作者在选品时超出了粉丝日常消费的价格区间，那可能出现低动销的情况。

作者可以在【百应PC端】【人群分析】-【商品偏好画像】中，分析粉丝/非粉丝群体的消费偏好，具体包括品牌偏好、品类偏好、价格偏好。

性价比/客单价

价格门槛较低的产品，或容易感知的优惠来降低消费者的决策周期。

利润

建议利润率不低于20%-30%，客单价不高于200元。

$$利润率 = \frac{售价减运营成本}{售价}$$

（六）图文带货起号8步

图文账号掌握这8步快速起号

第1步：刚注册的新号先别发作品，先打开创作者服务中心，主动添加标签，让系统识别你以后的类型，找对标的优秀账号关注。

第2步：关注对标后，弹出小三角里面的作品都是对标类型的热度账号，关注5个左右。

第3步：修改账号资料：昵称、简介、头像、背景签名，简洁明了地突出自己的风格，可参考对标账号。

第4步：从关注账号中去找点赞最高的3-5个优秀作品（点赞、评论率高），进行点赞评论

第5步：刷推荐列表，遇到对标类型视频，记得用心点赞评论，10个视频有7个以上同类型即养号完成。

第6步：模仿其风格发作品，每天发3个，发布时间按照对标账号高流量的时间去发布，前期不要在意播放量，新号300-500播放量正常。

第7步：连发3天作品，10个左右，若播放量没有破1000则适当增加曝光，选数据最佳投30元抖加，投放规则选：达人24小时点赞评论量（破千播放忽略这一步）。

第8步：总结自己这几天发布的作品，选出数据最好的3个，总结其特点作为未来一个月创作方向，持续输出，爆品不是梦。

三十一、直播违规篇

(一) 抖音直播违规类型

1 重大违规行为

发布重大违规内容,包括但不限于:
(1)反对宪法确定的基本原则;
(2)危害国家统一、主权和领土完整;
(3)泄露国家秘密、危害国家安全或者损害国家荣誉和利益;
(4)煽动民族仇恨、民族歧视,破坏民族团结,或者侵害民族风俗、习惯;
(5)破坏国家宗教政策,宣扬邪教、迷信;
(6)散布谣言,扰乱社会秩序,破坏社会稳定;
(7)宣扬赌博、暴力、凶杀、恐怖、色情、欺诈或者教唆犯罪;
(8)煽动非法集会、结社、游行、示威、聚众扰乱社会秩序;
(9)发布含有法律、行政法规和国家规定禁止的其他内容。

2 严重虚假宣传行为

累计观众	违规说明
功效严重虚假宣传	宣传售卖商品对重大疾病有效果(含暗示宣传,常见重大疾病如恶性肿瘤、尿毒症、瘫痪等),属于重大疾病的功效类严重虚假宣传;(注:重大疾病以国家规定36种重大疾病作为参考)
材质严重虚假宣传	涉及贵价珠宝、钻石,金银饰品(首饰、手表等),创作者内容中宣传的材质与商详页不一致(含商详页未提及无法核实),或与消费者实收商品材质不一致;
承诺诱骗	宣传承诺用户下单购买,互动点击(进群、评论、扫码、站外点击)等行为,可以获得高额收益/稀缺资源(商品保值增值、低价购买或者免费得到高价值商品等);
文物严重虚假宣传	宣传售卖假冒字画/古钱币/古陶瓷等古董、文物;
宣传售卖不一致	宣传售卖的商品,与挂车商品、或者与消费者实收商品,存在明显不一致;不一致包含但不限于:类型、款式、规格、数量等。

(二) 电商直播带货违规类型

1 虚假宣传

包括但不限于以下类型：

专利/荣誉/销量/研发单位/效果指数虚假、虚假宣传跨境或者免税、效果虚假、品种产地虚假、年代/工艺虚假、功效虚假、宣传暗示、大小/重量/数量虚假、虚假公益宣传、预售商品服务虚假、物流虚假、售后服务不符、承诺未履约、款式/颜色等商品信息不致、钱币虚假宣传、材质虚假、使用广告禁词、过度提高预期、效果保证、品质虚假、瑕疵描述不符、宣传售卖不一致、功效欺诈、材质欺诈、承诺诱骗欺诈、文物欺诈。

2 违规营销

包括但不限于以下类型：

不规范秒杀、违规买赠、频繁上下架、快速过款、活动信息未在商品详情展示、憋单无实物违规带货、不平等交易、不正当竞争、诱骗秒杀、活动信息与实际展示不符特殊身份带货、不当承诺诱骗、虚构赠送、抢拍、诱导互动、虚构营销噱头、背景使用不规范、违规鉴宝、商品不上架、库存描述虚假、商品不上库存、虚假清仓、设置特殊购买条件、未使用平台工具。

3 经营风险

包括但不限于以下类型：

盗播、录播或挂机直播、大量推广劣质商家商品、营销人设带货、无资质身份带货无资质营销、违规招募主播、违反平台报备要求、商达合作未按约定履约、分享违禁商品/信息、诱导第三方、不当获取/使用信息。

4 信息违规

包括但不限于以下类型：

引人不适、卖惨营销、不友善内容、不良价值观、不良行为、蹭热点、演戏炒作、未成年不良导向、博眼球炒作、不规范用语。

(三) 直播"违规通知"如何查看

1 巨量百应达人工作台

创作者可登录巨量百应达人工作台（https://buyin.douyinec.com/daren），通过以下方式查看"违规通知"：

（1）违规通知弹窗创作者登录后，直播过程中收到的"违规通知"会实时自动以弹窗形式进行提醒，点击"查看违规详情"可了解具体违规原因。

（2）违规管理在"违规管理"处，点击"账号违规管理"，可查看账号历史违规情况及每次违规的详情。

2 抖音APP

创作者在抖音APP端可通过以下方式查看"违规通知"：

（1）直播页面

创作者在直播过程中，违规处罚时会推送违规弹窗提醒，可根据弹窗提示了解违规详情。

（2）消息中心

直播中出现的违规情况会通过站内信形式推送至消息中心查看查看路径:抖音APP首页，点击左上角三条杠【通知消息】按钮→找到并点击【直播通知】然后找到你的违规判罚通知。

（3）商品橱窗–违规管理

在"电商带货"的"违规管理"处，可查看账号历史违规情况，及每次违规的详情。

查看路径：抖音APP首页，点击【我】按钮→点击【电商带货】→在【全部工具】中找到并点击【违规管理】→查看违规详情。

(四) 视频发布之前如何检测是否违规

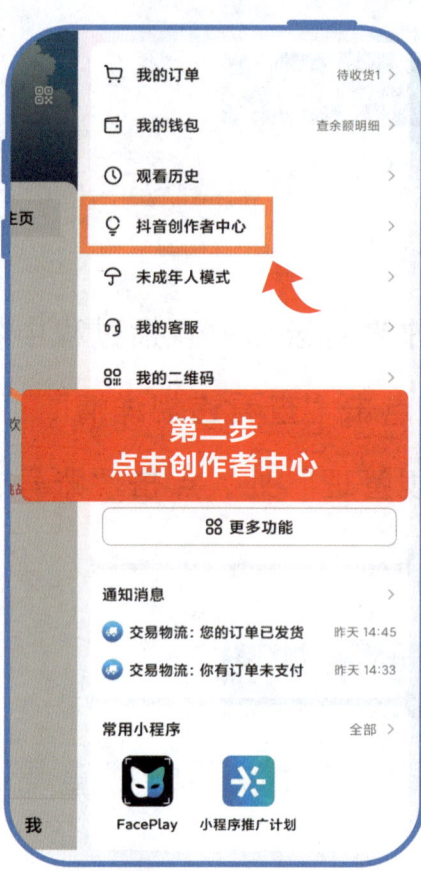

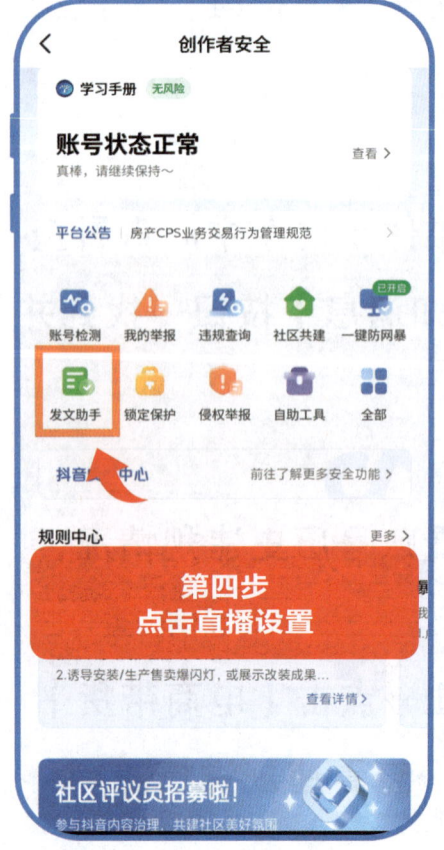

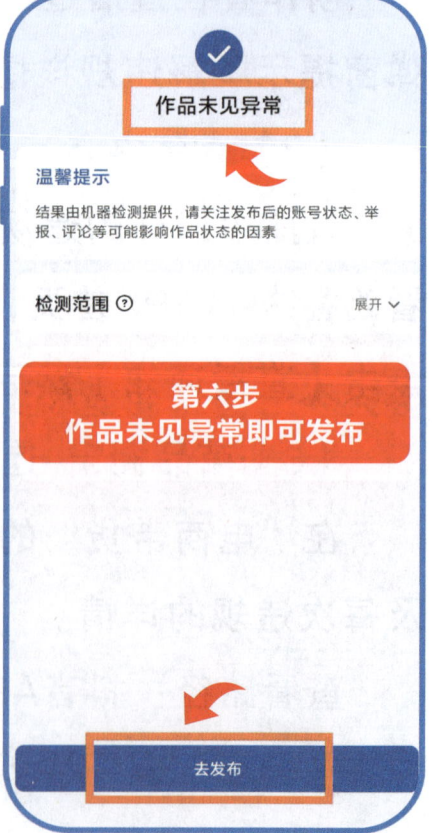

（五）违规如何申诉、考试和缴纳违约金替代处罚

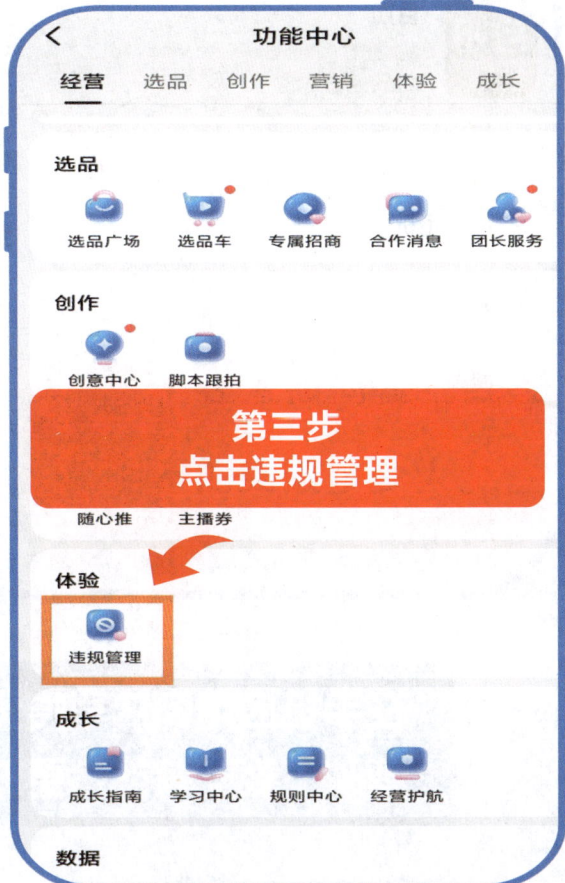

三十二、短视频剪辑篇

(一) 认识短视频剪辑工具：剪映

剪映：抖音官方推出的一款专业剪辑视频软件，特别适合零基础的新人使用。

在手机应用商店里搜索剪映下载安装或者更新

(二) 短视频作品比例调节

(三) 如何分割、删除短视频

（四）如何添加转场和动画特效

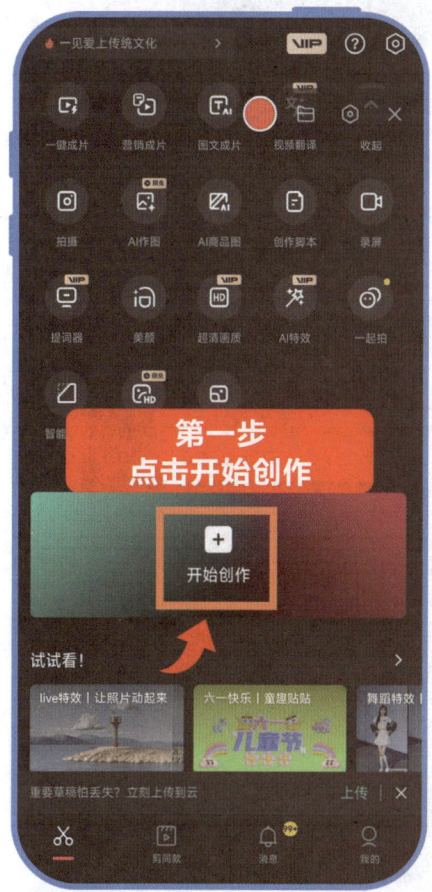

(五) 如何给短视频配背景音乐

第一步
点击音频

第二步
点击音乐

第三步
选择喜欢的音乐

第四步
音乐添加成功

（六）如何给短视频添加文案

（七）如何导出高清短视频

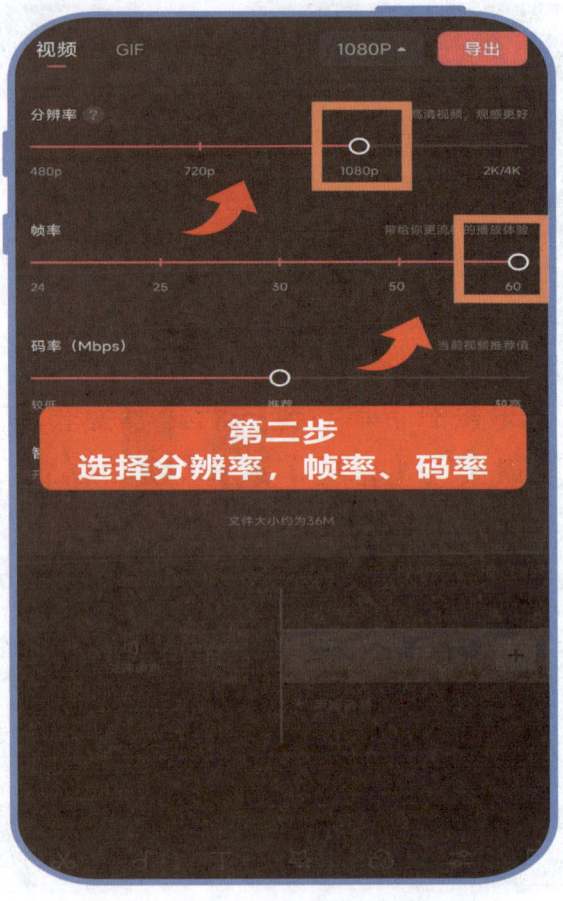

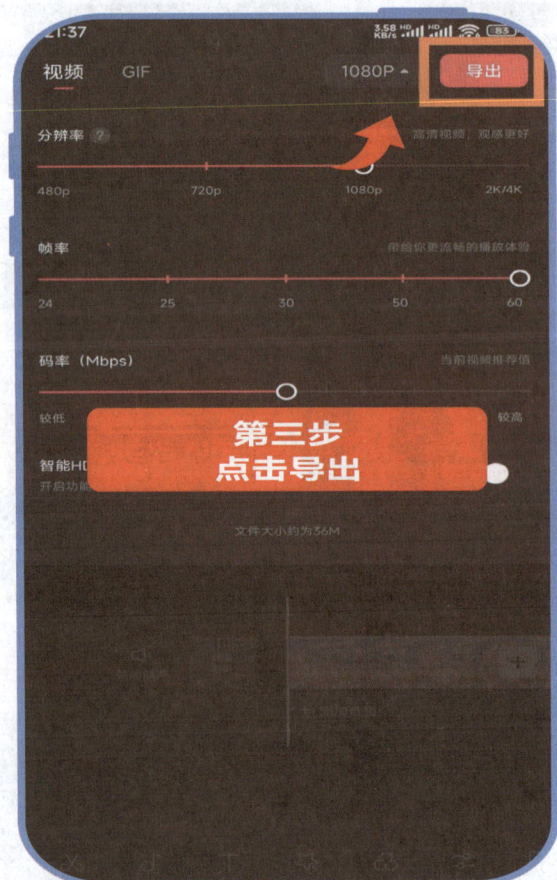

三十三、云台走路篇

（一）云台直播前的准备工作

新人一定要记住直播间的场景画面和状态是大于说话的内容的！

1. 准备工作

（1）设备准备，开播之前要把设备连接调试好。一台手机直播提前收藏歌曲，两台手机直播，直播手机蓝牙关闭插接收器，伴奏手机蓝牙打开连接声卡。

（2）试播（开播前试播邀请1个好友去直播间看画面和设备是否连接成功）。

2. 避坑

（1）试播也要注意不要违规，注意敏感词和衣着要保持得体。

（2）不要打开直播间再连接设备，调试声卡。(因为只要打开直播间平台就会推流，给你推流了，你直播间没声音没音乐，推流就没接住，你就会被判定为没有能力承接流量的人，就会越播越差。

注意开首播要邀请2-3个老铁助力。

3. 正确的开播操作

点击"+"号键，这个时候还没有进入直播间，在这个页面把美颜调到适合的参数，不要太过，脸部不要太白，云台夹上手机之后，手机的最高点在我们脖子下面，手机坚直放，不要倾斜，把接收器插在直播手机上面，如果是两台手机，把伴奏手机连接放音乐。这些准备工作全部弄好然后再点击进入直播间，这个时候就开始接流量。

4. 时间点和时长

新人播一个小时到一个半小时，注意不要整点开播，不要经常改直播时间，最好固定时间播！因为抖音是个机器数据库，有记忆，刚开始两天可以换时间测试哪个时间段推流好，以后就固定哪个时间段播。

(二) 直播间如何打造画面场景

我们都知道直播画面很重要，有句话叫场景大于内容，画面大于内容，看点大于内容。画面就是你的一个看点，你们需要知道眼睛在前，耳朵在后，别人走进你直播间，他的第一眼是看，一定不是听所以说我们要从看点做起。

看点包含什么？

我们直播间的场景，场景就是你在哪里直播，户外直播，家里直播，如果你在户外就找一个好的地方，不要去随便往那一堆一摆就可以了，后面背景去打造一下。

在家里播，在家里播的情况下，如果说你播的是云台，像这种走动直播间，记住地方稍微大一点点，能够走动起来，包括你的屋里的摆件摆设，能够有点颜色，这叫啥，这叫一个看点，你的家里后面是个大白墙不好看，你又不会说，什么都不会，你的进入率没有，停留率也会没有，如果说这两点你什么都没有，没有看点，没有内容，凭什么让人进来而且停留呢？所以说看点很重要。

你的画面中包含了你的场景、服装、道具，还有语言表达和手势每说一句话的时候，都要有手势，为什么？这都是一个看点，你在直播间站着不要一动不动的，直播间里需要和他们互动，需要有肢体动作。

（三）如何锻炼自己的镜头感

1. 什么叫镜头感？我为什么没有镜头感？

镜头感就是你站在镜头面前那种自信和状态，首先状态不是大喊大叫，自信是发自内心的。你要明白，当你是一个新人小白，然后变成了一个主播，第一次开直播，你已经比很多人优秀了，因为很多人他都不敢跨出这一步，所以说你很棒，先给自己点个赞。第二个是状态，状态是你站在镜头面前，那股力量，那股劲儿，状态并不是大喊大叫，状态就是你的精神，你的神情，你的表达，你的表情，所以说大家开直播的时候一定记住，你不能无精打采，哪怕咱们直播间里只有一个人，也要把它播出千军万马的那种气势。比如我在拍视频，一个人都没有，那我一样的自信，一样要有状态。

2. 怎么去练习我的镜头感？

记住一定是多播，看一百场都不如自己去播一场，天天看别人直播，一看就会，一播就废，这就是你听多了，练少了，所以说镜头感和你的播感，你的状态是由咱们一场一场直播积累起来的。一定要明白，这个人，这个口才，这个嘴巴，谁都不是天生的，你也想要镜头感，就要千锤百炼。

打开直播间，咱们要正确学习，用正确的路子。一个流程，天天去练，练习你的镜头感，练习你的语言表达能力，练习你的状态，当你有了状态，有了镜头感之后，你不愁直播间没有人。那么很多人说了，我直播间没有人，我没有状态，你要明白，是你先有状态，直播间才会有人，不可能抖音给我们推几百人往这一放，你才有状态。

(四) 云台走路直播逐字稿

01 开场白（进人）

欢迎大家走进我的直播间，今天是我的首播。刚刚打开直播间，我从来没开过直播，有点紧张。我叫××，××多岁了。我是一个普通的农村妇女，有没有××的老乡？大家都是来自哪里的？可以打出来我们互相认识一下，我没有工作没有文化。没想到我也能开直播，我也是听人家说抖音上有一个走路主播，不用唱不用跳，也不需要才艺，就这样简简单单在直播间走路就可以了，直播间有人就有收入，有人就能挣钱。我看到一个60多岁的姐姐每天在她家里走路，一个小时就能赚几百上千，我特别羡慕她。我性格内向没有口才，记性也不好。这种直播简单，不用费脑子刚好适合我，所以今天我就鼓足勇气来开播了，感谢你们来见证我的首播。

02 准备走路说的话（引好奇）

我的天哪，还没开始走路就上到这么多人，我就激活了一下直播间，说了一段开场要人的话，没想到直播间上人上的好快呀，他们说进人了就可以开始走路了，我把音乐声音调一下马上开始走路。你们帮我听一下有没有音乐。有的打有。那我就开始走路了，你们可以留下来看一下我这种直播简不简单、适不适合你！

03 边走路边说话（留人）

今天是我的首播，首播第一天，没想到刚开播就上到这么多人，特别紧张，手心都在冒汗。姐妹们你们知道吗，我之前一直不敢开直播，害怕开直播，恐播！害怕自己不会说不会讲害怕直播间不进人，害怕打开直播是个位数，也害怕亲戚朋友七大姑八大姨刷到笑活我。有没有和我一样的朋友，如果有的打个有，我也趴了好多的直播间，学习了半年，每天都看别人开直播，但是自己就是不敢干，有没有和我一样的朋友（引共鸣）。

04 打标签突破个位数

喊名字：××我看到你了，刚刚打开直播间，你就刷到我了，咱们太有缘份了。利他思维：我是新人首播，我给你点关注了，以后就是朋友了，你如果开播，到时候去你直播问帮你亮灯牌打标签，帮你点赞打字，我们一起在抖音路上加油好吗？

05 产生互动、抛话题

（1）我是走路主播，你知道这种主播吗？我觉得简单才来干的。
（2）你开播了没有，我开播前紧张害怕，不知道你恐播不恐播。

06 完成数据（打标签）

（1）如果他给你亮了灯牌，一定要感谢他，感谢给我打标签。
（2）如果没有亮，可以引导说：亲爱的，能不能帮我回个关，今天是我的首播，正在打标签呢，你什么时候首播，可以把时间打出来，我到时候第一时间去你直播间给你打标签亮灯牌。

07 首播第一天三个关键点

强调开播第一天，是直播亮点。
人少有问必答，人多自问自答。
好的状态和画面（静态、动态）。

（五）云台走路卡点顺口溜

刚开播，刚上线，刚刚打开直播间　　欢迎哥，欢迎姐，欢迎全国的老铁

日照香炉生紫烟，感谢留在直播间　　山外青山楼外楼，咱家粉丝就是牛

你是风儿我是沙，直播气氛靠大家　　春风吹，战鼓擂，开个直播谁怕谁

没颜值，没文化，没有背景不用怕　　早上开，晚上开，时间自由随便开

家里播，户外播，你想咋播就咋播　　不用唱，不用跳，轻轻松松挣钞票

一手机，一支架，开开心心走天下　　不要攀，不要比，不要自己气自己

不怨天，不怨地，努力赚取人民币　　别问直播苦不苦，想想家中老父母

别问直播累不累，想想小孩的学费　　不蒸馒头争口气，大家一起来努力

谁说女子不如男，个个都是花木兰　　谁说宝爸起不来，他们帅气又有才

创业不分男和女，能拿结果就可以　　自己挣钱自己花，你想买啥就买啥

南来的，北往的，哈尔滨的香港的　　打工的，带娃的，想要翻身逆袭的

多赚钱，少生气，兜里不缺人民币　　万水千山总是情，交个朋友行不行

上点关注下点赞，年年都能挣百万　　顺风顺水顺财神，朝朝暮暮有人疼

一晃又是大半年，还是没有挣到钱　　不会说话学说话，没有身材不用怕

直播挣钱还负债，年满十八就能来　　不会直播学直播，能挣几百是几百

（六）顺口溜自问自答

什么主播？	走路、聊天主播
这是什么歌？	打歌妹（伴奏）
我可以来吗？	可以，给抖音报个名就行
需要花钱吗？	免费学习，免费开播
有什么门槛？	年满十八就可以来试一试
开播多久了？	刚刚打开直播间或者开播*天
可以跟着你学吗？	可以，点个关注天天来听
一个月工资多少？	不按月算，按场次算
不会说话怎么办？	聊4个新人热门话题

直播间人不多的时候不需要说太多、讲太多，放开点不断流量、有人了说什么都是对的，中间停下来，一边自问自答，一边衔接4个新人热门话题，会其中一两个就行。

1. 为什么做抖音；
2. 家人是否支持；
3. 学习经历；
4. 恐播。

三十四、拉毛线赛道篇

(一) 拉毛线直播要做的任务以及话术示范

01 第一个任务：贴标签

进人慢一对一喊人（会推两种人，范粉和创业粉）

范粉：先不用管，简单的说一下自己是来干嘛的，就可以了，她感兴趣就会看看，不感兴趣就会走。

精准粉：真诚利他尽量让她停留。

02 直播间突破15个人以后不会讲话开始铺垫拉毛线

（1）拉毛线期间自问自答留人。

（2）多说今天是我第一天开直播。

（3）报开播时间、人数、做对比（见证法，引好奇，吸引大家停留）

（4）场景一定要搭建好，要有延伸感，画面容易吸引人。

（5）多介绍直播间的亮点。

话术示范1：感谢抖音平台给我们普通人一次创业的机会，今天是我第一天来开直播，我不是来玩的，我线下是个宝妈，是来做一名聊天主播的，我是一个正能量的主播，请给我直播间推送一点创业人群吧。（新号刚开播前面几分钟不推人，要么推人很慢，一直说直到进人）

话术示范2：您是第一个刷到我直播间的欢迎您！今天是我第一天开直播，我给您点关注了，我这会刚打开直播间一秒钟的时间，没想到您就刷到我了，您开播了没？你感觉我这画面怎么样？帮我听一下直播间有声音吗？感谢您的回复欢迎××，今天是我第一天开播，我这会打开直播间才一分钟时间，你是第二个刷到我直播间的，你们都是我的贵人，我给你们都带回去了，你们开播一定跟我说，感谢你们为我停留。

话术示范3：今天是我第一天开直播，我有点紧张，特别感谢哥哥姐姐不嫌弃我这个新人，来见证我的首播，我给你们都点关注了，到时候你们开播的时候我也去给大家做做数据，我想跟你们成为"老铁"手拉手一起走，那些大主播的脸自带流量，我们新人就要抱团取暖，你们可以稍微坐一会儿我把门关在的人喊进来跟你们认识，今天我的直播间交的全是喜欢见证首播的，全是首播粉，我们一起打一波666，把中间打字的哥哥姐姐都是带一下，而且我在开播之前我邀请了我的一波老铁，他们一会儿就到。一会儿让他们跟你们认识，也去助力你们首播起飞好不好，感谢你们的停留。

话术示范4：姐妹们，我今天也是第一天开直播，我现在有点紧张，我看他们在直播间拉毛线拉到了好几万人，你们帮我看看我拉毛线直播间能不能突破多少人。

话术示范5：姐妹们，我就是一个宝妈，趁孩子睡觉来开播拉拉毛线，运动的同时还可以挣挣，大家感兴趣的可以留下来看一看，我一会儿给你们分享我是怎么通过拉毛线找抖音要人的。

（二）拉毛线直播自问自答

你是什么主播？	我是一个拉毛线＋聊天主播，我每天晚上把娃哄睡我就来开播了。
你昨天挣了多少？	我昨天第一天，直播间上到46个人，我是完成抖音的两个任务，播了一个小时我就下播了，挣了30块钱，你们能不能看上，我挺满足了，我已经三年没上班了。
你几部手机开播的？	我就一部手机，2团毛线，你们感兴趣可以点个免费的关注，我唱完歌就给大家分享一下我是怎么正确开播的。
这么简单我也可以来吗？	可以呀，你有没有18岁，在直播间敢放下面子唱歌就可以了。
你一天能挣多少？	开播不是按天算的，按场算，一场直播间右上角有多少人就能挣多少。
开直播拉毛线就有钱吗？	开播有两种收入，等下我给大家说一说钱从哪儿来？
你想跟我学？	可以的，你先点个关注，我不收徒，我等会问抖音要完人我就开始分享。
你开播多久了？	今天我开播的第二天，哇，上人好快，昨天播了一个半小时才上到46个人，今天才开播5分钟时间马上破百了。
今天能挣多少？	看今天能上到多少，大概跟人数差不多。
别人刷礼物才有钱吗？	我们不靠礼物，可以挣两份工资，我等会给大家分享一下怎么挣的。
怎么做到的这么厉害？	我就是学会完成抖音的两个任务，然后今天我学会了上热门，直播间马上××了。
你能教教我怎么开直播吗？	你可以点个关注，我开播要拉6首歌的毛线接流量，我等下接完就开始分享人数突破抛开播时长，抛结果，昨天跟今天对比，报人数，见证法。
你这样开播不会扰民吗？	不会的，音乐在声卡里面，不外放的。

三十五、全民K歌篇

(一) 直播间如何开启全民K歌

适合人群：宝爸、宝妈、上班族，爱唱歌。　　优势：一部手机50个粉，不露脸。

1 满足的条件

（1）抖音粉丝大于等于50个；　　（2）年满18岁(需要实名验证)；
（3）手机上下载好抖音正式版和全民k歌；　　（4）抖音近期没有违规记录。

2 设备方面

准备高质量的话筒、耳机和摄像头，确保手机电量充足，并选择一个安静且合适的直播环境，如果出境可适当布置背景灯提升视觉效果。

3 开播前设置

安卓手机"四开一关"(苹果手机不用看)

（1）打开手机→设置→应用与服务→应用管理→抖音→相机→打开允许→麦克风→打开允许。

（2）打开手机→设置→应用与服务→应用管理→全民K歌→相机→打开允许→麦克风→打开允许。

（3）打开手机设置，在手机设置最上方搜索栏搜"无障碍"点击进去→已安装服务→抖音→开关打开→音频→单声道音频→开关关闭。

4 开播前注意

（1）手机打开飞行模式或者打开勿扰模式；（2）显示与亮度（休眠或息屏）选最长时间。

5 具体操作

（1）创建直播间：打开抖音，点击底部"+"，选择"开直播"，点"手游"输入直播间标题和封面信息，在"选择直播内容"中选"其他""其他非游戏直播"名称填写"全民K歌"。接下来画面比例选择"竖屏游戏"点下"原始"最后点击"开始手游直播"点击"允许"即可。

（2）再打开全民K歌，点击最下面一排中间的话筒按钮，最上方搜索你要播放的歌曲点击"K歌""开始唱歌"。

6 声音的设置

（1）插上耳机调音：人声音量80%-100%，伴奏音量30%-50%，外放音量70%。

（2）提示：以上只是一个居中调法，实际声音根据音乐伴奏和人声的大小来调试。

（二）认识全民K歌

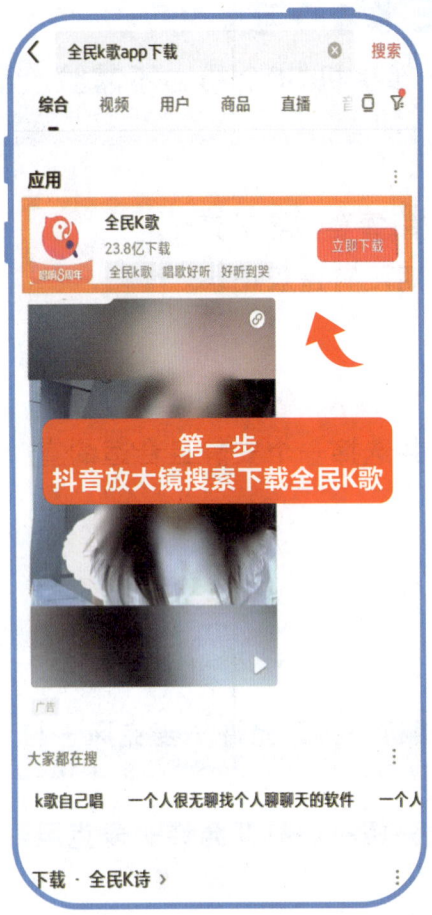

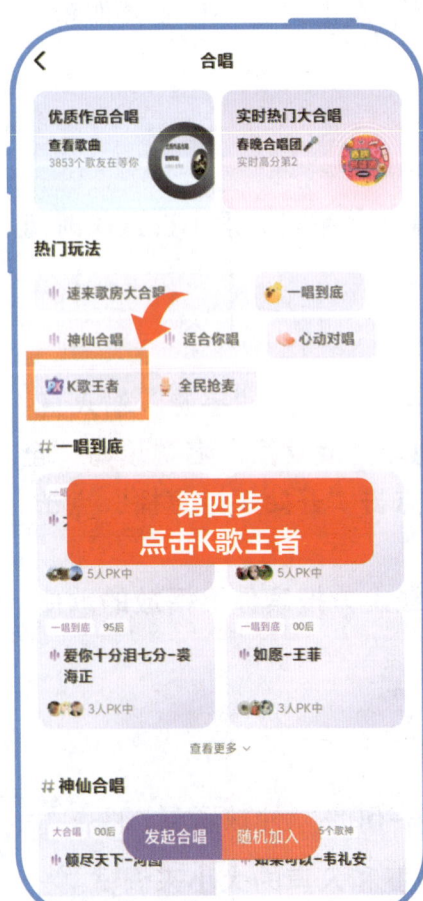

(三) 如何在直播间快速开启全民K歌

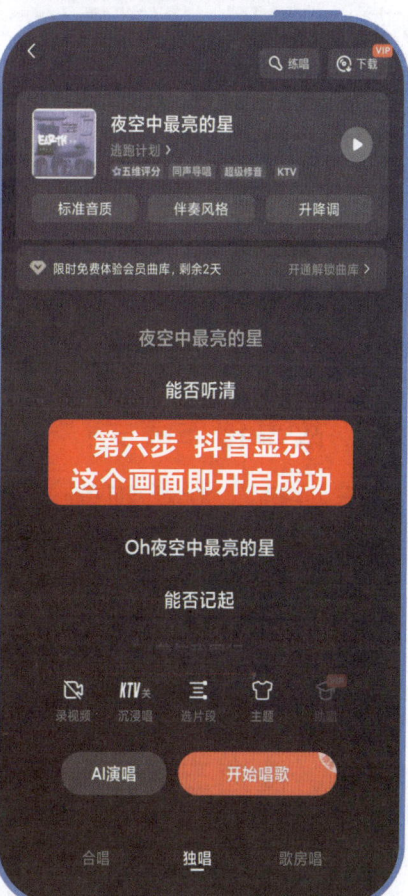

三十六、AI基础认知篇
（一）认识即梦AI

1. 即梦AI可以通过以下方式下载：

（1）应用商店：在手机的应用商店中搜索"即梦AI"，找到官方版本后点击下载并安装。

（2）官方网站：访问即梦AI的官方网站，点击"下载中心"，按照提示进行操作即可下载。

2. 即梦AI是剪映旗下的一站式AI创意创作平台，具有以下功能：

（1）图片生成与编辑

文生图与图生图：输入简单提示词可生成精彩图片，也可上传图片，以其为基础生成新图片。

图片创意改造：能对现有图片进行背景替换、风格联想、画风保持、姿势保持等操作，自定义保留人物或主体的形象特征。

智能画布：支持本地素材上传，可在画布上自由拼接，进行细分图层AI生成、AI扩图、局部重绘、局部消除等，实现多元素无缝拼接，确保创作风格统一和谐。

（2）视频生成与编辑

文生视频与图生视频：输入简单文案或图片即可生成视频片段，动效效果连贯、自然。支持3种生成模式，包括输入单图或两张图片作为首帧和尾帧直接生成视频，或配合提示词描述生成视频，也可纯文本输入视频描述进行生成。

故事创作模式：一站式完成故事分镜、镜头组织管理、编辑等功能，支持图生视频、文生视频、文生图、图生图等多种分镜画面创作方式。

视频AI编辑：AI对口型功能可以生成视频中人物配音并匹配口型，提供多种音色，用户也可以上传自己的配音，最多支持生成9秒时长的对口型视频。提供镜头放大、推远、旋转、水平移动、上下移动等多种运镜选择，以及正常、快速、慢速三种运动速度控制。

成片导出：支持一键导出成片、批量导出素材。

（二）认识并运用豆包

1 豆包是什么

豆包是字节跳动基于云雀模型开发的人工智能。它就像一个知识渊博、反应敏捷的智能助手，被训练来理解和生成自然语言，它能回答你各种各样的问题，从科学知识、历史事件，到日常生活中的困惑，甚至是创意写作、语言学习等领域，都能为你提供有价值的帮助。

2 如何找到豆包

你可以在网页浏览器中直接搜索"豆包"，点击进入官方页面使用；也能在手机端下载相关APP，方便随时随地与豆包交流互动，不受时间和地点的限制。

3 怎样与豆包交流

和豆包交流就像与朋友聊天一样自然。打开界面后，在输入框中输入你想要询问的问题内容，比如"给我介绍一下中国的四大名著""帮我写一篇旅行计划""解释一下量子力学的基本概念"等等，然后点击发送，稍等片刻，豆包就会给出详细且准确的回复。在交流时，尽量把问题描述清晰、具体，这样能帮助豆包更好地理解你的需求，给出更符合你期望的答案。

4 豆包的强大功能

（1）知识问答：无论是学术问题，还是日常生活常识，比如"地球的自转周期是多久""感冒了吃什么食物好"，豆包都能依据大量数据为你解答。

（2）文本创作：需要写作文、诗歌、小说，或者起草邮件、报告、宣传文案等，都能让豆包来帮忙。比如输入"创作一首关于春天的现代诗"，它就能输出优美的诗篇。

（3）语言学习：学习外语，豆包可以帮你翻译句子、分析语法、提供例句，还能陪你进行口语对话的练习，提升语言能力。例如输入"将'我喜欢旅行'翻译成英语，并分析句子结构"，它会给出专业解答。

（4）创意启发：当你缺乏灵感，比如想策划一场派对、设计一个手工，向豆包寻求建议，它能提供新奇的点子和详细的步骤。

（三）学会运用AI提示词公式

1　背景+需求+约束条件

我是一位职场新人（背景信息），需要提升自己的办公软件使用技能（明确需求），请推荐适合初学者的办公软件学习教程，并按照难易程度来进行分类（约束条件）。

2　身份+任务+要求+例子

请你资深策划师视角（身份），为一家新开餐厅设计一套菜单（任务），要求菜单设计简洁美观，突出菜品特色，同时包含价格和食材介绍（要求），例如可以参考海底捞的菜单风格（例子）。

3　我要做什么+要做什么用+希望达到什么效果+但担心什么问题

我要参加一场演讲比赛(我要做什么)，目的是提升自己的演讲能力和自信心（要做什么用），希望能获得评委的认可并进入决赛（希望达到什么效果），但担心自己在台上紧张忘词影响发挥（但担心什么问题）。

4　需求+担忧+反向验证

我需要设计一个办公室装修方案（需求），担心风格不统一会影响整体效果（担忧），请列出5个可能导致风格不统一的因素，并针对每个因素给出解决办法（反向验证）。

5　问题+追问预期+调整方向

请介绍一下当前流行的健身运动（问题）。我希望你能进一步说明每种健身运动适合的人群和锻炼效果（追问预期）。如果介绍的健身运动不适合初学者，请重新推荐并说明适合初学者的健身运动及其特点（调整方向）。

6　目标+条件+验证方式

我希望在一个月内减肥5斤（目标），我平时工作很忙，只有晚上有时间运动，且饮食上不能吃太辣（条件）。请给我制定一个减肥计划，并说明如何判断这个计划是否有效，比如每周体重下降的合理范围是多少，体脂率应该有怎样的变化等（验证方式）。

三十七、绿幕篇
抖音如何用手机绿幕直播

1 准备工作

准备一部手机和一块绿色背景布,确保绿幕颜色均匀、无褶皱。

2 开启直播

打开抖音APP,点击"+"选择"开直播",选择"手游直播",分类选择"其他非游戏直播"。

3 设置直播信息

填写直播标题,更换封面,选择竖屏画面比例,清晰度根据网速选择,然后点击"开始手游直播"。

4 使用绿幕工具

提前打开支持绿幕功能的软件(如绿幕助手等),设置好绿幕参数,选择背景图片或视频。直播时,将手机画面停留在绿幕软件界面,确保直播画面显示正常。

在直播过程中,要注意灯光的布置,保证光线充足、均匀,避免绿幕反光和主播面部阴影。同时,主播的着装应避免绿色系及过于花哨或反光的衣服,以免影响抠像效果。

5 直播内容合规

真人出镜:必须真人出镜,不能仅用图片或视频素材代替。

人像比例:人像大小要占画面比例的三分之一左右。

音画同步:讲解和介绍产品等内容要与画面同步,不能出现音效画面不同步的情况。

背景无水印:使用的背景图片或视频不能带有水印。

三十八、抖音小店篇

(一) 如何开通抖音小店

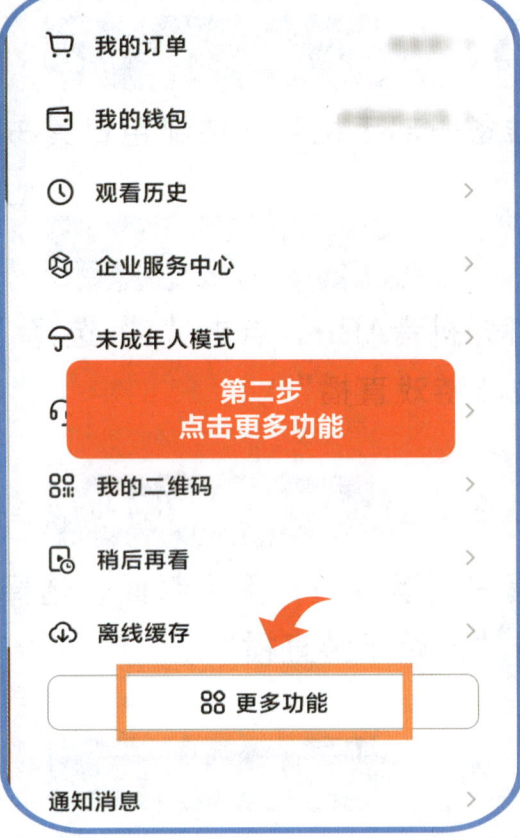
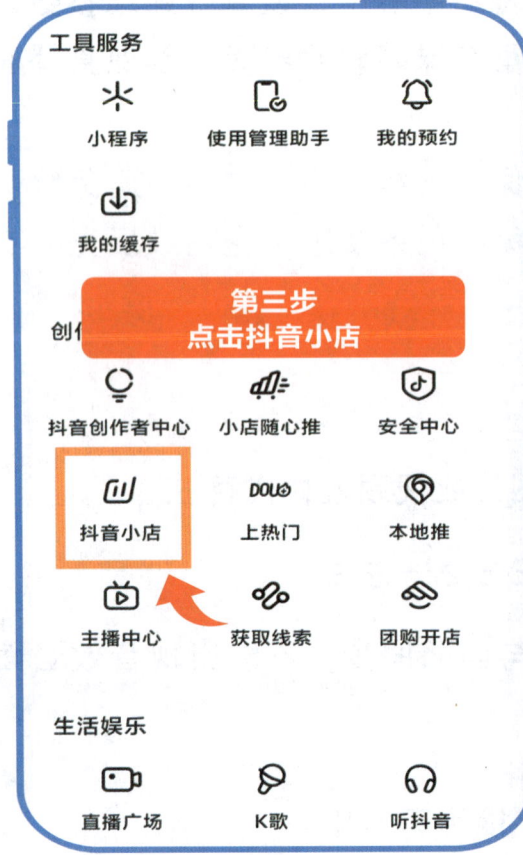

(二) 抖音小店如何上架产品

1. 手机应用市场搜索"抖店APP"下载并安装；
2. 用开通抖店绑定的手机号登录；
3. 登录后，点击发布商品，如图1所示；
4. 上传商品主图，填写商品标题，上传主图及填写标题后将为您自动识别类目，然后点击提交并上架即可，如图2所示：

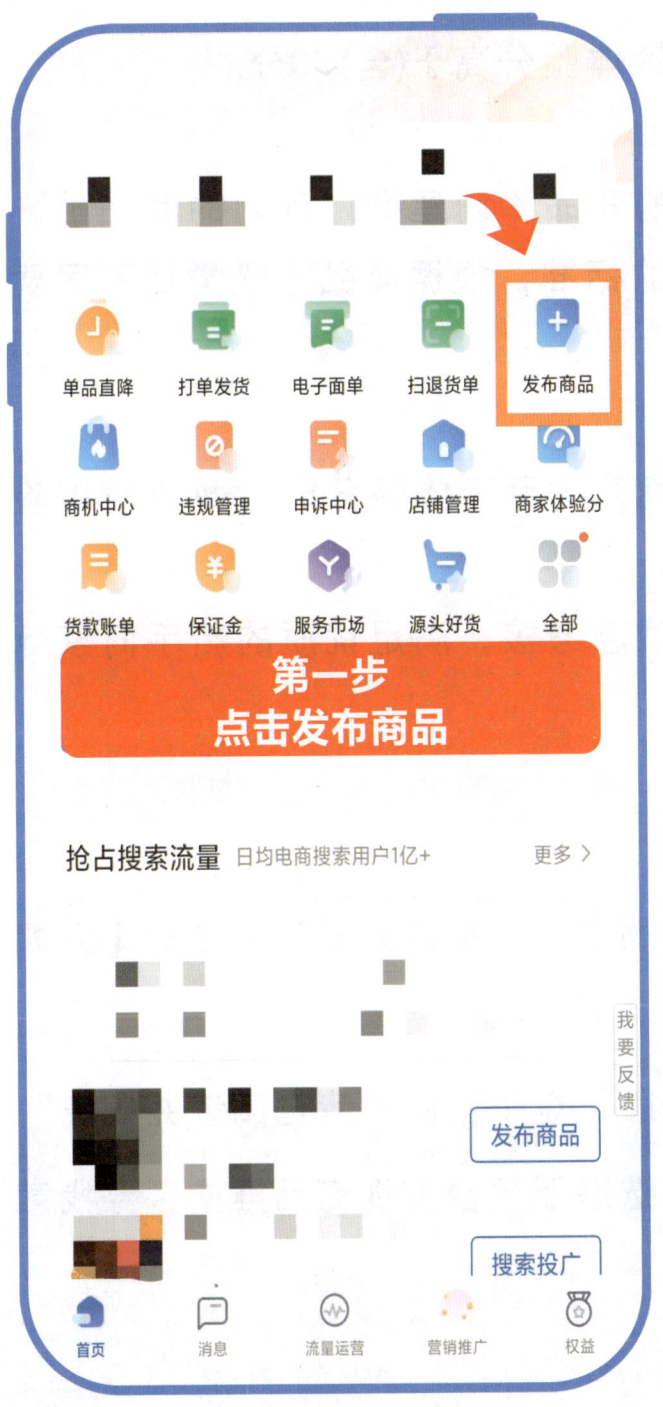

图1

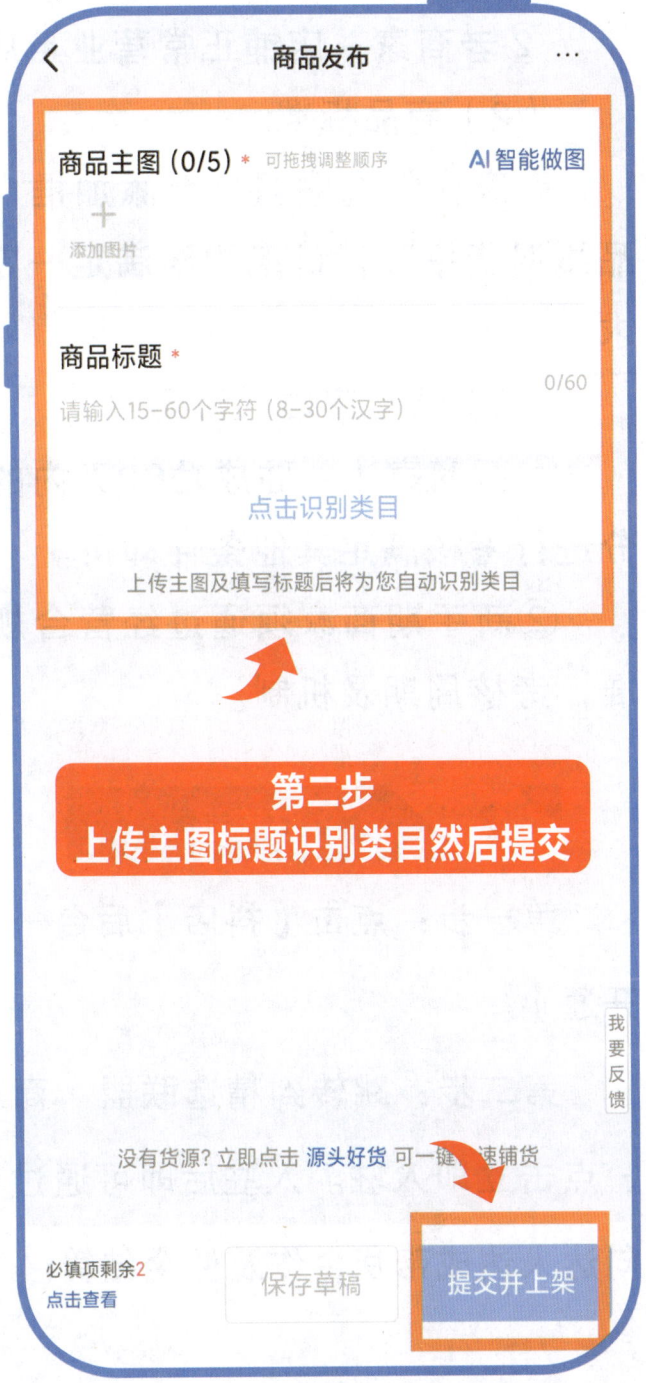

图2

（三）商家如何入住精选联盟

1 入驻条件

（1）商家体验分

①新商家：新商家(入驻成功60天内的商家)且无体验分时，暂不做考核；

②老商家：店铺正常营业且店铺体验分高于(含)70分。

（2）商品标准：

商家在精选联盟平台添加推广的商品（创建推广计划的商品），品质退货率和投诉率需要满足一定的标准，根据商品一级类目不同要求。

（3）新商家准入说明：

①新商家（入驻成功60天内的商家）且无体验分时，暂不对体验分进行考核满足其他条件即可。

②新手期商家须通过经营合规动态考核，满足优质的新手商家标准，考核周期及机制。

2 入驻流程

第一步：点击【抖店】后台→页面顶部【精选联盟】→点击【立即开通】。

第二步：跳转到精选联盟·商家版，点击左侧"我已阅读并同意"→点击立即入驻。入驻后即可通过精选联盟平台实现商品推广，寻找意向达人达成带货合作及佣金结算。

(四) 如何找达人带货推广产品

可以通过以下渠道找达人推广商品：

1 绑定授权号

抖店后台的店铺→店铺管理→经营账号管理→店铺授权账号可以绑定达人的抖音号、头条号等，建立与达人的合作；

2 达人广场

在抖店后台的精选联盟→找合作→达人合作→达人广场中可以搜索或筛选符合商品定位的达人，主动找到合适的达人与之合作；

3 达人招商

在抖店后台的精选联盟→找合作→达人合作→达人招商中可以按照招商的行业、达人等级、粉丝总数筛选，精准锁定有招商需求的达人，主动报名即可；

4 团长活动

在抖店后台里的精选联盟→找合作→团长合作→团长招商中，可以报名团长活动，团长审核通过，即可与机构建联。也可以在达人广场中找到合适的直播达人或者视频达人，并通过主页发送邀约进行合作。

（五）如何投千川买全域流量

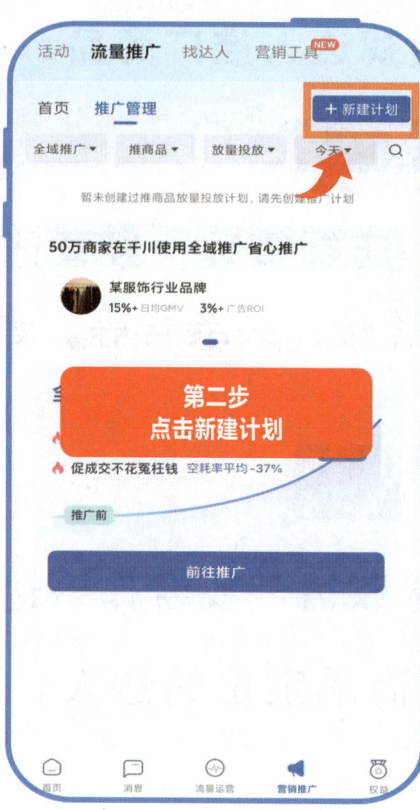
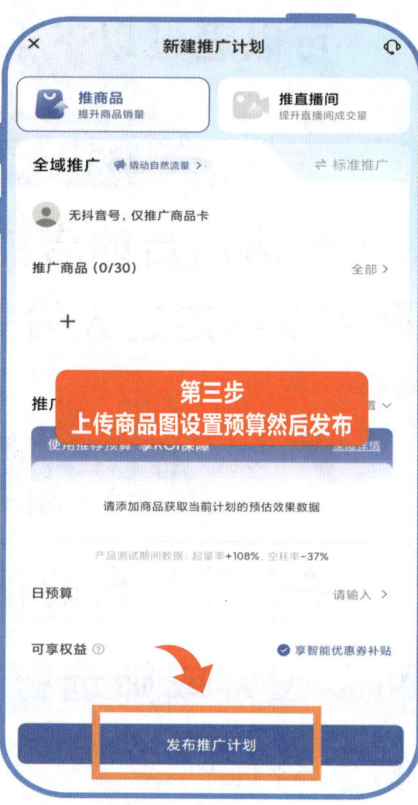

（六）如何投随心推

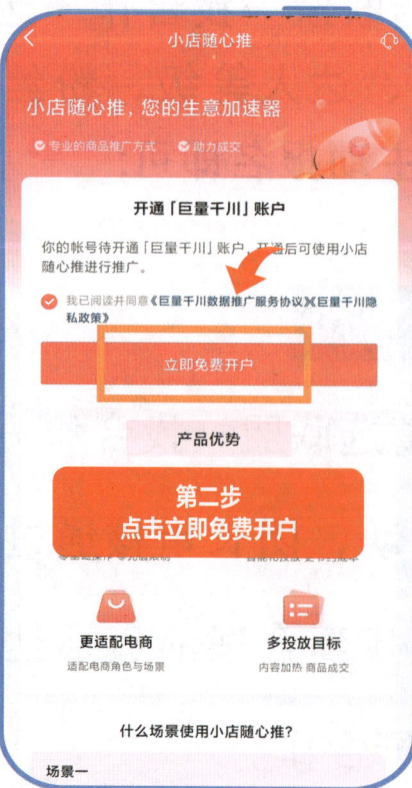
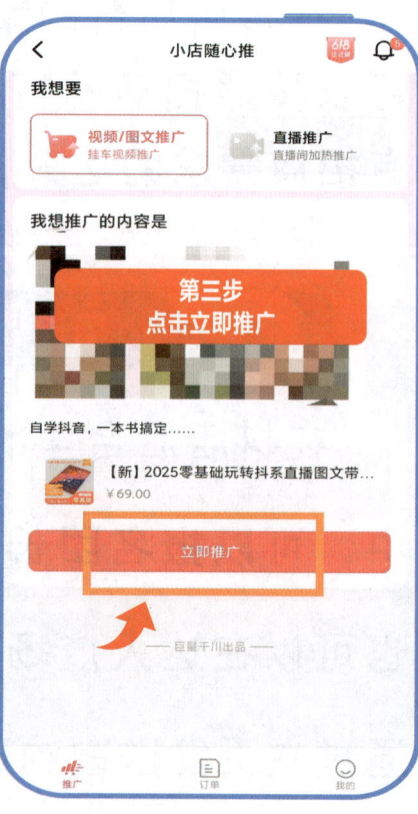

三十九、直播场景展示篇

(一) 对着镜子唱歌直播场景展示图

对着镜子直播的好处？

1. 手机靠近自己，屏幕看的更清晰；
2. 可以使用有线耳机实现反监听功能；
3. 放大空间，方便带货展示产品细节，推荐180x80尺寸的镜子；
4. 使用后置摄像头比前置摄像头更清晰。

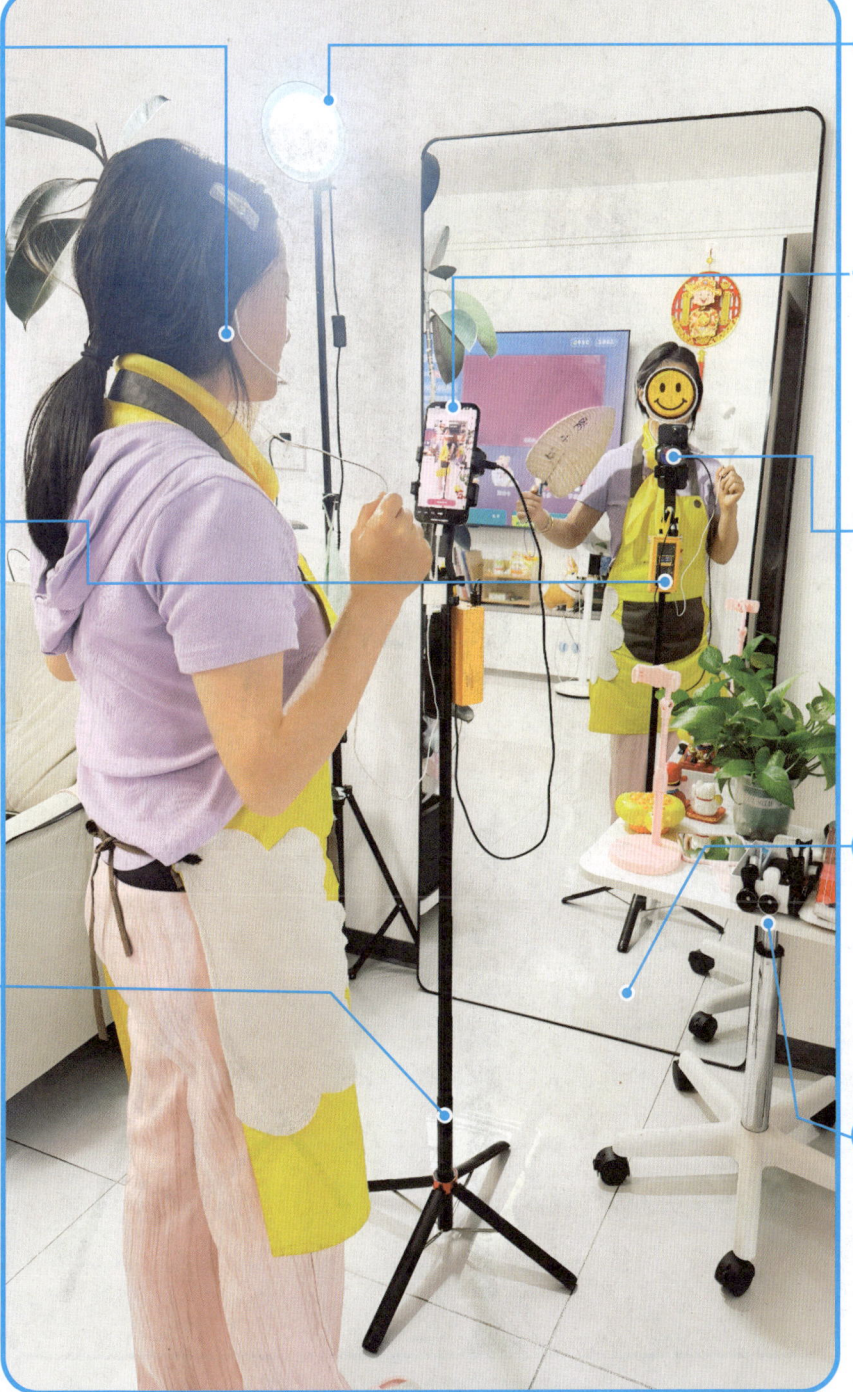

有线耳机
注意：耳机麦克风不能放在嘴巴的正前方，应放在下巴上一点防止喷麦。

充电宝
为手机、散热器、无线WIFI充电。

手机支架
固定手机，调节至肩膀齐平，同时观察镜子里的自己，直到满意为止。

补光灯
改善光线质量，突出主题，还原色彩。

直播手机
安卓、苹果都行，流畅不卡顿即可。

散热器
为手机散热，防止手机因发烫死机卡顿。

镜子
利用镜面反射原理，能够拍摄出全身的效果。

工作台
提前摆放好产品，提高带货效率。

（二）云台走路直播场景展示图

云台走路教程：

1. 走路大步走，胳膊一定要动起来；
2. 要照到全身，从头到脚都露出来，空间感会更好；
3. 面对镜头要带微笑，龇牙咧嘴地笑；
4. 建议180度转，不要360度，散热器线会缠住手机，转不好容易头晕！不管怎么去转，一定要找到合适自己的，属于自己的风格。

领夹麦
无线麦克风、收音、云台直播必备。

云台设备
360°人形跟踪识别，不仅可以开播用也可以拍短视

手机支架
固定手机，调节至肩膀齐平，同时观察镜子里的自己，直到满意为止。

直播手机
安卓、苹果都行，流畅不卡顿即可。

散热器
为手机散热，防止手机因发烫死机卡顿。

充电宝
为手机、散热器、无线WIFI充电。

（三）不露脸直播场景展示图

补光灯：改善光线质量，突出主题，还原色彩。

手稿：准备好整场需要计的内容资料。

装饰物：桌子上放一些装饰品提升直播间画面的美观。

直播手机：安卓、苹果都行，流畅不卡顿即可。

桌面支架：桌子上放一些装饰品提升直播间画面的美观。

主播：人物与桌子的距离建议挨着桌子，视角可看到直播手机滚屏即可。

照读剧本书籍

充电宝：为手机、散热器、无线WIFI充电。

散热器：为手机散热，防止手机因发烫死机卡顿。

（四）两部手机直播场景展示图

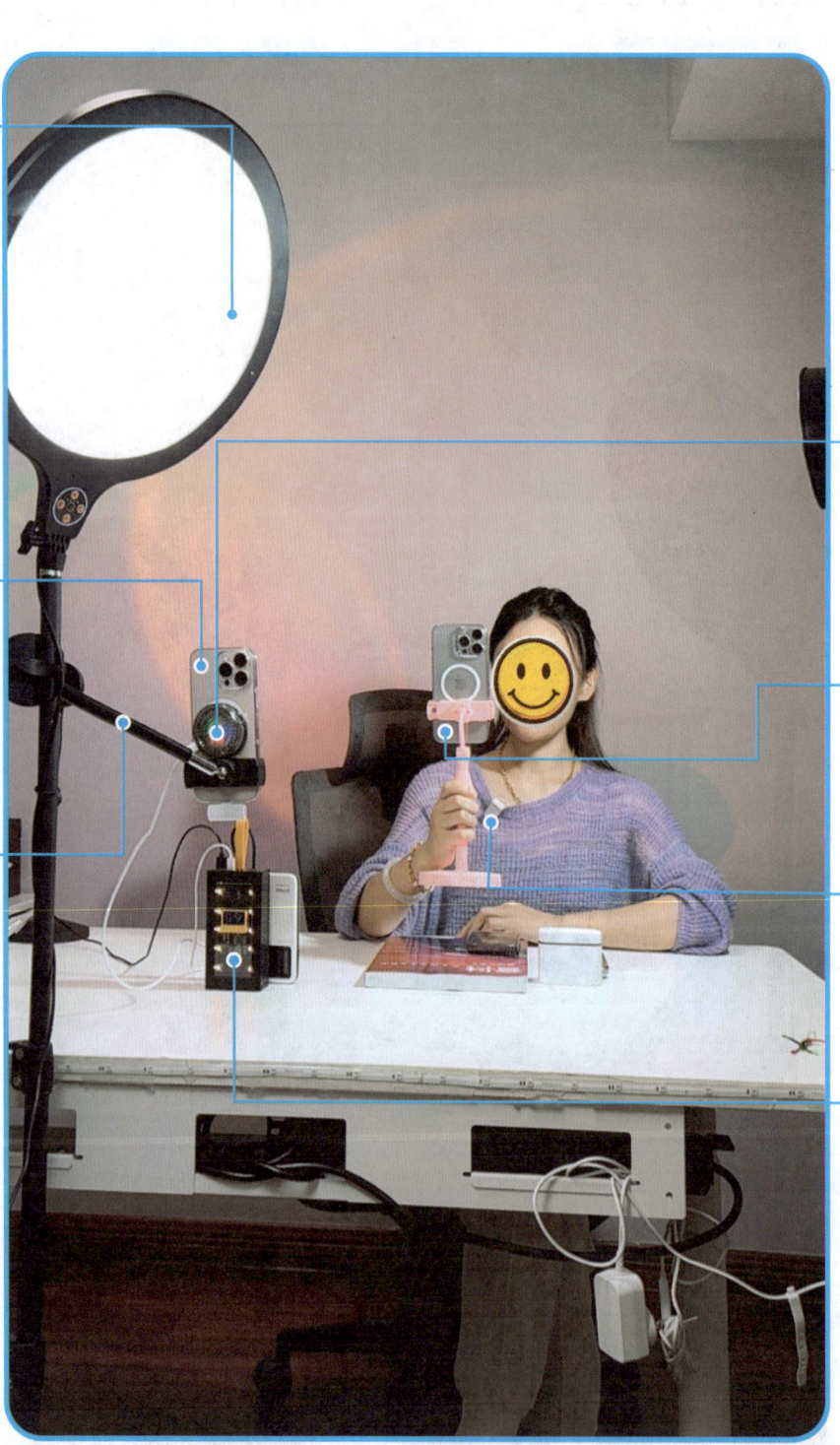

四十、全民任务篇

（一）如何找到全民任务

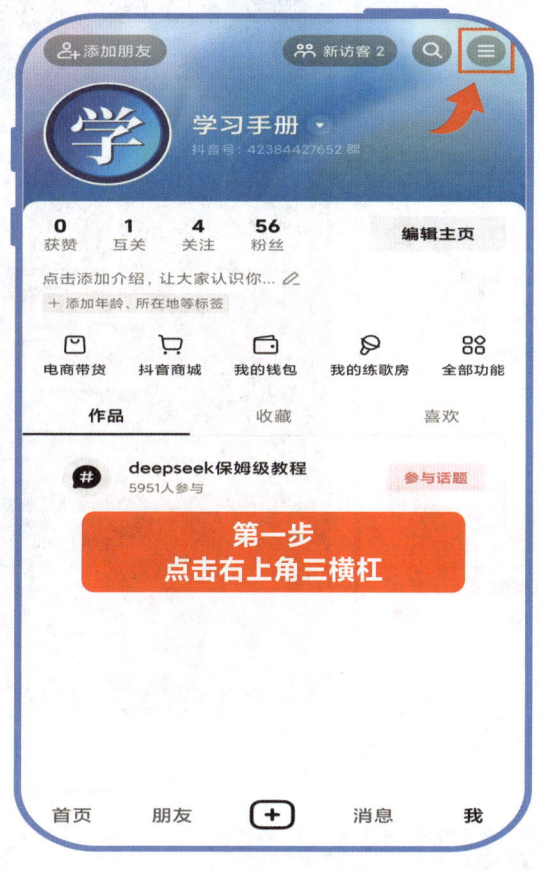

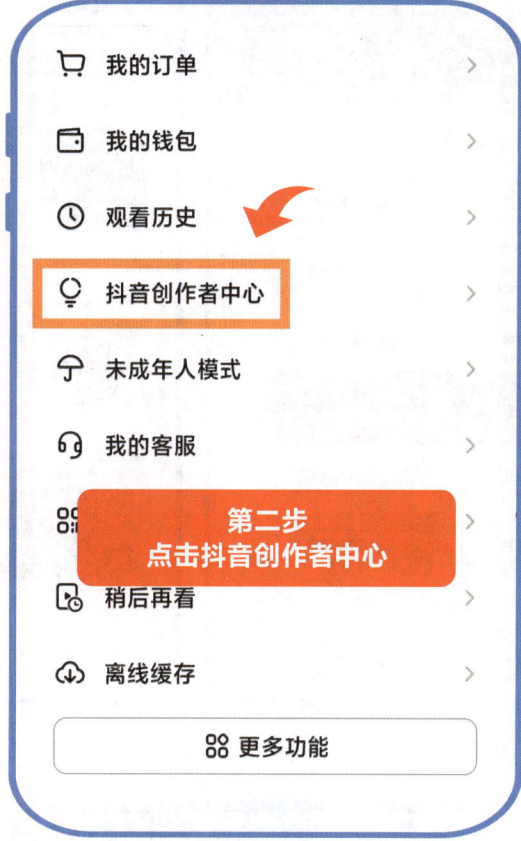

(二) 如何参与星选任务

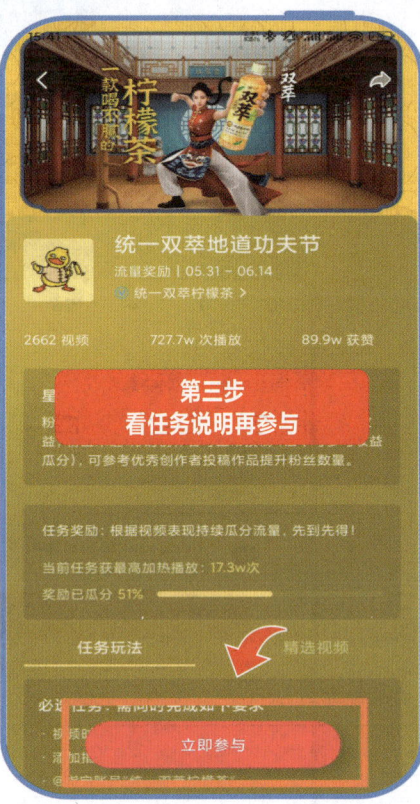

(三) 如何参与拍摄任务

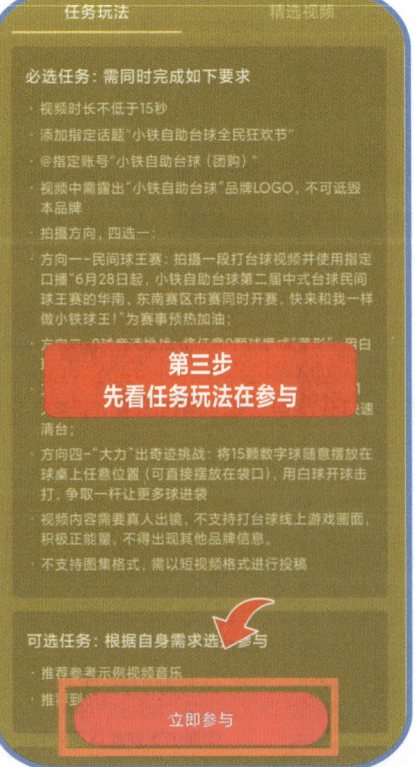

(四) 如何参与众测任务

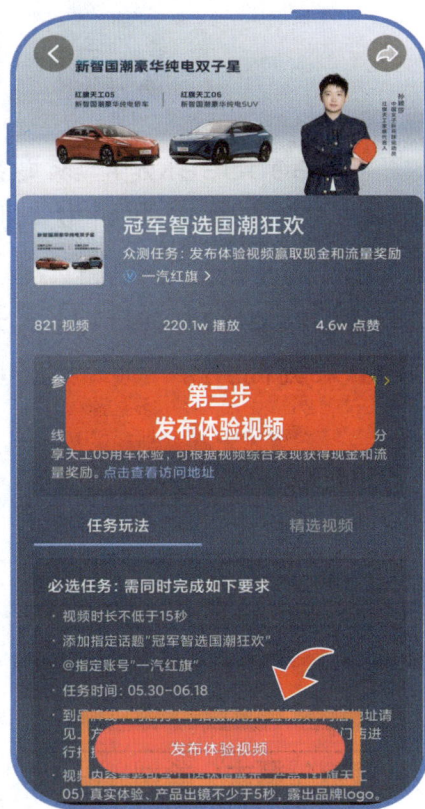

(五) 如何参与看播任务

四十一、DeepSeek篇

(一) DeepSeek 是什么？

DeepSeek是一家专注通用人工智能（AGI）的中国科技公司，主攻大模型研发与应用。

DeepSeek-R1是其开源的推理模型，擅长处理复杂任务且可免费商用。

(二) Deepseek可以做什么？

直接面向用户或者支持开发者，提供智能对话、文本生成、语义理解、计算推理、代码生成补全等应用场景，支持联网搜索与深度思考模式，同时支持文件上传，能够扫描读取各类文件及图片中的文字内容。

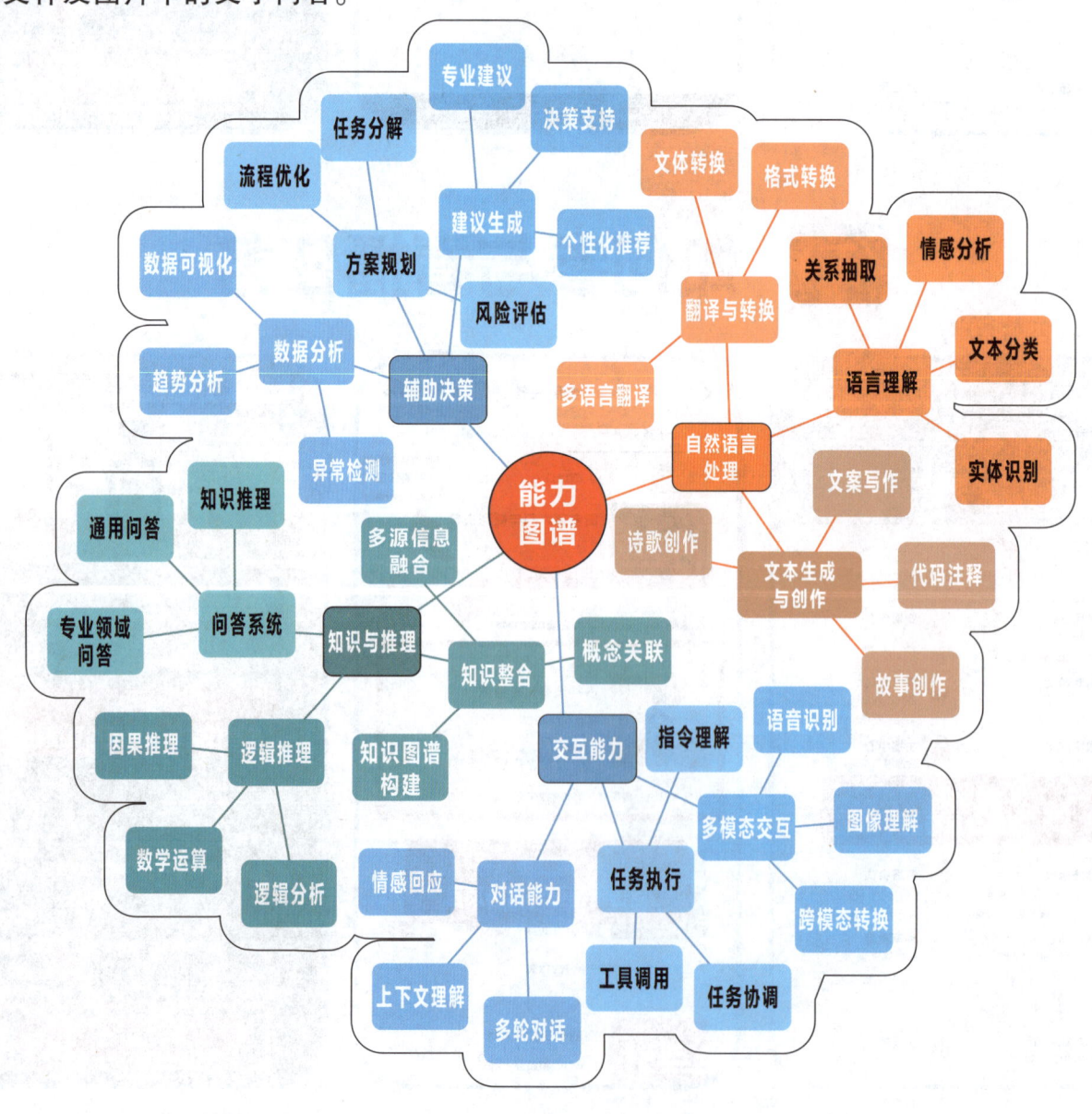

(三) 文本生成

文本创作 文章/故事/诗歌写作、营销文案、广告语生成 社交媒体内容（如推文、帖子）、剧本或对话设计

摘要与改写 长文本摘要（论文、报告）、文本简化（降低复杂度） 多语言翻译与本地化

结构化生成 表格、列表生成（如日程安排、菜谱） 代码注释、文档撰写

(四) 自然语言理解与分析

语义分析	文本分类	知识推理
情感分析：评论、反馈 意图识别： 客服对话、用户查询 实体提取： 人名、地点、事件	主题标签生成 （如新闻分类） 垃圾内容检测	知识推理 逻辑问题解答： 数学、常识推理。 因果分析：事件关联性

(五) 还要不要学提示语？

提示语（Prompt）是用户输入给AI系统的指令或信息，用于引导AI生成特定的输出或执行特定的任务。简单来说，提示语就是我们与AI"对话"时所使用的语言，它可以是一个简单的问题，一段详细的指令，也可以是一个复杂的任务描述。

提示语的基本结构包括指令、上下文和期望：

1. 指令（Instruction）：这是提示语的核心，明确告诉AI你希望它执行什么任务。

2. 上下文（Context）：为AI提供背景信息，帮助它更准确地理解和执行任务。

3. 期望（Expectation）：明确或隐含地表达你对AI输出的要求和预期。

（六）掌握抖音短视频内容的提示语设计

抖音平台内容特性分析：

1. 高度视觉化与短时吸引力
2. 情绪饱满与娱乐性
3. 强互动性与挑战性
4. 剧情与故事性

抖音内容创作的核心原则

视觉冲击与情绪感	引导参与与互动	节奏鲜明与简洁高效	贴近热点与用户需求
提示语设计应突出场景描述和情绪表达，使内容富有感染力。	提示语应引导AI生成具有互动性的脚本和文案，通过设问、挑战等方式，吸引用户积极参与。	提示语应帮助AI生成节奏明快、表达简洁的内容，去除冗余信息，确保信息传递高效且不失趣味。	提示语设计需引导AI关注当下流行话题，创作具有话题性和吸引力的内容。

（七）提升AI生成抖音文案与脚本的技巧

吸睛开头的提示语设计

在抖音内容中，视频开头3秒决定了观众的停留意愿，提示语需引导AI在文案或脚本开头快速引入吸睛元素。

生成一个强吸引力的开场，聚焦[视觉冲击或情绪渲染]，确保在3秒内引起观众兴趣。

情绪共鸣型提示语设计

抖音用户偏好情感强烈的内容，提示语应引导AI在文案和脚本中融入情绪化表达。

生成一个富有情感共鸣的脚本或文案，通过[幽默/感人/刺激]的情绪表达，引发观众共鸣。

节奏紧凑的剧情提示语设计

抖音短视频内容需要剧情紧凑、节奏鲜明，提示语设计应帮助AI在有限时间内创造出完整、连贯的故事情节。

生成一个节奏紧凑的剧情脚本，开篇引入冲突，结尾设有反转，确保内容连贯有趣。

互动性强的提示语设计

抖音内容鼓励用户参与互动，提示语设计应引导AI生成鼓励互动的内容，吸引观众积极参与评论或模仿。

生成一个具有互动感的文案，提出引发思考或挑战性的问题，引导观众参与互动或模仿挑战。

（八）如何向AI表达需求

需求类型	特点	需求表达公式	推理模型适配策略	通用模型适配策略
决策需求	需权衡选项、评估风险、选择最优解。	目标+选项+评估标准	要求逻辑推演和量化分析	直接建议，依赖模型经验归纳
分析需求	需深度理解数据/信息、发现模式或因果关系。	问题+数据/信息+分析方法	触发因果链推导与假设验证	表层总结或分类
创造性需求	需生成新颖内容（文本/设计/方案）。	主题+风格/约束+创新方向	结合逻辑框架生成结构化创意	自由发散，依赖示例引导
验证需求	需检查逻辑自洽性、数据可靠性或方案可行性。	结论/方案+验证方法+风险点	自主设计验证路径并排查矛盾	简单确认，缺乏深度推演
执行需求	需完成具体操作（代码/计算/流程）。	任务+步骤约束+输出格式	自主优化步骤，兼顾效率与正确性	严格按指令执行，无自主优化

（九）提示词工程：精准指引效能增益

设定明确的目标与上下文
1. 说明任务的具体目标（如获取信息、生成文本、分析数据等）。
2. 提供背景信息，以减少模型的猜测。
3. 针对不同的场景，给出期望的输出类型（如表格、列表、总结等）。

激活角色与思维模式
1. 设定模型为某种特定的身份，如技术专家、教师或HR。
2. 指导模型使用某种特定的写作风格，如正式、非正式、技术性等。
3. 让模型模拟某种特定的思维模式，如批判性思维、创造性思维等。

逐步拆解复杂任务
1. 将复杂问题分解为多个独立的步骤。
2. 在每一步操作结束后，请求模型总结或验证中间结果。
3. 合并多个子任务的输出，形成完整的解决方案或总结。

动态反馈与迭代优化
1. 在收到回答后，指出模型的误差或不足，并要求修正。
2. 让模型根据前一轮的输出进行自我改进。
3. 请求模型总结多轮对话中的关键点，确保连贯性和准确性。

提供参考材料与外部资源
1. 向模型提供外部参考文献或文本，并要求根据这些材料生成答案。
2. 要求模型在作答时引用或链接到具体的来源。
3. 集成外部工具（如代码执行）来完成复杂的计算或查找任务。

引导深入推理与思考
1. 让模型分步骤推导出答案，要求"思维链"推理。
2. 要求模型在作答前进行简要的自我反思或验证。
3. 要求模型解释每一步的思路，而不仅仅是给出最终答案。

（十）提示语链的概念与特征

提示语链是用于引导AI生成内容的连续性提示语序列。通过将复杂任务分解成多个可操作的子任务，确保生成的内容逻辑清晰、主题连贯。从本质上看，提示语链是一种"元提示"（meta-prompt）策略，它不仅告诉AI"做什么"，更重要的是指导AI"如何做"。

提示语链的设计和应用建立在多个理论基础之上，包括认知心理学、信息处理理论、系统理论、创造性思维理论和元认知理论。

（十一）文案写作的提示语设计

在商业环境中，优质的文案起到了品牌与消费者之间沟通的关键作用。它不仅应准确传达信息，还需激发情感共鸣，从而有效引导目标受众作出相应的决策或行动。文案写作中最重要的维度包括：信息传递、情感共鸣和行动引导。其中，信息传递的核心在于清晰、准确、相关；情感共鸣的核心在于触动、共感、记忆；行动引导的核心在于说服、激励和转化。

文案写作的三大要素

信息传递	情感共鸣	行动引导
清晰 准确 相关	解码 共感 记忆	说服 激励 转化

（十二）Deepseek四大核心能力

Ai思维	整合力	引导力	判断力
算法思维：理解AI决策逻辑	跨域翻译：转化领域知识	提示工程：设计高效指令	真伪辨识：评估内容可靠性
数据洞察：数据驱动分析能力	创意重组：重构工作方法	对话管理：控制交互方向	价值评估：判断应用价值
边界认知：把握AI能力边界	资源编排：优化人机协同	任务分解：优化问题结构	险预测：预见潜在风险
协同意识：建立人机协作模型	知识融合：整合新旧知识	质量控制：把控输出质量	情境适配：评估场景适用性
核心观点：掌握AI思维模式立人机协作认知框架	核心观点：融合人机优势，创造1+1>2的价值	核心观点：主导AI交互过程，确保输出符合预期	核心观点：保持独立思考，做AI输出的把关者
培养"AI思维"：理解不同AI的能力边界和最佳应用场景	发展"整合力"：将AI能力与人类洞察有机结合	提升"引导力"：能够准确地引导AI完成任务	强化"判断力"：对AI输出的准确性和适用性做出评估

(十三) 优化提示语在抖音内容创作中的应用

案例一：故事情节类脚本创作

对于具备情节性的抖音视频，提示语需引导AI注重故事性和悬念设计。

迭代方向：AI生成的内容具备吸引力和故事性，能够引导观众观看完整视频。

为【主题】生成一个引人入胜的短故事脚本，采用悬念开头，逐步揭示关键情节，引导观众追随剧情发展。

案例二：实用技能分享类文案

用性内容在抖音上非常受欢迎，提示语应确保内容清晰、简洁且步骤明确。

迭代方向：AI生成的脚本结构简明，适合教学内容，方便观众理解和应用。

生成一个关于[实用技能]的简单教程脚本，以清晰步骤和简洁语言进行描述，让观众能够快速掌握。

案例三：引发情绪共鸣的情感文案

情感化内容在抖音上有较强的传播力，提示语应引导AI注重情感的真实性和共鸣度。

迭代方向：AI生成的内容情感表达自然，能够引发观众的情绪共鸣，提升互动效果。

生成一个关于[情感主题]的真挚文案，采用亲切的语气，引发观众的情感共鸣，使内容更贴近生活。

案例四：引导互动的结尾语句

抖音内容通常在结尾处引导互动，提示语应引导AI设计引人互动的语句。

迭代方向：AI生成的结尾语句具备号召性，有助于引导观众互动，增加视频的传播效果。

生成一个互动引导语句，鼓励观众点赞、评论或分享，增强视频的互动性。

（十四）知识库+知识唤醒框架

知识库

人的具身知识库　　Ai 的形式知识库

感知层面
直接经验体验
现场感知记忆
身体化技能

情境层面
场景化记忆
实践经验
情境智慧

数据层面
文本信息
逻辑规则
形式化知识

模式层面
统计规律
关联模式
抽象概念

知识唤醒桥接机制

A　具身经验激活

1. 场景回溯：通过AI提问触发具体经验回忆。
2. 感知唤醒：引导关注身体感觉和情境感受。

B　形式化转换

1. 经验描述：将具身体验转化为清晰表达。
2. 结构化：建立经验与概念的连接。

C　Ai增强整合

1. 知识扩充：补充相关形式知识。
2. 模式识别：发现更深层的联系。

最终输出：融合具身性的高质量内容

将人的具身经验与AI的形式知识有机结合，产生既有深度又有温度的内容。

（十五）关于"知识唤醒"的第一性问题

1. 什么是知识？
- 已有的认知积累
- 过往的经验总结
- 潜在的思维模式
- 隐性的行为模式

2. 为什么需要"唤醒"？
- 知识存在但未被充分调用
- 经验存在但未被有效链接
- 洞察存在但未被清晰表达

Ai辅助层
（工具与触发）

知识系统
（结构化储备）

认知主体
（人）

基本原理

1. 知识源于认知主体的主动建构。
2. 知识系统是有机整体。
3. Ai作为外部辅助系统。

作用机制

1. 认知触发：创造认知失衡。
2. 系统激活：唤醒知识网络。
3. 整体重构：形成新的认知结构。

实践路径

1. 问题激发→知识唤醒。
2. 关联建立→系统整合。
3. 提示构建→知识生成。

本质：知识唤醒是认知主体在AI辅助下的主动建构过程。

目标：通过认知触发—系统激活—整体重构，实现知识的深度调动和创新生成。

知识唤醒的核心：通过情感–经验–关联的螺旋式上升，实现知识的深度调动与创新生成。

1.知识的基本属性
沉淀性：知识是经验的累积
关联性：知识是网络化的
情境性：知识嵌入具体场景
涌现性：新知识从连接中产生

2.唤醒的核心机制
认知激活：打破固有思维模式
经验映射：连接具体实践场景
创造性重组：产生新的知识连接

3.AI辅助的三重角色
认知催化剂：提供新视角
知识连接器：建立关联网络
创新助推器：促进知识重组

知识唤醒

情感唤醒

1. 基础情态激发
   惊异感
   好奇心
   探索欲

2. Ai辅助角色
   发现认知盲点
   提供反常视角
   创造思维碰撞

经验唤醒

1. 情境构建
   场景还原
   多维模拟
   经验链接

2. 默会知识激活
   实践回溯
   技能映射
   隐性知识显现

关联唤醒

1. 知识网络
   跨域联系
   类比推理
   整体观照

2. 创造性连接
   新旧知识融合
   跨学科整合
   突破性联想

（十六）AI进阶使用

从"使用者"到"创新者"的进阶之路

1. AI思维

1. 构建个人提示词体系
2. 设计层次化提示结构
3. 创新性组合不同领域提示词

"提示词是撬动AI的杠杆"
"好的提示词体系是独特竞争力"

2. 工作流程的创新

1. 设计人机协作流程
2. 建立反馈优化循环
3. 创造领域专属方法

"流程决定上限，细节决定效果"
"创新工作流才能带来突破性进展"

1. 深度整合的思维

1. 跨领域知识整合
2. AI与专业知识融合
3. 构建创新生态系统

"整合是创新的源泉"
"跨界思维才能激发新可能"

2. 工作流程的创新

1. 发展个人方法论
2. 创造专属工具组合
3. 形成难复制优势

"与众不同才是真正的竞争力"
"打造个人特色是制胜关键"

（十七）提示语策略差异

1. 推理模型

（1）提示语更简洁，只需明确任务目标和需求（因其已内化推理逻辑）。

（2）无需逐步指导，模型自动生成结构化推理过程（若强行拆解步骤，反而可能限制其能力）。

2. 通用模型

（1）显式引导推理步骤（如通过CoT提示），否则可能跳过关键逻辑。

（2）依赖提示语补偿能力短板（如要求分步思考、提供示例）。

（十八）关键原则

模型选择

优先根据任务类型而非模型热度选择（如数学任务选推理模型，创意任务选通用模型）。

提示语设计

推理模型：简洁指令，聚焦目标，信任其内化能力（要什么直接）。

通用模型：结构化、补偿性引导（缺什么补什么）。

避免误区

不要对推理模型使用"启发式"提示（如角色扮演），可能干扰其逻辑主线。

不要对通用模型"过度信任"（如直接询问复杂推理问题，需分步验证结果）。

四十二、抖音新规篇
抖音新规

1 抖音电商作者直播带货权限调整

2025年2月17日起，抖音电商作者直播带货的要求调整，粉丝要求从"粉丝数≥1000"调整为"有效粉丝数≥200"。

（1）有效粉丝定义

有效粉丝是指创作者通过持续发布符合平台要求的优质内容，所带来的真实关注粉丝。因主页看到的粉丝可能包含了各个场景渠道的粉丝来源，可能会出现比有效粉丝多的情况。

（2）调整人群范围

抖音个人号：即绑定的抖音账号的认证主体为自然人个人的。注册抖音是自然人身份，但入驻抖音电商时填写了企业资质，该类账号仍是"抖音个人号"，需符合有效粉丝数≥200的要求。

（3）调整具体内容抖音个人号需满足以下要求，才能生效直播添品功能，通过直播带货：

①有效粉丝数达到200；

②账号近3个月无违规记录+已实名且年龄不小于18周岁；

③调整后不同权限对应的开通条件为：

电商权限	个人号开通条件		企业号开通条件	具体含义
橱窗带货	橱窗添品：暂无		暂无	可在商品橱窗中添加商品
	个人主页及评论区展示橱窗：有效粉丝数≥500			橱窗在个人页和评论区可见
视频带货	1. 有效粉丝数≥500 2. 缴纳50元作者保证金(逐步生效中)		粉丝数≥1000	视频发布时可添加商品/橱窗/店铺等标签
图文带货	1. 有效粉丝数≥1000 2. 缴纳50元作者保证金(逐步生效中)		粉丝数≥1000	图文发布时可添加商品/橱窗/店铺等标签
直播带货	有效粉丝数≥200		粉丝数≥1000	可在直播间添加商品

如何查看有效粉丝数

①路径一：从抖音创作者中心进入查看

抖音→我→点击右上角 三条横杠→进入【抖音创作者中心】→点击右上角的【设置】→点击【经营类组件使用要求】→查看【有效粉丝数】。

②路径二：从达人电商带货平台进入查看

抖音→我→电商带货→点击【全部工具】→下滑到【账号管理-权限与账户】→查看带货权限。

（5）如何提升有效粉丝

内容质量高、呈现效果好、更新频率稳定的原创作品更有助于提升有效粉丝数量。

2 抖音个人号新增缴纳作者基础保证金要求

2024年11月30日起，抖音个人号作者需要在指定周期内缴纳50元作者基础保证金如不缴纳则失去直播、视频、图文等相关组件挂载权限。

（1）什么是作者基础保证金

作者基础保证金是作者在抖音内的变现经营的基础门槛，平台需要统一管控，以保障抖音整体生态发展。

（2）调整人群范围

抖音个人号：即绑定的抖音账号的认证主体为自然人个人的。

注册抖音是自然人身份，但入驻抖音电商时填写了企业资质，该类账号仍是"抖音个人号"，需缴纳50元的作者基础保证金。

（3）为什么我看到了要收基础保证金的通知，但是没有缴纳入口？

作者基础保证金规则目前逐步覆盖中，可关注官方站内信通知或查看抖音平台是否有相应缴纳入口，如没有入口，表示当前无需缴纳，入口查看路径：抖音APP→我的→创作者中心→作者基础保证金。